GAOJI CAIWU KUAIJI SHIWU

高级财务会计实务

王媛媛　葛运红　主　编

黄红豆　郭志碧　李凌焘　副主编

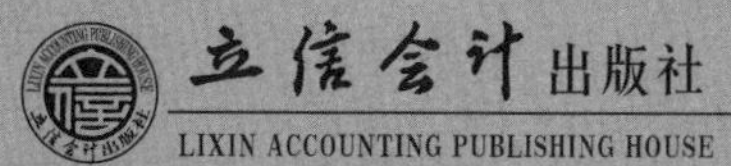

图书在版编目(CIP)数据

高级财务会计实务 / 王媛媛，葛运红主编. —上海：立信会计出版社，2022.8(2024.1 重印)
ISBN 978－7－5429－7141－8

Ⅰ. ①高… Ⅱ. ①王… ②葛… Ⅲ. ①财务会计 Ⅳ. ①F234.4

中国版本图书馆 CIP 数据核字(2022)第 145586 号

策划编辑 王艳丽
责任编辑 王艳丽

高级财务会计实务
GAOJI CAIWU KUAIJI SHIWU

出版发行 立信会计出版社
地　　址 上海市中山西路 2230 号　　邮政编码 200235
电　　话 (021)64411389　　传　　真 (021)64411325
网　　址 www.lixinaph.com　　电子邮箱 lixinaph2019@126.com
网上书店 http://lixin.jd.com　　http://lxkjcbs.tmall.com
经　　销 各地新华书店

印　　刷 常熟市华顺印刷有限公司
开　　本 787 毫米×1092 毫米 1/16
印　　张 21.25
字　　数 466 千字
版　　次 2022 年 8 月第 1 版
印　　次 2024 年 1 月第 2 次
书　　号 ISBN 978－7－5429－7141－8/F
定　　价 58.00 元

云南省一流本科专业建设系列教材

编写委员会

前　言

经济越发展，会计越重要。中国已经迈入“第二个百年奋斗目标”的建设阶段，新时代对会计改革与发展提出了更多的要求，也给“高级财务会计”课程的建设指引了方向。2021年11月，财政部制定印发《会计改革与发展“十四五”规划纲要》，提出了“变革融合，提质增效”的会计发展思路。如何完善会计标准体系，全面提升会计人才素质，充分发挥会计基础性服务功能，以实现更高质量、更加公平、更可持续的发展，更好地服务我国经济社会发展大局和财政管理工作全局，成为摆在财会高等教育面前的重要任务。

《高级财务会计实务》是“高级财务会计”课程的实务指导教材。高级财务会计是会计学、财务管理、审计学等专业的一门专业核心课程。基础会计、中级财务会计和高级财务会计共同构成了财务会计的完整体系。高级财务会计在会计学基本原理和方法的基础上进行延伸和拓展，主要研究特殊业务和事项的确认、计量和列报问题。

本教材系省级一流本科专业建设、校级重点专业建设和校级金课建设配套教材，是立足应用型人才培养定位、落实立德树人和“两性一度”金课建设要求的创新性教学改革成果。

本教材具有以下六项特色与创新。

1. 将“会计审美”融入四位一体教学目标体系

本教材创新性地提出三个层次的“会计审美”理念，即会计平衡美、会计中和美和会计价值美，将“三美”理念融入以学生为中心的“知识—能力—素质—思政”四位一体的培养目标中。

2. 构建“理实结合”的模块化教学内容

本教材将传统章节重构成四大教学模块，每一教学模块内容都完整呈现“确认—计量—记录—报告”四个会计处理环节，并将“平衡—中和—价值”三种进阶式会计思维有机融入理论内容和实践项目中。为了匹配教学内容，达到高级财务会计实践的要求，编者邀请高校专家、行业高管和骨干教师共同设计实践项目。

3. 设计突出会计拓展职能的全流程闭环实验项目

本教材设计了突出会计拓展职能的全流程闭环实验项目，并将财务分析、公司战略管理和价值美学等多学科知识融入其中。学生通过事前参与经营风险分析和战略目标制定、事中参与财务方案设计与决策、事后编制财务报表并进行报表分析，确认企业目标是否实现，若未实现再回到第一步，形成全流程闭环。在全流程闭环实验中，学生能巩固平衡思维，发展中和思维，提升价值思维，塑造会计审美。

4. 设置符合SMART原则的学业清单和评价量规

本教材提供了与课程相关的学业清单和评价量规，为教师开展教学活动提供参考。教师可以通过明确的、可衡量的、可达到的和有时限的学业清单，体现"学习过程与考试相结合"的全过程考核方式，以鼓励学生参加专业技能创新大赛、发表论文和考取专业证书等。

5. 落实立德树人任务，融入思政元素和思政案例

本教材每章均设置了课程思政目标，将思政元素融入会计知识点，并设计了课程思政案例，将思政育人理念贯穿会计教育教学全过程。

6. 配套线上学习资源，满足多种学习需求

本教材配套蓝墨云班课线上教学资源，包括教学大纲、考试大纲、慕课视频、PPT、练习题、测试题、案例分析、讨论、项目作业等资源，以便教师实现线上线下混合式教学和学生自学。

本教材包括四大教学模块的十个章节内容。模块一主要介绍高级财务会计的基本概念和财务报告的基本理论，模块二主要介绍非货币性资产交换、债务重组、外币折算会计和股份支付等特殊经济业务或事项的会计处理，模块三主要介绍所得税会计实务，模块四主要介绍企业合并和合并财务报表。

本教材由王媛媛和葛运红担任主编，黄红豆、郭志碧和李凌焘担任副主编。各部分编写分工情况如下：第一章、第十章由王媛媛执笔，第四章、第五章由葛运红执笔。第六章、第八章由黄红豆执笔，第九章由郭志碧执笔，第二章、第三章由李凌焘执笔，第七章由刘晓玲执笔。各章小栏目和课程思政案例由王媛媛、葛运红执笔。曾俊、吴功勋和陈俊英等企业专家参与实践项目的设计与审核并提出了合理化建议。王志强和赵静参与审稿。教材最后由王媛媛总纂定稿。

本教材在编写过程中参阅了大量同行和专家编写的教材、专著等，同时得到了云南工商学院和立信会计出版社的帮助和指导，得到了家人的理解和支持，编者在此一并表示感谢！

由于编者知识和经验有限，本教材可能存在不足之处，敬请各位读者、学界前辈和同仁不吝赐教，以便匡正。

王媛媛

2022年6月

蓝墨云班课信息

课程学业清单

目 录

模块一 导论与财务报告基本理论

模块二　特殊经济业务或事项

模块三　所得税会计

模块四　企业合并财务报表

模块一 导论与财务报告基本理论

第一章　导论

第二章　会计政策、会计估计变更及差错更正

第三章　资产负债表日后事项

第一章

导 论

本章主要根据《企业会计准则——基本准则》和《企业会计准则第30号——财务报表列报》编写，主要介绍高级财务会计的定义、企业会计准则体系、高级财务会计形成的理论基础、高级财务会计的研究范围以及财务报告的基本内容等。

本章知识框架如下：

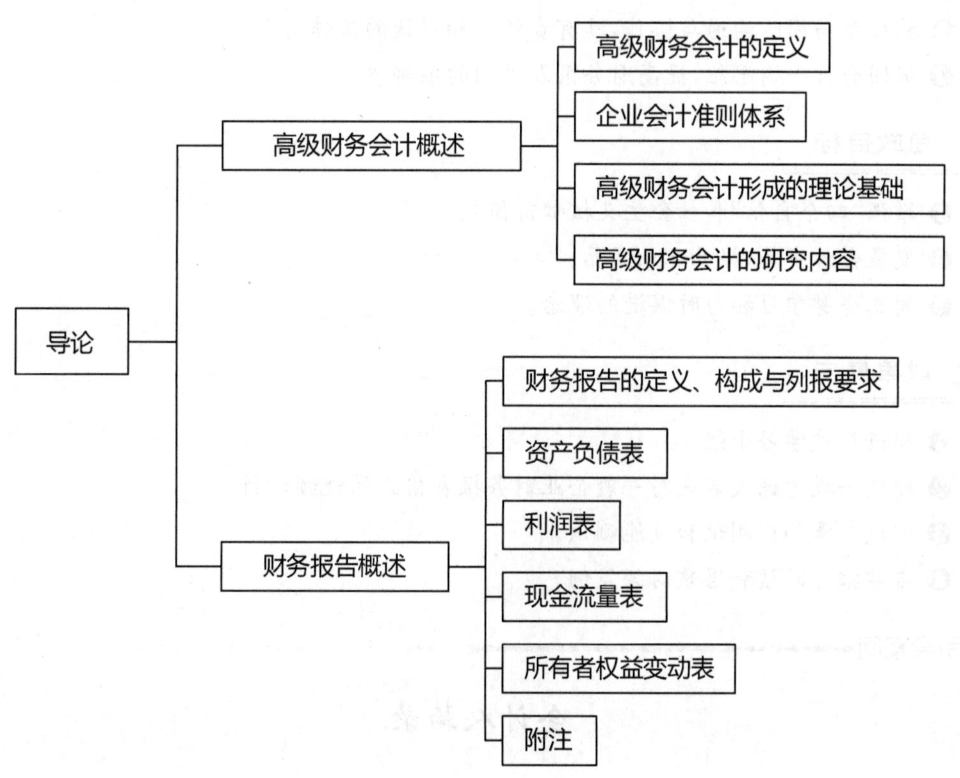

学习目标与成果展示

知识目标

❶ 阐述高级财务会计的定义。

❷ 列举企业会计准则体系的内容。

❸ 了解高级财务会计的理论基础。

❹ 列举一般企业财务报表的组成要素。

❺ 了解一般企业财务报表的修订内容。

能力目标

❶ 规范编制一般企业财务报表。

❷ 背诵一般企业财务报表的格式。

素质目标

❶ 主动关注国家战略、地方政策、会计准则和税法等的最新变化。

❷ 积极参与团队沟通与协作，具有责任心和严谨的工作态度。

❸ 巩固会计平衡思维，提高财务报表编制的准确性。

思政目标

❶ 增强“四个自信”和社会主义核心价值观。

❷ 发展会计审美，提升职业素养。

❸ 树立终身学习和与时俱进的理念。

成果展示

❶ 积极构建学习小组。

❷ 提交一段背诵或者默写一般企业财务报表格式的视频资料。

❸ 完成本章知识测试和技能测试。

❹ 自学推荐阅读和思政财经案例。

引导案例

会计人物录

孔子曾经是会计人的同行。他年轻时，因生计困顿，做过负责财物进出仓库登记的会计工作。在当时，这不是什么体面的工作，但他没有因会计工作轻微而敷衍塞责，他尽职尽责，每笔账目都记录得清楚明白。

中国现代会计之父潘序伦曾言：立信，乃会计之本；没有信用，也就没有会计。潘序伦先生特别注重会计人的诚信，并因此将其创办的潘序伦会计师事务所更名为立信会计师事务所。就像“同仁”特别适用于医药行业一样，“立信”二字仿佛是为会计行业特创的。会计人应是诚信的人，不欺人，不欺心。潘序伦先生把会计师的职业道德归纳为“公、信、廉、密、勤、敏”六个字。这六个字中的前三个字是做人的要求，后三个字是做事的要求。也就是说，做人在前，做事在后。

新中国会计学家第一人是谁？很多人会列出杨纪琬、阎达五、葛家澍等名字，其实应该是顾准——一个熟悉又陌生的名字。我们熟悉他，是因为他是有独立思想与人格的经济学家。我们感到陌生，是因为不了解他在会计领域的造诣。聊举一例，现今针对企业的税收专管员制度就是顾准在任上海财政厅厅长兼税务局局长时创立的。新中国成立初期，顾准出任上海财政厅厅长。当时，工商业资产负债多不符实。为保障税收，顾准推出了两项举措：一是让企业重新评估资产，以评估后的结果纳税；二是设立税收专管员制度。这两项措施让上海税收大增，专管员制度更是沿袭至今。

财政部会计司司长前后大概有几十位，这中间最有名的当数杨纪琬先生，他是我国著名会计学家之一。八十年代初，杨纪琬先生与阎达五教授一起提出了会计管理活动论，把会计工作由过去的统计计数定位提升到管理活动的高度。这一理论的提出，极大地提升了会计人的地位。

2013 年 11 月，厦门大学葛家澍教授仙逝，会计学界一代巨星陨落，我辈不胜哀悼！20 世纪 80 年代，葛家澍教授与中国人民大学阎达五教授一南一北，分别提出会计信息系统论与管理活动论，引起了热度空前的学术讨论，也因此奠定了二位先生会计学术宗师的地位。两位老先生先后辞世，中国会计学术界从此进入“后宗师”时代。

西安交大杨宗昌教授是知名的老一辈会计学家，他长期从事会计理论研究与教学工作，为研究生开设“会计理论研究”“会计前沿理论”等课程，为国家培养了一大批高级财会专门人才。

中国会计史研究第一人是中南财大的郭道扬教授。中国自古重农轻商，会计被视为末等职业，会计学科更是有史无书，正史鲜有涉及。郭道扬先生于 1940 年出生，在他上大学的年代，仍有“男学工，女学医，不三不四学会计”的说法。20 世纪 80 年代，郭道扬先生撰写的《中国会计史稿》出版，填补了中国会计史研究的空白。

复旦大学李若山教授说，判断会计师事务所的好坏要看两点：一是发现假账的能力，二是揭露这一假账的能力。具备发现假账的能力并不难，难的是有揭露假账的勇气。可以说，揭露假账并非能力而是担当。揭露假账的风险客观存在，至少会计师事务所可能会损失一个客户，严重的话还会引发官司，甚至危及签字会计师的人身安全。

会计人从政如何？给大家介绍一个成功的案例。何厚铧，1981 年获加拿大特许核数师、注册会计师资格，1982 年回香港，在毕马威会计师事务所任核数师，后任中国澳门特区行政长官。

参考资料来源：根据袁国辉"指尖上的会计"微信公众号文章《会计人物录》改编。

思考：上文介绍了从古至今财会行业的几位知名人士。作为财会专业的学生，你的奋斗目标是什么？你已经学过"基础会计"和"中级财务会计"等课程，通过学习这些课程，你掌握了哪些知识和技能？"高级财务会计"课程的学习是否能让你离奋斗目标更近？高级财务会计被称为财务会计中的"战斗机"，你准备好迎接新的挑战了吗？

第一节　高级财务会计概述

一、高级财务会计的定义

高级财务会计是随着社会经济的发展而产生的，它是研究在对原财务会计理论与方法体系进行修正的基础上，对企业出现的特殊交易和事项进行会计处理的理论与方法的一门学科。

高级财务会计之所以"高级"，是因为无论在假设和原则方面，还是在程序和方法方面，它对特殊事项的会计处理都有所突破。它与基础会计、中级财务会计共同构成了财务会计的内容。

二、企业会计准则体系

基础会计、中级财务会计和高级财务会计都是财务会计的组成部分，企业会计准则体系是其共同的重要理论支撑。根据《中华人民共和国会计法》的规定，中国企业会计准则由财政部制定。企业会计准则体系自 2007 年 1 月 1 日起首先在上市公司范围内施行，之后逐步扩大到几乎所有大中型企业。中国现行企业会计准则体系由基本准则、具体准则、应用指南和解释组成。

1-1　企业会计准则——基本准则

基本准则主要规范了以下六个方面内容：财务报告目标，会计基本假设，会计基础，会计信息质量要求，会计要素分类及其确认，计量原则和财务报告。

具体准则是在基本准则的指导下，对企业各项资产、负债、所有者权益、收入、费用、利润及相关交易事项的确认、计量和报告进行规范的会计准则。目前，我国企业会计准则的具体准则有 42 项。

1-2　企业会计准则具体准则明细表

应用指南是对具体准则相关条款的细化和解决有关重点难点问题实务操作的指导性文件。

解释是对具体准则实施过程中出现的问题、具体准则条款规定不清楚或者尚未规定的问题作出的补充说明。

2011 年 10 月 18 日，财政部发布了《小企业会计准则》。《小企业会计准则》的发布与实施，标志着我国涵盖所有企业的会计准则体系的建成。

三、高级财务会计形成的理论基础

客观经济环境发生变化所引起的会计假设松动和拓展是高级财务会计形成的基础。会计假设的松动包括会计主体假设的松动、持续经营假设和会计分期假设的松动以及货币计量假设的松动。

会计主体假设的松动表现为：会计主体假设将会计核算的范围限定为单个会计主体，单个会计主体通常都是单个法律主体，如一家公司就是一个会计主体，它包括一个法律主体。该企业需要针对资产、负债、收入、费用进行确认并编制其个别资产负债表、利润表、股东权益变动表、现金流量表和附注等财务信息。随着企业合并的出现，母、子公司形成企业集团。此时，为了满足企业集团信息使用者的需求，母公司需要编制合并财务报表，以反映企业集团整体的财务状况、经营成果和现金流量。在这种情况下，母、子公司构成的企业集团是一个会计主体，但是它包括多个法律主体，如母公司、子公司甚至涉及孙公司和再下一级公司。因此，合并财务报表的形成是会计主体假设松动的表现，是对原有会计主体假设的拓展。

持续经营假设和会计分期假设的松动表现为：持续经营假设是指在不存在反面证据的情况下，企业将持续健康经营下去。在此假设基础上，由于信息使用者需要在企业持续经营的过程中分期了解企业的财务状况、经营成果和现金流量，会计分期假设也就应运而生。有了这两个假设就有了权责发生制和会计摊配的要求。但企业在解散清算或破产清算情况下持续经营假设是不成立的，也不再需要会计分期，不再适用权责发生制和会计摊配。

货币计量假设的松动表现为：货币计量假设是指会计核算以货币为计量单位，并且假设币值不变。在物价稳定的情况下，币值不变假设成立。但在恶性通货膨胀或者通货紧缩的情况下，币值是不断变动的，使用币值不变假设是不合适的。因此，恶性通货膨胀情况下出现了物价变动会计，在物价变动会计的不变购买力会计模式下，计量单位由名义货币改为稳值货币，此时不遵守币值不变假设。

此外，财务会计目标以及会计信息的质量要求也是高级财务会计产生的理论基础。财务会计的目标包括反映管理层受托责任和向投资者提供决策有用的信息。会计信息质量要求包括可靠性、相关性、可理解性、可比性、重要性、实质重于形式、谨慎性和及时性。高级财务会计的产生强化和延伸了上述会计信息质量要求，同时，会计信息质量要求的强化和延伸也弥补了会计假设松动产生的理论空缺，形成了一种新的理论环境。高级财务会计就是建立在这种理论基础之上，与一般的财务会计共同构成了财务会计学科的完整体系。

四、高级财务会计的研究内容

根据高级财务会计形成的基础，高级财务会计的研究内容一般包括四个方面：会计主体假设拓展的业务与事项，持续经营假设和会计分期假设拓展的业务与事项，货币计量假设拓展的业务与事项以及复杂的会计问题。关于高级财务会计的研究内容，理论界至今没有定论，很多学者认为高级财务会计的研究内容应该包括财务会计中的四大难题，即企业合并与合并财务报表、外币交易与外币报表折算、物价变动会计和金融工具会计。

本书除了借鉴财务会计四大难题中的部分内容，还借鉴了南京审计大学、厦门大学、江西财经大学、南京财经大学、东北财经大学和云南财经大学等多所国内知名财经院校编写的《高级财务会计》教材的内容。为了突出应用型人才培养特点，更好地与中级财务会计衔接，本书将高级财务会计的研究内容确定为四个模块：导论与财务报告基本理论、特殊经济业务或事项、所得税会计和企业合并财务报表。具体包括十个章节内容，分别为：导论，会计政策、会计估计变更及差错更正，资产负债表日后事项，非货币性资产交换，债务重组，外币折算会计，股份支付，所得税会计实务，企业合并和合并财务报表。

第二节　财务报告概述

一、财务报告的定义、构成与列报要求

财务报告包括财务报表和其他应当在财务报告中披露的相关信息和资料。

财务报表是对企业财务状况、经营成果和现金流量的结构性表述。财务报表至少应当包括下列组成部分：①资产负债表；②利润表；③现金流量表；④所有者权益变动表；⑤附注。这些内容简称“四表一注”。

财务报表项目应当以总额列报，资产和负债以及收入和费用不能相互抵销，即不得以净额列报，但企业会计准则另有规定的除外。

二、资产负债表

资产负债表是反映企业在某一特定日期财务状况的财务报表。资产负债表的结构体现了“资产＝负债＋所有者权益”这一会计恒等式。资产负债表上资产和负债应当按照流动性分为流动资产和非流动资产以及流动负债和非流动负债，并分别列示。

1-3　资产负债表的填列方法

企业应将日常会计核算记录的数据进行归类、整理和汇总，加工成报表项目，形成资产负债表。资产负债表的填列要区分“年初余额”和“期末余额”两栏。“年初余额”栏通常根据上年年末有关项目的期末余额填列，且与上年年末资产负债表中的“期末余额”栏相一致。“期末余额”栏的填列方法主要有五种，分别为根据总账账户余额填列、根据明细账账户余额计算填列、根据总账账户和明细账账户余额分析计算填列、根据有关账户余额减去其备抵账户余额后的净额填列和综合运用上述方法填列。

三、利润表

利润表是反映企业在一定会计期间经营成果的财务报表。

利润表主要项目的计算公式如下：

营业收入(成本)＝主营业务收入(成本)＋其他业务收入(成本)

营业利润＝营业收入－营业成本－税金及附加－销售费用－管理费用－研发费用－财务费用
－资产减值损失－信用减值损失＋其他收益±投资收益(损失)
±净敞口套期收益(损失)±公允价值变动收益(损失)±资产处置收益(损失)

利润总额＝营业利润＋营业外收入－营业外支出

净利润＝利润总额－所得税费用

1-4 利润表的填列方法

综合收益总额反映企业净利润与其他综合收益税后净额的合计金额。其计算公式如下：

综合收益总额＝净利润＋其他综合收益的税后净额

四、现金流量表

现金流量表是反映企业在一定会计期间现金和现金等价物流入和流出的报表。

现金是指企业库存现金以及可以随时用于支付的存款。现金等价物是指企业持有的期限短、流动性强、易于转换为已知金额的现金和价值变动风险很小的投资类资产。

现金流量表分为正表和补充资料两部分。

1-5 现金流量表的填列方法

根据企业业务活动的性质和现金流量的来源，现金流量可以分为三类，即经营活动产生的现金流量、投资活动产生的现金流量和筹资活动产生的现金流量。

企业可根据业务量的大小及复杂程度，选择采用工作底稿法、T型账户法，或直接根据有关科目的记录分析填列现金流量表。

五、所有者权益变动表

所有者权益是企业资产扣除负债后由所有者享有的剩余权益。所有者权益包括实收资本(或股本)、其他权益工具、资本公积、库存股、其他综合收益、专项储备、盈余公积和未分配利润等。所有者权益变动表应当反映构成所有者权益的各组成部分当期的增减变动情况。企业应当以矩阵的形式列示所有者权益变动表，并按各项目再分为“本年金额”和“上年金额”两栏分别填列。

六、附注

1-6 一般企业财务报表格式修订内容

附注是为便于财务报表使用者理解会计报表的内容而对财务报表的编制基础、编制依据、编制原则和方法及主要项目等所作的解释。财务报表附注是财务会计报告的一个重要组成部分，它有利于增进会计信息的可理解性、提高会计信息的可比性和突出重要的会计信息。

近年来，随着金融工具、收入、租赁、债务重组和非货币性资产交换等准则的最新修订，一般企业财务报表格式发生了一些变化，增加和调整了部分报表项目，涉及的会计科目核算内容也相应发生了变化。

本章小结

本章主要介绍了高级财务会计的定义，企业会计准则体系的构成，高级财务会计形成的理论基础、研究内容，以及财务报告的基本内容。高级财务会计是对原有财务会计理论方法和内容的拓展和延伸。财务会计体系主要以企业会计准则为理论基础，我国最新的企业会计准则主要包括企业会计准则基本准则、42 项具体准则、应用指南和解释等内容。由于客观经济环境发生变化，会计基本假设产生松动，这要求会计信息质量不断强化和延伸。高级财务会计就是建立在这种理论基础之上，与一般的财务会计共同构成了财务会计学科的完整体系。高级财务会计主要研究特殊的和复杂的会计问题。财务报告包括资产负债表、利润表、现金流量表、所有者权益变动表和附注，简称“四表一注”。

重要名词中英文对照

高级财务会计 advanced financial accounting

企业会计准则 accounting standards for business enterprises

会计假设 accounting assumptions

会计信息质量要求 quality of accounting information

财务报告 financial statement

资产负债表 balance sheet

利润表 income sheet

现金流量表 cash flow sheet

所有者权益变动表 statement of changes in owner's equity

励志阅读

1-7　从借贷分录到平衡人生

知识测试

一、单选题

1. 下列各项中，不属于企业会计准则体系构成部分的是（　）

A. 基本准则　　B. 具体准则　　C. 应用指南　　D. 解释

E. 案例详解

2. 现行企业会计准则具体准则共有（　）项。

A. 38　　B. 39　　C. 40　　D. 42

3. 下列各项中，不属于会计信息质量要求的是（　　）。

A. 效益性　　B. 实质重于形式

C. 重要性　　D. 谨慎性

4. 下列各项中，不影响企业现金流量的是（　　）。

A. 支付货款　　B. 支付现金股利

C. 偿还长期借款　　D. 计提固定资产减值准备

5. 下列各项中，属于企业现金流量表中“经营活动产生的现金流量”的是（　　）。

A. 收到的现金股利　　B. 支付的银行借款利息

C. 收到的设备处置价款　　D. 支付的经营租赁租金

二、多选题

1. 本书中“高级财务会计”课程的教学目标包括（　　）。

A. 知识目标　　B. 能力目标　　C. 素质目标　　D. 思政目标

2. 属于财务会计范畴的课程有（　　）。

A.“基础会计”　　B.“中级财务会计”

C.“高级财务会计”　　D.“管理会计”

3. 根据企业会计准则，财务报表的组成部分至少应该包括（　　）。

A. 资产负债表　　B. 利润表

C. 现金流量表　　D. 所有者权益变动表

E. 附注

4. 下列资产负债表项目中，属于非流动资产项目的有（　　）。

A. 合同资产　　B. 其他债权投资

C. 应收账款融资　　D. 商誉

5. 下列利润表项目中，影响当期营业利润的有（　　）。

A. 资产处置收益　　B. 研发费用

C. 营业外收入　　D. 信用减值损失

6. 下列各项中，属于现金流量表中“经营活动产生的现金流量”的有（　　）。

A. 用银行存款偿还应付票据产生的现金流出

B. 收到现金股利产生的现金流入

C. 支付广告费所产生的现金流出

D. 支付生产工人工资产生的现金流出

7. 下列各项中，属于现金流量表中“投资活动产生的现金流量”的有（　　）。

A. 取得长期借款收到的现金　　B. 采购原材料支付的增值税

C. 取得长期股权投资支付的手续费　　D. 处置固定资产收到的现金

8. 所有者权益变动表下，利润分配各项目主要包括（　　）。

A. 对所有者的分配　　B. 提取盈余公积

C. 资本公积　　D. 其他综合收益

三、简答题

1. 高级财务会计产生及形成的基础有哪些?
2. 高级财务会计的研究内容有哪些?
3. 资产负债表项目期末余额填列方法有哪些?
4. 请简述资产负债表内项目之间的勾稽关系。
5. 现金流量表的结构由哪几部分组成?

技能测试

项目一　小企业财务报表编制实验

一、实验目的与要求

目的: 使用excel软件模拟手工账,使学生熟练掌握小企业财务报表的编制方法与流程。

要求: 学生应根据昆明朝阳工贸公司2021年12月发生的经济业务完成账务处理,登记丁字账,并在试算平衡表的基础上编制公司该月的资产负债表、利润表、现金流量表和所有者权益变动表。学生以小组为单位,根据角色分工进行交叉稽核,并完善相关签章,最后完成过程考核记录表。

二、公司基本信息

公司名称:昆明朝阳工贸公司

所处行业及性质:制造业,有限责任公司,一般纳税人

公司经营范围:生产、销售办公家具

注册资本:壹仟万元

法定代表人:王朝阳

银行账户:中国工商银行昆明东风支行

三、公司机构及人员设置

行政部:行政主管,行政专员

财务部:财务主管(负责财务部整体工作),主办会计(审核凭证、科目汇总表和试算平衡表并编制报表),会计(填制会计凭证并登记账簿),出纳(管理现金,处理银行存款收付业务,结算单据,保管印章,登记日记账)

采购部:采购主管,采购专员

销售部:销售主管,销售专员

生产部:生产主管,生产工人

四、核算方法

存货发出计价方法:先进先出法

原材料采购:实际成本法

生产工人工资分摊方法:生产工时比例法

制造费用分配方法：生产工时比例法

五、主要供应商及客户信息

主要供应商：昆明大发木材厂，昆明祥瑞家具有限公司

客户：云南工商学院，云南师范大学，昆明理工大学

六、公司 2021 年 12 月经济业务资料

(1) 12 月 1 日，公司成立，注册资本金为 10 000 000 元，其中 60%为王朝阳投入，40%为李明投入，银行存款全部到账。

附件：投资明细表及银行进账单(略)。

(2) 12 月 3 日，从银行购买转账支票一本 25 元，现金支票一本 25 元，以银行存款直接支付。

附件：费用报销清单及银行收费单(略)。

(3) 12 月 3 日，购买生产用机器设备一台，增值税专用发票上注明价款 500 000 元，增值税 65 000 元，用转账支票支付。该固定资产预计使用 10 年，预计净残值率为 5%，采用直线法计提折旧。

附件：增值税专用发票及转账支票存根(略)。

(4) 12 月 4 日，用转账支票预付昆明南风公司厂房一年租金 360 000 元。

附件：费用报销单及房租发票(略)。

(5) 12 月 4 日，从银行提取现金 20 000 元。

附件：现金支票存根(略)。

(6) 12 月 6 日，购买办公用品 3 000 元，现金支付。

附件：费用报销清单及增值税普通发票(略)。

(7) 12 月 8 日，自二级市场购入乙公司股票 10 000 股，支付价款 80 000 元(与公允价值相等)，另支付佣金等费用 160 元，以上款项均通过银行存款支付。该公司将购入的乙公司股票划分为以公允价值计量且其变动计入当期损益的金融资产。

附件：股权证明书、印花税发票及电子银行付款凭证(略)。

(8) 12 月 9 日，向昆明大发木材厂购买木板 500 张，单位成本 100 元，收到增值税专用发票上注明的货款 50 000 元，增值税税额 6 500 元，全部款项用转账支票付讫，材料尚未入库。

附件：增值税专用发票及转账支票存根(略)。

(9) 12 月 10 日，参与社会公益活动，向希望工程捐赠现金 5 000 元，现金支付。

附件：行政事业性收费收据(略)。

(10) 12 月 11 日，12 月 9 日采购的木板到达公司，验收入库。

附件：入库单(略)。

(11) 12 月 12 日，向昆明祥瑞家具有限公司购买柜子 100 个，单位成本 300 元，取得的增值税专用发票上注明价款 30 000 元，增值税税额 3 900 元，企业开出一张商业承兑汇票支付货款，柜子已验收入库。

附件：增值税专用发票、银行承兑汇票及入库单(略)。

(12) 12 月 14 日，销售给云南师范大学柜子 50 个，单价 400 元，开具增值税专用发票，价款 20 000 元，增值税税额 2 600 元，收到转账支票一张，已进账。

附件：增值税专用发票及进账单(略)。

(13) 12 月 15 日，收到现金罚款收入 5 000 元。

附件：行政事业性收据(略)。

(14) 12 月 18 日购入小轿车一台，增值税专用发票上注明价款 200 000 元，增值税税额 26 000 元，转账支付。

附件：增值税专用发票及转账支票存根(略)。

(15) 12 月 21 日，用银行存款支付办公用水电费 5 000 元。由于公司刚成立，尚未进行生产，此项支出计入管理部门费用。

附件：费用报销单、水费发票、电费发票及支票存根(略)。

(16) 12 月 26 日，行政部报销本月电话费 1 500 元，银行自动扣款。

附件：电话费发票(略)。

(17) 12 月 31 日，计提本月职工工资 40 000 元，由于公司新成立，尚未进行生产，此项支出计入管理部门费用。

附件：工资表(略)。

(18) 12 月 31 日，按工资总额的 14%计提本月职工福利费。

附件：福利费计提表(略)。

(19) 12 月 31 日，按工资总额的 2.5%计提本月职工教育经费。

附件：教育经费计提表(略)。

(20) 12 月 31 日，按工资总额的 2%计提本月工会经费。

附件：工会经费计提表(略)。

(21) 12 月 31 日，月底清查发现木板盘亏，价值 500 元，假定不考虑相关税费。

附件：原材料账存实存对比表(略)。

(22) 12 月 31 日，经查，盘亏原材料属于管理不善造成，已报单位负责人审批完毕。

附件：原材料盘亏审批表(略)。

(23) 12 月 31 日，摊销本月厂房租金 30 000 元，因未开始生产，此项支出计入管理费用。

附件：房租摊销表(略)。

(24) 12 月 31 日，根据本月销售出库单，结转本月销售柜子的成本为 15 000 元。

附件：成本结算单(略)。

(25) 12 月 31 日，转让 12 月 18 日购入的小轿车，售价为 187 200 元(不考虑相关税费)，已收到款项并存入银行。

附件：银行进账单(略)。

(26) 12 月 31 日，结转损益类账户。

（注意：由于该企业刚刚成立，2021 年 12 月份的增值税销项税额小于进项税额，企业本月无须交纳增值税，期末无须进行增值税的结转，也无须计提城建税、教育费附加等税费。因此，“税金及附加”项目无发生额。另外，由于企业属于亏损状态，企业无须交纳企业所得税。因此，“所得税费用”项目无发生额。）

七、作业提交

(1) 以小组为单位提交一份 excel 版手工账，文件命名为“昆明朝阳工贸公司 excel 手工账（小组名称）”，里面应包含 7 个表，分别为记账凭证、丁字账、试算平衡表、资产负债表、利润表、现金流量表和所有者权益变动表，表格格式见附件 1。

(2) 以小组为单位提交一份 word 版“全过程考核记录表”，文件命名为“高级财务会计项目一全过程考核记录表（小组名称）”，里面包括小组分工、实验进度安排、实验中遇到的问题与解决措施以及实验总结等内容，表格格式见附件 2。

附件 1：项目一相关表格。

附件 2：全过程考核记录表（样表）。

1-8 项目一相关表格

1-9 全过程考核记录表（样表）

推荐阅读

1. 李欢，苏蕾.基于财务共享服务中心的蒙牛集团业财融合实践分析[J].商业会计，2021(02)：35-39.
2. 刘明辉.守正创新，开创新时代会计理论研究新局面[J].会计之友，2021(20)：2-13.
3. 朱元午.会计发展的思想转变与基本路径[J].商业会计，2020(13)：4-9.

1-10 第 1 章推荐阅读 1

1-11 第 1 章推荐阅读 2

1-12 第 1 章推荐阅读 3

思政财经案例

中国榜样——全球领先的华为财务系统

一、华为的财务管理系统

作为一家业务遍及 170 多个国家和地区的全球化公司，华为要想把账算清楚可真不容易。然而，华为的财务部门却非常淡定，因为他们有一个“秘密武器”！华为可以做到：3 天月度财务报告出初稿，5 天月度财务报告出终稿，11 天年度财务报告出初稿。

是什么“秘密武器”让报告的出具如此高效？原来，华为的财务全球结账管理有一个监控系统——华为全球结账工作的指挥控制中枢。每个月，横跨5个时区的7个共享中心都要接受这个指挥控制中枢的调度，给华为在全球的数百家子公司“算总账”。利用交易核算自动化、ERP优化、数据调度优化、数据质量监控以及提升数据分析等平台功能，华为实现了全球核算实时可视，过程可跟踪、可管理。正是这套系统，让华为的财务数据能够准确、完整地呈现出来。

二、华为的财务团队

（一）华为CFO孟晚舟

孟晚舟于1993年加入华为，现担任华为副董事长、轮值董事长、CFO。2003年起，孟晚舟主导建立了全球统一的华为财经组织架构、流程、制度和IT平台。2007年至2014年，孟晚舟在华为推行集成财经服务(IFS)变革，使精细化管理成为华为公司持续成长的基因之一。2014年，孟晚舟领导华为进行数据变革，建立了完善的数据管理体系，实现了“数出一孔”，使数据成为公司的战略资产。同一时期，她通过财报内控、账实一致、资金管理和税务管理等变革项目使智能财务系统成为业务的伙伴和价值整合者，支撑公司业务在全球实现高速和稳健的发展。2019年至今，为了匹配公司的战略前瞻和长期发展规划，孟晚舟致力于构建财经数字化整体蓝图：运用风险探针、风控模型，建立无接触式风控体系；建立敏捷经营管理体系，基于数据和AI算法实现经营管理及决策智能化；建立财经作战指挥一体化平台，基于数据透明和实时交互实现关键财经作业场景的协同作战、立体指挥。

（二）华为财务团队成员及待遇

华为财务团队成员学历和素养较高，有数百名来自牛津、剑桥、哈佛、耶鲁等著名大学的优秀人才。财务操作体系比较完善，并且自动化程度较高。例如，仅合同业务全球就有1 500名项目财务人员跟进；对于年平均约120万单的员工费用报销，员工在自助报销的同时，机器根据既定规则直接生成会计凭证；98个国家和746个账户实现互联互通，支付指令可以在2分钟内传递至全球任一开户银行，付款准确率可达100%。

华为实行差异化起薪，上不封顶。华为薪酬总和由基本工资、奖金、福利保障、长期激励以及国际派遣这几部分构成。华为财务员工的月薪通常从1.2万元起，根据职务以及贡献，年薪逐层增加，普遍在30万元以上。同时，公司还有相应的住房等各类配套补贴，以解决新员工的一些生活实际问题。针对员工的长期培养和发展，华为有完善的人才培养规划，如通过华为大学培养卓越职业经理人，提升国际化领导能力。

（三）华为财务的招聘要求

以财务经理为例，华为的招聘要求包括如下几项。

(1) 工作经验要求：4年以上企业内审、内控或会计师事务所审计、咨询经验，具备国际知名会计师事务所工作经验者优先。

(2) 技能要求：①具备良好的会计、审计和财务管理基础；②具备良好的财报管理知识和技能；③具备良好的数据处理及数据分析能力；④具备较强的组织和沟通推动能力；⑤具有CPA、ACCA或同类专业资格优先。

(3) 教育背景要求：会计、审计、财务管理等相关专业本科及以上学历。

(4) 语言能力要求：英语四级及以上，具备良好的听、说、读、写能力。

三、华为财务给会计人的启示

1. 融入业务，提升价值

什么是低价值的会计服务？很多人可能会认为是会计核算和记账。会计核算是事后的记录，简单重复，会计核算岗位的可替代性很高。会计记账工作在未来可能变得越来越低端，甚至有人预测，人工智能兴起后会计记账工作有可能由系统自动完成，不需要会计人员动手。如果希望提升自身价值，会计人员需要转型，即由核算会计向管理会计转变。会计工作要为经营管理服务，为业务服务，为一线作战服务。

2. 渴望进步，渴望成长

会计工作时刻都处在变化之中，制度在变，准则在变，税法在变，会计人员需要在变化的过程中不断学习，不断调整，不断适应，并坚持终身学习。光学习会计专业知识就够了吗？显然不够。要实现由财务会计向管理会计转型的目标，会计人员还要学习业务知识、市场知识、管理知识、产品知识。学习应该是主动的，这些学习一方面是为了开阔视野，另一方面是为了将所学知识融入业务。

3. 积累项目管理经验

对于像华为这样的大集团公司来说，财务分工非常细，每个岗位人员所从事的工作几乎都是片段式的。片段式的工作虽容易做精，但很难窥探财务工作的全貌。会计人员如果想对财务工作有全面的了解，最好完整地参与一个项目，以便在最短的时间内了解公司的业务运作。因为一个项目周期体现了公司业务运作的全过程，参加项目管理能培养财务人员的全局视野，能够让财务人员站在新的高度俯视公司业务运行的全貌。

参考资料来源：根据“张熙庭会计之音”微信公众号文章《榜样！“业财融合型”财务的高效率，成就了华为财务管理系统》改编。

【案例启示】

1. 了解华为公司先进的财务管理体系，帮助学生树立“四个自信”，增强家国情怀和民族自豪感。

2. 了解华为公司的财务团队，引发学生对财务工作职业规划、职业精神以及与时俱进和终身学习的思考。

第二章

会计政策、会计估计变更及差错更正

本章根据《企业会计准则第 28 号——会计政策变更、会计估计变更及差错更正》和《企业会计准则第 28 号——会计政策变更、会计估计变更及差错更正》应用指南编写，主要介绍会计政策变更、会计估计变更和前期差错更正的概念、会计处理及信息披露。

本章知识框架如下：

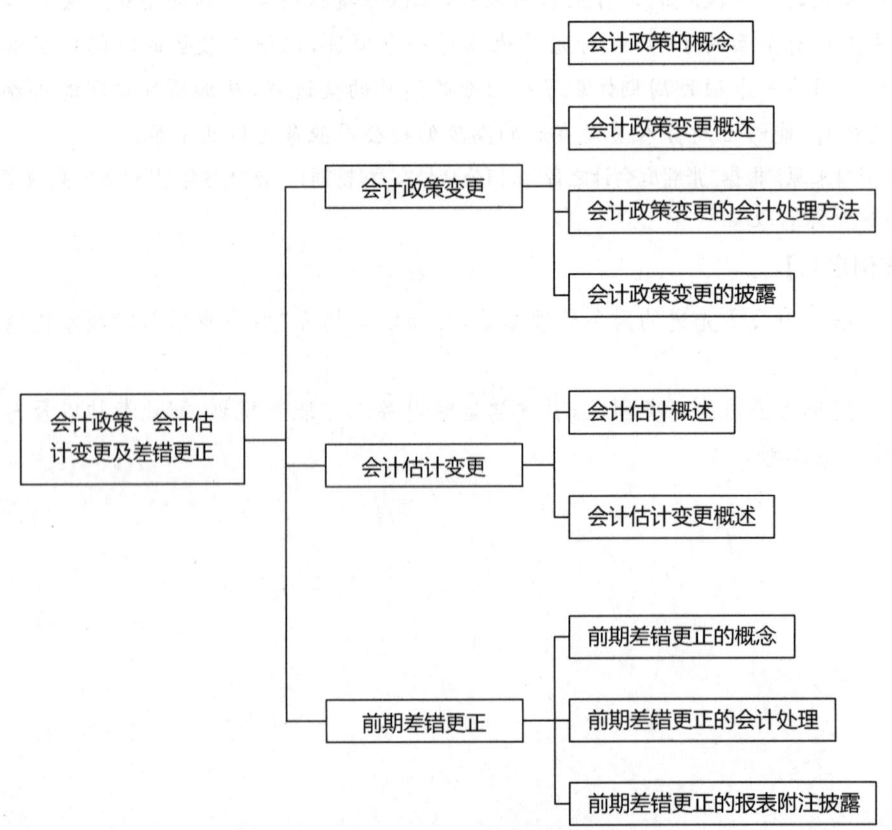

学习目标与成果展示

知识目标

❶ 阐述会计政策、会计估计和前期差错的概念。

❷ 熟悉会计政策变更的基本会计处理原理并应用。

❸ 熟悉会计估计的基本会计处理原理并应用。

❹ 熟悉前期差错的基本会计处理原理并应用。

能力目标

❶ 能够准确判断、分析、计算和处理会计政策变更、会计估计变更和前期差错事项。

❷ 能够科学合理地选择不同的会计政策和会计估计。

❸ 能够准确地更正前期会计差错。

素质目标

❶ 构建会计中和思维，为企业选择合适的会计政策和会计估计。

❷ 具有诚信和谨慎的工作态度，能够审慎生成财务报告。

思政目标

❶ 认识盈余管理的不利影响，自觉做到德法兼修。

❷ 具有诚信和谨慎的会计职业道德，树立知错能改的道德观。

成果展示

❶ 完成本章知识测试和技能测试。

❷ 自学推荐阅读和思政财经案例。

引导案例

关于对深圳市奋达科技股份有限公司采取责令改正措施的决定

深圳市奋达科技股份有限公司：

根据《中华人民共和国证券法》《上市公司现场检查办法》，我局自 2020 年 9 月起对你公司进行了现场检查。检查发现，你公司存在以下问题：

一、对子公司管控不足，导致财务核算不准确

收购深圳市富诚达科技有限公司（以下简称“富诚达”）后，你公司对该子公司管控不足，未能有效识别富诚达 2019 年以前固定资产和存货减值情况以及模夹治具财务核算情况，导致财务核算不准确。

二、未调整母子公司会计政策不一致情况

2017 年和 2018 年，富诚达通过长期待摊费用核算模夹治具，并按预计产能定期摊销，你公司在开发模夹治具当年全额计入损益。针对母子公司长期待摊费用会计政策不一致的情况，你公司在编制 2017 年和 2018 年合并财务报表过程中，未按照《企业会计准则第 33 号——合并财务报表》第二十七条的规定予以调整。

三、商誉减值测试不谨慎

2018 年商誉减值测试过程中，你公司主要依赖主观定性分析，缺乏客观资料支持，未充分考虑富诚达无在手订单、生产能力不足等情况，收入预测依据不充分，商誉减值测试不谨慎，不符合《企业会计准则第 8 号——资产减值》第十一条的规定。上述情况反映出你公司在规范运作和财务核算方面存在问题，影响你公司相关披露信息的准确性，不符合《上市公司信息披露管理办法》第二条的相关规定。根据《上市公司现场检查办法》第二十一条、《上市公司信息披露管理办法》第五十九条等规定，我局决定对你公司采取责令改正的行政监管措施。你公司应按以下要求开展整改，收到本决定书之日起 30 日内向我局提交书面整改报告并公告，同时披露董事会关于整改工作的决议和监事会的意见。

一、你公司全体董事、监事和高级管理人员应加强对证券法律法规的学习和培训，忠实、勤勉地为上市公司和全体股东利益行使职权，切实完善公司治理，健全内部控制制度，强化信息披露管理，提高规范运作水平，保证信息披露的真实、准确、完整。

二、你公司应采取有效措施加强对子公司业务、资金、财务和人员的管控。

三、你公司应进一步加强财务会计基础工作，提高会计核算水平，增强财务人员专业水平，确保会计核算和财务管理的规范性，从源头保证会计核算的质量。

如对本监督管理措施不服的，可以在收到本决定书之日起 60 日内向中国证券监督管理委员会提出行政复议申请，也可以在收到本决定书之日起 6 个月内向有管辖权的人民法院提起诉讼。复议与诉讼期间，上述监督管理措施不停止执行。

深圳证监局

2021 年 2 月 7 日

参考资料来源：深圳证监局公告。

思考：什么是会计政策？商誉计提减值属于会计政策还是会计估计？针对奋达公司子公司出现 2019 年以前财务核算不准确的情况，应如何进行前期差错更正？

第一节　会计政策变更

一、会计政策的概念

会计政策是指企业在会计确认、计量和报告中所采用的原则、基础和会计处理方法。其中，原则是指按照企业会计准则规定的、适合企业会计核算的具体会计原则；基础是指为了将会计原则应用于交易或者事项而采用的基础，如计量基础（即计量属性），包括历史成本、重置成本、可变现净值、现值和公允价值等；会计处理方法是指企业在会计核算中按照法律、行政法规或国家统一的会计制度等规定采用或者选择的、适合本企业的具体会计处理方法。

企业应在国家统一的会计准则制度规定的会计政策范围内选择适用的会计政策，会计政策应当保持前后各期的一致性。企业应当披露采用的重要会计政策，不具有重要性的会计政策可以不予披露。判断会计政策是否重要，应当考虑与会计政策相关项目的性质和金额。企业应当披露的重要会计政策主要包括以下内容。

(1) 发出存货成本的计量，即企业确定发出存货成本所采用的会计处理。

(2) 长期股权投资的后续计量，即企业取得长期股权投资后的会计处理。

(3) 投资性房地产的后续计量，即企业在资产负债表日对投资性房地产进行后续计量所采用的计量方法。

(4) 固定资产的初始计量，即对取得固定资产初始成本的计量。

(5) 生物资产的初始计量，即对取得生物资产初始成本的计量。

(6) 无形资产的确认，即对无形项目的支出是否确认为无形资产。

(7) 非货币性资产交换的计量，即非货币性资产交换事项中对换入资产成本的计量。

(8) 收入的确认，即收入确认所采用的会计原则。

(9) 合同收入与费用的确认，即确认建造合同的收入和费用所采用的会计处理方法。

(10) 借款费用的处理，即借款费用的会计处理方法。

(11) 合并政策，即编制合并财务报表所采用的原则。

二、会计政策变更概述

会计政策变更是指企业对相同的交易或事项由原来采用的会计政策改为另一会计政策的行为。为了保证会计信息的可靠性，使财务报表使用者在比较企业一个以上期间的财务报表时，能够正确判断企业的财务状况、经营成果和现金流量的趋势，一般情况下，企业采用的会计政策在每一会计期间和前后各期之间应当保持一致，不得随意变更。但是，在下述两种情况下，企业可以变更会计政策。

第一，法律、行政法规或国家统一的会计制度等要求变更。这种情况是指若法律、行政法规或国家统一的会计制度要求企业采用新的会计政策，则企业应当按照法律、行政法规或国家统一的会计制度的规定改变原会计政策，按照新的会计政策执行。例如，《企业会计准则第 1 号——存货》对发出存货实际成本的计价排除了后进先出法，这就要求执行企业会计准则体系的企业按照新规定，将原来以后进先出法核算发出存货成本的方法改为准则规定可以采用的其他发出存货计价方法。

第二，会计政策的变更可以使会计信息变得更相关、更可靠。由于经济环境、客观情况的改变，企业原采用的会计政策所提供的会计信息已不能恰当地反映企业的财务状况、经营成果和现金流量等情况。在这种情况下，企业应改变原有的会计政策，按变更后新的会计政策进行会计处理，以便对外提供更可靠、更相关的会计信息。例如，企业一直采用成本模式对投资性房地产进行后续计量，如果企业能够从房地产交易市场上持续地取得同类或类似房地产的市场价格及其他相关信息，从而能够对投资性房地产的公允价值作出合理估计，那么企业可以将投资性房地产的后续计量方法由成本模式改为公允价值模式。

对会计政策变更的认定，直接影响会计处理方法的选择。因此，在会计实务中，企业应当正确认定会计政策变更的情形。需要注意的是，下列两种情况不属于会计政策变更。

第一，当期发生与以前有本质区别的全新业务采用新的会计政策。例如，企业将自用的办公楼改为出租，不属于会计政策变更，而是采用了新的会计政策。

第二，初次发生的或不重要的交易或事项采用新的会计政策。首先，对初次发生的某类交易或者事项采用适当的会计政策，并未改变原有的会计政策，不属于会计政策变更。例如，企业以前没有建造业务，当年签订一项建造合同，对该项建造合同采用完工百分比法确认收入，这种情况不属于会计政策变更。其次，对于不重要的交易或事项采用新的会计政策，不按会计政策变更作出会计处理并不影响会计信息的可比性，所以这种情况也不属于会计政策变更。例如，企业原在生产经营过程中使用少量的低值易耗品，并且价值较低，故企业在领用低值易耗品时一次性计入费用；该企业于近期投产新产品，所需低值易耗品比较多，且价值较大，企业对领用的低值易耗品处理方法改为五五分摊法。该企业低值易耗品在生产经营中所占费用比例并不大，改变其会计处理方法后，对损益的影响也不大，属于不重要的事项，在这种情况下企业会计政策的改变不属于会计政策变更。

三、会计政策变更的会计处理方法

发生会计政策变更时，会计处理方法有两种，即追溯调整法和未来适用法，两种方法适用于不同的情形。

(一) 追溯调整法

追溯调整法是指在某项交易或事项发生会计政策变更时，视同该项交易或事项初次发生时即采用变更后的会计政策，并以此对财务报表相关项目进行调整的方法。

追溯调整法的处理程序包括如下四个步骤。

第一步，计算会计政策变更的累计影响数。

所谓会计政策变更的累积影响数，是指按照变更后的会计政策对以前各期追溯计算的列报前期最早期初留存收益应有金额与现有金额之间的差额。根据上述定义的表述，会计政策变更的累积影响数可以分解为以下两个金额之间的差额：①在变更会计政策当期，按变更后的会计政策对以前各期追溯计算得到的列报前期最早期初留存收益金额；②在变更会计政策当期，列报前期最早期初留存收益金额。

累积影响数通常可以通过以下计算获得：①根据新会计政策重新计算受影响的以前交易或事项；②计算两种会计政策下的差异；③计算差异的所得税影响金额；④确定前期中每一期的税后差异；⑤计算会计政策变更的累积影响数。

第二步，进行相关账务处理。

第三步，调整财务报表相关项目。

第四步，在财务报表附注中作出说明。

【例 2-1】 深广公司 2013 年和 2014 年分别以 900 万元和 220 万元的价格从股票市场购入 C、D 两只以交易为目的的股票（假设不考虑购入股票时发生的交易费用）。股票市价一直高于成本价，公司采用成本与市价孰低法对购入股票进行计量。自 2015 年起，深广公司对其以交易为目的购入的股票计量方法由成本与市价孰低法改为公允价值法，公司保存的会计资料比较齐备，可以通过会计资料追溯计算。假设所得税税率为 25%，公司按净利润的 10%提取法定盈余公积，按净利润的 5%提取任意盈余公积。公司发行股票份额为 9 000 万股。两种方法计量的交易性金融资产账面价值如表 2-1 所示。

表 2-1　　两种方法计量的交易性金融资产账面价值　　单位：万元

股票名称	购入股票价值（成本与市价孰低法）	2013 年年末股票价值（公允价值法）	2014 年年末股票价值（公允价值法）
C	900	1 020	1 020
D	220	—	260

要求：

(1) 计算改变交易性金融资产计量方法后的累积影响数。

(2) 编制调整分录。

(3) 对财务报表的相关项目作出调整。

(4) 在财务报表附注中作出说明。

解析：

1. 计算改变交易性金融资产计量方法后的累积影响数

计算过程和结果如表 2-2 所示。

表 2-2　　改变交易性金融资产计量方法后的累积影响数　　单位：万元

时间	成本与市价孰低法（原会计政策）①	公允价值法（新会计政策）②	税前差异 ③=②-①	所得税影响 ④=③×25%	税后差异 ⑤=③-④
2013 年年末	900	1 020	120	30	90
2014 年年末	220	260	40	10	30
合计	1 120	1 280	160	40	120

2. 进行相关的账务处理

(1) 对 2013 年有关事项进行调整：深广公司在 2013 年年末按公允价值法计量的交易性金融资产账面价值为 1 020 万元，按成本与市价孰低法计量的账面价值为 900 万元，两者的所得税影响合计为 30 万元，两者差异的税后净影响额为 90 万元，即该公司 2014 年期初由成本与市价孰低法改为公允价值法计量的累积影响数为 90 万元。调整分录如下：

① 调整会计政策的累积影响数。

借：交易性金融资产——公允价值变动　　1 200 000

　贷：利润分配——未分配利润　　900 000

　　　递延所得税负债　　300 000

② 调整利润分配。

按净利润的10%提取法定盈余公积，按净利润的5%提取任意盈余公积，共计提取盈余公积13.5万元(90×15%)。

借：利润分配——未分配利润　　135 000

　贷：盈余公积　　135 000

(2) 对2014年有关事项进行调整：深广公司在2014年年末按公允价值法计量的交易性金融资产账面价值为1 280万元，按成本与市价孰低法计量的账面价值为1 120万元，两者的所得税影响合计为40万元，两者差异的税后净影响额为120万元，其中，90万元是调整2013年累积影响数，30万元是调整2014年当期金额。调整分录如下：

① 调整交易性金融资产。

借：交易性金融资产——公允价值变动　　400 000

　贷：利润分配——未分配利润　　300 000

　　递延所得税负债　　100 000

② 调整利润分配。

按净利润的10%提取法定盈余公积，按净利润的5%提取任意盈余公积，共计提取盈余公积4.5万元(30×15%)。

借：利润分配——未分配利润　　45 000

　贷：盈余公积　　45 000

3. 调整财务报表相关项目

深广公司2015年12月31日的比较财务报表列报前期最早期初为2014年1月1日。在列报2015年度的财务报表时，深广公司应调整2015年资产负债表有关项目的年初余额、利润表有关项目的上年金额以及所有者权益变动表有关项目的上年金额和本年金额。

(1) 调整资产负债表项目。

调增"交易性金融资产"年初余额160万元，调增"递延所得税负债"年初余额40万元，调增"盈余公积"年初余额18万元，调增"未分配利润"年初余额102万元。调整过程如表2-3所示。

表2-3　　资产负债表(局部)

编制单位：深广公司　　2015年12月31日　　单位：万元

资产	年初数			负债和所有者权益	年初数		
	调整前	调增(减)	调整后		调整前	调增(减)	调整后
交易性金融资产	5	160	165	递延所得税负债	0.2	40	40.2
……				盈余公积	10	18	28
				未分配利润	150	102	252

(2) 调整利润表项目。

调增"公允价值变动收益"上年金额40万元，调增"所得税费用"上年金额10万元，调增"净利润"上年金额30万元，调增"基本每股收益"上年金额0.003 3元。调整过程如表2-4所示。

表 2-4　　利润表(局部)

编制单位：深广公司　　2015 年度

项目	上年数		
	调整前	调增(减)	调整后
一、营业收入	—	—	—
—	—	—	—
加：公允价值变动收益(万元)	0	40	40
—	—	—	—
二、营业利润(万元)	28	40	68
—	—	—	—
三、利润总额(万元)	230	40	270
减：所得税费用(万元)	25	10	35
四、净利润(万元)	205	30	235
五、每股收益	—	—	—
(一) 基本每股收益(元)	0.022 8	0.003 3	0.026 1
……	—	—	—

(3) 调整所有者权益变动表项目。

调整所有者权益变动表中“盈余公积”上年金额 13.5 万元、“未分配利润”上年金额 76.5 万元以及“所有者权益合计”上年金额 90 万元。

调整所有者权益变动表中“盈余公积”本年金额 4.5 万元、“未分配利润”本年金额25.5万元以及“所有者权益合计”本年金额 30 万元。

调整过程如表 2-5 所示。

表 2-5　　所有者权益变动表(局部)

编制单位：深广公司　　2015 年度　　单位：万元

<table>
<tr><th rowspan="2">项目</th><th colspan="6">本年金额</th><th colspan="6">上年金额</th></tr>
<tr><th>实收资本(股本)</th><th>资本公积</th><th>减：库存股</th><th>盈余公积</th><th>未分配利润</th><th>所有者权益合计</th><th>实收资本(股本)</th><th>资本公积</th><th>减：库存股</th><th>盈余公积</th><th>未分配利润</th><th>所有者权益合计</th></tr>
<tr><td>一、上年年末余额</td><td></td><td></td><td></td><td>13.5</td><td>76.5</td><td>90</td><td></td><td></td><td></td><td></td><td></td><td></td></tr>
<tr><td>加：会计政策变更</td><td></td><td></td><td></td><td>4.5</td><td>25.5</td><td>30</td><td></td><td></td><td></td><td>13.5</td><td>76.5</td><td>90</td></tr>
<tr><td>前期差错更正</td><td></td><td></td><td></td><td></td><td></td><td></td><td></td><td></td><td></td><td></td><td></td><td></td></tr>
<tr><td>二、本年年初余额</td><td></td><td></td><td></td><td>18</td><td>102</td><td>120</td><td></td><td></td><td></td><td></td><td></td><td></td></tr>
</table>

（续表）

项目	本年金额						上年金额					
	实收资本（股本）	资本公积	减：库存股	盈余公积	未分配利润	所有者权益合计	实收资本（股本）	资本公积	减：库存股	盈余公积	未分配利润	所有者权益合计
三、本年增减变动金额												
四、本年年末余额										13.5	76.5	90

注：其他项目金额略。

4. 财务报表附注说明

按照会计准则的规定，深广公司在2015年对交易性金融资产账面价值的计量方法由成本与市价孰低法改为公允价值法。此项会计政策变更采用追溯调整法，2015年比较财务报表已重新表述。2014年期初运用新会计准则追溯计算的会计政策变更累积影响数为90万元，调增2014年的期初留存收益90万元，其中，调整未分配利润76.5万元，调增盈余公积13.5万元。会计政策变更对2015年财务报表本年金额的影响为调增未分配利润25.5万元，调增盈余公积4.5万元，调增净利润30万元。

（二）未来适用法

未来适用法是指将变更后的会计政策应用于变更日及以后发生的交易或事项，或者在会计估计变更当期和未来期间确认会计估计变更影响数的方法。

在未来适用法下，企业不需要计算会计政策变更产生的累积影响数，也无须重新编制以前年度的财务报表。企业在变更之日仍保留会计账簿记录及财务报表上反映的原有金额，不因会计政策变更而改变以前年度的既定结果，并在现有的金额基础上按新的会计政策进行核算。

（三）方法的选择

对于会计政策变更，企业应当根据具体情况，分别采用下列会计处理方法。

(1) 国家发布相关会计处理方法的，按照国家发布的相关会计处理规定进行处理；国家没有发布相关会计处理方法的，采用追溯调整法进行会计处理。

(2) 会计政策变更能够提供更可靠、更相关的会计信息的，采用追溯调整法处理，按会计政策变更累积影响数调整列报前期最早期初留存收益，其他相关项目的期初余额和列报前期披露的其他比较数据也一并调整，但确定该项会计政策变更累积影响数不切实可行的除外。

(3) 确定会计政策变更对列报前期影响数不切实可行的，从可追溯调整的最早期间期初开始应用变更后的会计政策。在当期期初确定会计政策变更对以前各期累积影响数不切实可行的，采用未来适用法处理。不切实可行是指企业在采用所有合理的方法后，仍然不能获得采用某项规定所必需的相关信息，而导致无法采用该项规定。

四、会计政策变更的披露

企业应当在财务报表附注中披露与企业会计政策变更有关的下列信息。

(1) 会计政策变更的性质、内容和原因,包括对会计政策变更的简单阐述、变更的日期、变更前采用的会计政策、变更后采用的新会计政策及会计政策变更的原因。

(2) 当期和各个列报前期财务报表中受影响的项目名称和调整金额,包括采用追溯调整法计算出的会计政策变更的累积影响数,当期和各个列报前期财务报表中需要调整的净损益及其影响金额,以及其他需要调整的项目名称和调整金额。

(3) 无法进行追溯调整的,说明该事实和原因以及应用变更后会计政策的时点、具体应用情况,包括无法进行追溯调整的事实,确定会计政策变更对列报前期累积影响数不切实可行的原因,在当期期初确定会计政策变更对以前各期累积影响数不切实际可行的原因,以及应用新会计政策的时点和具体应用情况。

需要注意的是,企业在以后期间的财务报表中,不需要重复披露以前期间附注中已经披露的会计政策变更信息。

第二节　会计估计变更

一、会计估计概述

会计估计是指企业对结果不确定的交易或者事项以最近可利用的信息为基础所作的判断。会计估计具有以下特点。

(一) 经济活动中内在的不确定性因素是会计估计产生的基础

在会计核算中,企业总是力求保持会计核算的准确性,但有些经济业务本身具有不确定性,如坏账准备、固定资产折旧年限、固定资产残余价值、无形资产摊销年限等,因而企业需要根据经验作出估计。可以说,在进行会计核算和相关信息披露的过程中,会计估计是不可避免的。

(二) 会计估计应当以最近可利用的信息或资料为依据

在会计核算中,由于经济活动内在的不确定性,企业不得不经常进行估计。一些估计的主要目的是确定资产或负债的账面价值,如坏账准备、担保责任引起的负债;另一些估计的主要目的是确定将在某一期间记录的收益或费用的金额,如某一期间的折旧、摊销的金额。企业在进行会计估计时,通常应根据当时的情况和经验,以一定的信息或资料为基础进行。但是,随着时间的推移、环境的变化,会计估计的基础可能会发生变化,因此会计估计所依据的信息或资料必须进行更新。最新的信息是最接近目标的信息,以其为依据所作的估计最接近实际,因此,企业进行会计估计时应以最近可利用的信息或资料为依据。

（三）进行会计估计并不会削弱会计核算的可靠性

进行合理的会计估计是会计核算程序中必不可少的部分，它不会削弱会计核算的可靠性。企业为了定期、及时地提供有用的会计信息，将延续不断的经营活动人为划分为一定的期间，并在权责发生制的基础上对企业的财务状况和经营成果进行定期确认和计量。例如，在会计分期的情况下，许多企业的交易跨越若干个会计年度，以至于需要在一定程度上作出决定：哪些支出可以在利润表中作为当期费用处理，哪些支出符合资产定义应当递延至以后各期等。由于存在会计分期和货币计量的假设，在确认和计量过程中，企业不得不对许多尚在延续中、结果不确定的交易或事项予以估计入账。但是，估计必须建立在具有确凿证据的前提下，而不是随意的。企业根据当时所掌握的可靠证据作出的最佳估计，不会削弱会计核算的可靠性。

在实践中，常见的需要进行估计的项目有如下几项。

（1）存货可变现净值的确定。

（2）投资性房地产公允价值的确定。

（3）固定资产的预计使用寿命与净残值以及固定资产的折旧方法的确定。

（4）使用寿命有限的无形资产的预计使用寿命及其净残值的确定。

（5）可收回金额按照资产组的公允价值减去处置费用后的净额确定的，确定公允价值减去处置费用后的净额的确定；可收回金额按照资产组预计未来现金流量的现值确定的，预计未来现金流量的确定。

（6）建造合同或劳务合同完工进度的确定。

（7）预计负债初始计量的最佳估计数的确定。

（8）承租人对未确认融资费用的分摊以及出租人对未实现融资收益分配的确定。

二、会计估计变更概述

（一）会计估计变更的概念

会计估计变更是指由于资产和负债的当前状况及预期经济利益和义务发生了变化，企业对资产或负债的账面价值或者资产的定期消耗金额进行的调整。其主要核算范围包括：固定资产折旧方法、年限和残值的变更，无形资产摊销方法、年限和残值的变更，坏账准备计提比例的变更，存货可变现净值估计的变更等。

（二）会计估计变更的会计处理

企业对会计估计变更的处理应当采用未来适用法，即在会计估计变更当期及以后期间，采用新的会计估计，不改变以前期间的会计估计，也不调整以前期间的报告结果。

（1）如果会计估计的变更仅影响变更当期，其影响数应于变更当期予以确认，如应收账款坏账准备计提比例的改变等。

（2）如果会计估计的变更既影响变更当期又影响未来期间，其影响数应当在并更当期和未来期间予以确认，如固定资产预计使用年限的改变等。

（3）难以对某项变更区分为会计政策变更或会计估计变更的，企业应当将其作为会计估计变更处理。

（三）会计估计变更的披露

企业应在财务报表附注中披露与会计估计变更有关的下列信息。

（1）会计估计变更的内容和原因。

（2）会计估计变更对当期和未来期间的影响数。

（3）会计估计变更的影响数不能确定的事实和原因。

【例 2-2】 深广公司于 2016 年 1 月 1 日起对某管理用设备计提折旧，该设备原价为 102 000 元，预计使用寿命为 10 年，预计净残值为 2 000 元，按年限平均法计提折旧。2020 年年初，由于新技术发展，深广公司需要对该设备原估计的使用寿命和净残值作出修正，修正后该设备预计尚可使用年限为 2 年，预计净残值为 2 000 元。深广公司适用的企业所得税税率为 25%。

解析：

（1）不调整以前各期折旧，也不计算累积影响数。

（2）变更日以后改按新的会计估计计提折旧。

按原估计，每年折旧额为 10 000 元，已计提折旧 4 年，共计 40 000 元，该项固定资产账面价值为 62 000 元，则第 5 年相关科目的期初余额如下：固定资产 102 000 元，累计折旧 40 000元，固定资产账面价值 62 000 元。

改变预计使用年限后，从 2020 年起每年计提的折旧费用为 30 000 元[(62 000－2 000)÷2]。2020 年不必对以前年度已计提折旧进行调整，只需按重新预计的尚可使用年限和净残值确定折旧费用。

有关会计处理如下：

借：管理费用　　30 000

　贷：累计折旧　　30 000

（3）财务报表附注说明为：此会计估计变更将减少 2020 年度净利润 15 000 元[(30 000－10 000)×(1－25%)]。

第三节　前期差错更正

一、前期差错的概念

前期差错是指企业由于没有运用或错误运用相关信息，而对前期财务报表造成省略或错报。这些信息包括：①编报前期财务报表时预期能够取得并加以考虑的可靠信息；②前期财务报告批准报出时能够取得的可靠信息。

前期差错通常包括计算以及账户分类错误、应用会计政策错误、疏忽或曲解事实、舞弊产生的影响以及固定资产盘盈等。

二、前期差错更正的会计处理

前期差错按照重要程度分为重要的前期差错和不重要的前期差错。重要的前期差错是指足以影响财务报表使用者对企业财务状况、经营成果和现金流量作出正确判断的前期差错。不重要的前期差错是指不足以影响财务报表使用者对企业财务状况、经营成果和现金流量作出正确判断的会计差错。

(一) 不重要的前期差错的会计处理

对于不重要的前期差错,企业不需要调整财务报表相关项目的期初数,但应调整当期与前期相同的相关项目,属于影响损益的,应直接计入本期与上期相同的净损益项目。对于不重要的前期差错更正,企业采用的会计处理方法为未来适用法。

【例 2-3】 深广公司在 2020 年 12 月 31 日发现漏记了 2019 年 2 月到 3 月一项固定资产的折旧,该固定资产的价值为 6 000 元。该公司对固定资产折旧采用直线法,该资产估计使用年限为 5 年。假设不考虑净残值因素,则 2020 年 12 月 31 日深广公司更正此差错的金额为 200 元(6 000÷5÷12×2)。

相关会计分录为:

借:管理费用　　200

　　贷:累计折旧　　200

(二) 重要的前期差错的会计处理

如果能够合理确定前期差错的累积影响数,则前期重大差错的更正应当采用追溯调整法。前期差错累积影响数是指前期差错发生后对差错期间每期净利润的影响数之和。

确定前期差错影响数不切实可行的,企业可以从可追溯计算的最早期间开始调整留存收益的期初余额,财务报表其他相关项目的期初余额也应当一并调整。这种情况下,企业也可以采用未来适用法。

需要注意的是,发生在资产负债表日后期间的前期差错应参照资产负债表日后事项处理。

【例 2-4】 红星公司在 2019 年发现,公司漏记了 2018 年度的一项非专利技术的摊销费用 200 000 元,所得税申报表中未扣除该项费用。2018 年红星公司适用的所得税税率为 25%,无其他纳税调整事项。该公司分别按净利润的 10%和 5%提取法定盈余公积和任意盈余公积。假定税法允许调整应交所得税。

解析:

1. 分析前期差错的影响

少计摊销费用=200 000(元)

多计所得税费用=200 000×25%=50 000(元)

多计净利润=200 000−50 000=150 000(元)

多计应交税费＝200 000×25％＝50 000(元)

多提法定盈余公积＝150 000×10％＝15 000(元)

多提任意盈余公积＝150 000×5％＝7 500(元)

2. 编制有关项目的调整分录

(1) 补提摊销 200 000 元。

借：以前年度损益调整——管理费用	200 000	
贷：累计摊销		200 000

(2) 调整应交所得税 50 000 元。

借：应交税费——应交所得税	50 000	
贷：以前年度损益调整——所得税费用		50 000

(3) 将“以前年度损益调整”账户余额转入利润分配。

借：利润分配——未分配利润	150 000	
贷：以前年度损益调整		150 000

(4) 调整利润分配有关数字。

借：盈余公积——法定盈余公积	15 000	
盈余公积——任意盈余公积	7 500	
贷：利润分配——未分配利润		22 500

3. 财务报表调整和重述

红星公司在列报 2019 年财务报表时，应调整 2019 年资产负债表有关项目的年初余额，以及利润表有关项目及所有者权益变动表的上年金额。

(1) 资产负债表项目的调整：调减无形资产 200 000 元；调减应交税费 50 000 元；调减盈余公积 22 500 元；调减未分配利润 127 500 元。

(2) 利润表项目的调整：调增营业成本上年金额 200 000 元；调减所得税费用上年金额 50 000 元；调减净利润上年金额 150 000 元。

(3) 所有者权益变动表项目的调整：调减前期差错更正项目中盈余公积上年金额 22 500元；调减未分配利润上年金额 127 500 元；调减所有者权益合计上年金额 150 000元。

三、前期差错更正的报表附注披露

企业应在财务报表附注中披露与前期差错更正有关的下列信息。

(1) 前期差错的性质。

(2) 各个列报前期财务报表中受影响的项目名称和更正金额。

(3) 无法进行追溯计算的，说明该事实和原因以及对前期差错进行更正的时点及具体更正情况。

本章小结

会计政策是指企业在会计核算时所遵循的具体原则和企业所采纳的具体会计处理方法。会计政策变更是指企业对相同的交易或事项由原来采用的会计政策改为另一个会计政策的行为。会计政策变更的会计处理方法有两种：追溯调整法和未来适用法。

会计估计是指企业对结果不确定的交易或事项以最近可利用的信息为依据所作的判断。会计估计变更应采用未来适用法。

前期差错是指由于没有运用或错误运用相关信息，而对前期财务报表造成省略或错报。前期差错通常包括计算和账户分类错误、应用会计政策错误、疏忽或曲解事实、舞弊产生的影响以及固定资产盘盈等。对于重要的前期差错的更正，企业应采用追溯调整法；如果确定前期差错累积影响数不可行，企业也可以采用未来适用法。

重要名词中英文对照

会计政策 accounting policy

会计政策变更 change in accounting policy

会计估计 accounting estimate

会计估计变更 change in accounting estimate

追溯调整法 retroactive adjustment method

未来适用法 future application method

前期差错 prior period errors

前期差错更正 corrections of prior period errors

追溯重述法 retroactive restatement method

不重要的前期差错 immaterial prior period errors

重要的前期差错 material prior period errors

励志阅读

2-1　会计新人：初入职场如何让自己更“值钱”

知识测试

一、单选题

1. 甲公司为某集团中的母公司，其与控股子公司（乙公司）会计处理存在下列差异，在编制合并财务报表时，应当作为会计政策予以统一的是（　　）。

A. 甲公司对1年以内应收款项计提坏账准备的比例为期末余额的5%，乙公司为期末余额的10%

B. 甲公司对机器设备的折旧年限按不少于10年确定，乙公司为不少于15年

C. 甲公司对投资性房地产采用成本模式进行后续计量，乙公司采用公允价值模式

D. 甲公司产品保修费用的计提比例为售价的3%，乙公司为售价的1%

2. 下列项目中，不属于会计政策变更的是(　　)。

A. 对于分期付款取得的固定资产，由购买价款改为购买价款现值计价

B. 固定资产折旧方法由年限平均法改为双倍余额递减法

C. 对于内部研发项目开发阶段的支出，由计入当期损益改为符合规定条件的确认为无形资产

D. 商品流通企业采购费用由计入营业费用改为计入取得存货的成本

3. 甲公司发生的下列交易或事项中，属于会计政策变更的是(　　)。

A. 投资性房地产核算由成本模式计量改为公允价值模式计量

B. 年末根据当期发生的暂时性差异所产生的递延所得税负债调整本期所得税费用

C. 固定资产折旧方法由直线法改为双倍余额递减法

D. 因固定资产改良将其折旧年限由8年延长为12年

4. 采用追溯调整法计算出会计政策变更的累积影响数后，应当(　　)。

A. 在报表附注中说明其累积影响金额

B. 调整列报前期最早期初留存收益，以及会计报表其他相关项目的期初数和上年数

C. 重新编制以前年度会计报表

D. 调整列报前期最早期末及未来各期会计报表相关项目的数字

5. 企业会计准则规定的会计政策变更采用追溯调整法，是将会计政策变更的累积影响数调整(　　)。

A. 计入管理费用　　　　B. 计入当期损益

C. 计入期初留存收益　　　　D. 计入资本公积

6. 甲企业有一台从2017年1月1日开始计提折旧的设备，其原值为15 500元，预计使用年限为5年，预计净残值为500元，采用年数总和法计提折旧。从2019年起，该企业将该固定资产的折旧方法改为年限平均法，设备的预计使用年限由5年改为4年，设备的预计净残值由500元改为300元。该设备2019年的折旧额为(　　)元。

A. 3 100　　B. 3 000　　C. 4 000　　D. 3 250

7. 对于前期差错，下列说法不正确的是(　　)。

A. 追溯调整法是指在发现前期差错时，视同该项前期差错从未发生过，从而对财务报表相关项目进行更正的方法

B. 前期差错通常包括计算错误、应用会计政策错误、疏忽或曲解事实、舞弊产生的影响以及固定资产盘盈等

C. 企业应当采用追溯调整法更正重要的前期差错，但确定前期差错累积影响数不切实可行的除外

D. 确定前期差错累积影响数不切实可行的，可以从可追溯调整的最早期间开始调整留存收益的期初余额，财务报表其他相关项目的期初余额也应当一并调整，不得采

用未来适用法

二、多选题

1. 企业发生的下列事项中，应作为重要差错更正的有（　　）。

A. 鉴于当期利润完成状况不佳，将固定资产的折旧方法由双倍余额递减法改为直线法

B. 根据规定对资产计提减值准备，考虑到利润指标超额完成，根据谨慎原则，多提了存货跌价准备

C. 由于出现新技术，将专利权的摊销年限由 8 年改为 5 年

D. 地震使厂房使用寿命受到影响，调减了厂房的预计使用年限

2. 追溯调整法的应用步骤包括（　　）。

A. 计算确定会计政策变更累积影响数　　B. 进行相关的账务处理

C. 调整财务报表的相关项目　　D. 附注说明

3. 下列各项中，属于会计政策变更的有（　　）。

A. 无形资产摊销方法由生产总量法改为年限平均法

B. 因执行新会计准则，将建造合同收入确认方法由完成合同法改为完工百分比法

C. 投资性房地产的后续计量由成本模式改为公允价值模式

D. 因执行新会计准则，对子公司的长期股权投资核算方法由权益法改为成本法

三、判断题

1. 企业采用的会计政策，可以根据企业的实际情况随意变更。（　　）

2. 初次发生的交易或事项采用新的会计政策属于会计政策变更，应采用追溯调整法进行会计处理。（　　）

3. 固定资产盘盈属于前期差错。（　　）

4. 会计政策变更可以采用追溯调整法和未来适用法两种方法进行会计处理，采用哪种会计处理方法，应该根据具体情况确定。（　　）

5. 对于固定资产预计使用寿命、预计净残值的调整，企业应按照会计估计变更的有关规定进行处理，而对于固定资产折旧方法的变更则应按照会计政策变更的规定处理。（　　）

技能测试

1. 某上市公司在 2018 年和 2019 年已经连续两年亏损，若 2020 年仍然亏损，则面临退市风险。2020 年该公司编制的年报草案显示当年仍亏损 1 000 万元。有些高管人员建议对公司财务报表进行以下两项修改：①减少坏账准备的计提比例，从而减少当年坏账准备 600 万元；②延长某设备的预计使用年限并提高设备的净残值，从而能使当年的累计折旧减少 200 万元。

假定你是该上市公司的财务负责人，从企业会计准则的要求和职业判断的角度考虑，你应该作出怎样的选择？如何向其他高管阐述你的观点？

2. 深广公司在 2020 年 11 月 1 日进行内部审计时发现以下事项：2020 年 1 月 1 日，深

广公司经评估确认当地的房地产市场交易条件成熟，遂将其一栋对外出租的办公楼价值的计量方法由成本模式变更为公允价值模式。该办公楼原价为 2 000 万元，已计提折旧 800 万元，预计使用年限为 20 年，未计提减值准备，当日该办公楼的公允价值为 1 600 万元。深广公司在进行会计处理时，将该投资性房地产的公允价值与账面价值之间的差额记入“其他综合收益”账户，并在 2020 年度计提折旧 100 万元。

假定你是深广公司的财务人员，请判断上述事项是否属于前期差错，并进行账务处理。

请根据上述要求完成技能测试后，进行技能评价，并填写技能评价表，格式如表 2-6 所示。

表 2-6　　技能评价表

考核内容标准	实施评价	
	自我评价	同学互评
判断分析能力(30 分)		
会计处理能力(30 分)		
团队合作能力(20 分)		
会计职业道德(20 分)		
合计		

推荐阅读

1. 冉春芳，贺金玲.董事辞职与会计政策变更：形式与实质[J].会计之友，2020(17)：99-105.
2. 卿小权，刘月，潘超.固定资产折旧会计估计变更改善了公司业绩吗？——基于产能过剩行业的证据[J].财会通讯，2020(19)：37-43.
3. 袁小平，刘光军，彭韶兵.会计差错与会计造假辨析——以康美药业为例[J].财会通讯，2020(11)：138-142.

2-2　第 2 章推荐阅读 1

2-3　第 2 章推荐阅读 2

2-4　第 2 章推荐阅读 3

思政财经案例

“领头羊”变“犯罪羊”——康美药业财务造假

康美药业股份有限公司(简称康美药业)作为中国医药行业的“领头羊”，是 A 股最有名的医企之一。2018 年上半年时，康美药业的股票市值一度超过 1 200 亿元，仅次于恒瑞医药。2018 年开始，康美药业多次被质疑财务造假及其实控人操纵股价，当年 12 月 28 日，康美药业因涉嫌信息披露违法违规，被证监会立案调查。2019 年 4 月 30 日，康美药业连发 20 多项公告，自曝财务数据会计差错，称 2017 年营收多计 88.98 亿元，营业成本多计 76 亿元，销售商品收入多计 102 亿元，货币资金多计 299.44 亿元等。

300 亿元货币资金不翼而飞，康美药业的虚假操作震惊了整个资本界。此后，经证监会调查认定，康美药业的造假手段甚为猖狂。在 2016 年、2017 年年报和 2018 年半年报中，康美药业均虚增营收、利息收入及营业利润，其中，2016 年虚增营业收入和营业利润分别达 89.99亿元、6.56 亿元，2017 年分别为 100.32 亿元、12.51 亿元，2018 年上半年分别为 84.84 亿元、20.29亿元。在 2016 年、2017 年年报和 2018 年半年报中，康美药业还通过财务不记账、虚假记账，伪造、变造大额定期存单或银行对账单，配合营收造假伪造销售回款等方式虚增货币资金，分别高达 225.49 亿元、299.44亿元、361.88 亿元。此外，2018 年康美药业的固定资产、在建工程、投资性房地产项目均出现虚假记录，其调整纳入表内的 6 个工程项目虚增固定资产 11.89 亿元、在建工程4.01亿元、投资性房地产 20.15 亿元。2016 年至 2018 年，公司累计向控股股东及其关联方提供非经营性资金 116.19 亿元，用于购买股票、替控股股东及其关联方偿还融资本息、垫付解质押款或支付收购溢价款等，但是这些事项并未按规定披露。

2020 年 7 月 9 日晚间，康美药业发布公告称，收到公司实际控制人马兴田先生家属的通知，马兴田先生因涉嫌违规披露、不披露重要信息罪被公安机关采取强制措施。2020 年 5 月 14 日，康美药业收到证监会签发的《行政处罚决定书》及《市场禁入决定书》。彼时，康美药业的相关人员因涉嫌犯罪被移送司法机关。

参考资料来源：根据《经济参考报》文章《财务造假！康美药业实控人被“抓了”》改编。

【案例启示】

1. 通过康美药业的财务造假案例，我们应该认识到盈余管理的不利影响，自觉做到德法兼修。

2. 财务人员应该树立诚信和谨慎的会计职业道德和知错能改的道德观。

第三章

资产负债表日后事项

本章根据《企业会计准则第 29 号——资产负债表日后事项》和《企业会计准则第 29 号——资产负债表日后事项》应用指南编写，主要介绍资产负债表日后事项的概念、分类、会计处理及信息披露。

本章知识框架如下：

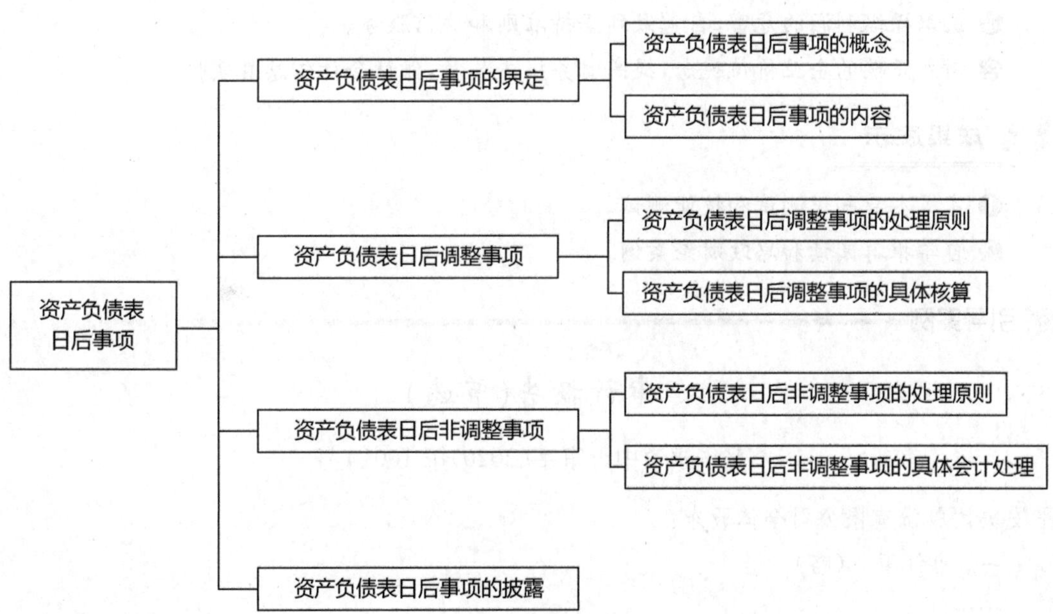

学习目标与成果展示

知识目标

❶ 阐述资产负债表日后调整事项和非调整事项的概念。
❷ 列举并区分资产负债表日后调整事项和非调整事项。
❸ 熟悉资产负债表日后调整事项的会计处理原理并应用。
❹ 熟悉资产负债表日后非调整事项的会计处理原理并应用。

能力目标

能够准确判断、分析、计算并处理资产负债表日后调整事项和非调整事项。

素质目标

及时和准确地处理资产负债表日后事项,养成实事求是的工作态度,审慎生成财务报告。

思政目标

❶ 认识操纵利润的危害,自觉做到坚持准则和诚信服务。
❷ 树立正确的企业价值观念,提高财务报告质量,保证会计信息真实性。

成果展示

❶ 完成本章知识测试和技能测试。
❷ 自学推荐阅读和思政财经案例。

引导案例

审计报告(节选)

普华永道中天审字(2020)第10010号

平安集团股份有限公司全体股东:

一、审计意见(略)

……

九、资产负债表日后事项

1. 资产负债表日后利润分配

经2020年2月13日本公司第十一届董事会第五次会议批准,本公司以优先股发行量2亿股(每股面值人民币100元)为基数,按照票面股息率4.37%计算,每股优先股派发股息人民币4.37元(含税)。本次优先股股息的计息期间为2019年3月7日至2020年3月

6 日，派息日为 2020 年 3 月 9 日。本次派发股息合计 8.74 亿元人民币(含税)，由本公司直接向优先股股东发放。

经 2020 年 2 月 13 日本公司第十一届董事会第五次会议批准，本公司拟在提取一般风险准备金后，以 2019 年 12 月 31 日的总股本 194.06 亿股为基数，每 10 股派发现金股利 2.18 元人民币(含税)。本次拟派发现金股利共计 4 230 百万元人民币。该股份分配方案尚待股东大会审议批准。

2. 对新型冠状病毒肺炎疫情的影响评估

新型冠状病毒肺炎疫情于 2020 年 1 月在全国暴发以来，对疫情的防控工作正在全国范围内持续进行。本公司将切实贯彻落实由中国人民银行、财政部、银保监会、证监会和国家外汇管理局共同发布的《关于进一步强化金融支持防控新型冠状病毒感染肺炎疫情的通知》的各项要求，强化金融对疫情防控工作的支持。

新型冠状病毒肺炎疫情将对包括湖北省在内的部分省市和部分行业的企业经营以及整体经济运行造成一定影响，从而可能在一定程度上影响本公司信贷资产和投资资产的资产质量和资产收益水平，影响程度将取决于疫情防控的情况、持续时间以及各项调控政策的实施。

本公司将继续密切关注新型冠状病毒肺炎疫情发展情况，评估和积极应对其对本公司财务状况、经营成果等方面的影响。截至本报告报出日，该评估工作尚在进行当中。

参考资料来源：平安集团股份有限公司 2019 年度审计报告。

思考：什么是资产负债表日后事项？哪些事项应该作为资产负债表日后事项？应如何对资产负债表日后事项进行会计处理？

第一节　资产负债表日后事项的界定

一、资产负债表日后事项的概念

资产负债表日后事项是指自年度资产负债表日至财务会计报告批准报告日之间发生的有利或不利事项。理解这一概念，需要注意以下三个方面。

(一) 资产负债表日

资产负债表日是指提供资产负债表的报告期末，包括会计年度末和会计中期期末。其中，年度资产负债表日是指每年的 12 月 31 日；会计中期是指短于一个完整的会计年度的报告期间，通常包括半年度、季度和月度等，中期资产负债表日包括公历半年末、季末和月末等。例如，对于 1 月份的财务报告，资产负债表日是指该年度的 1 月 31 日；对于半年度财务报告，资产负债表日是指该年度的 6 月 30 日。

如果母公司或子公司在国外，无论该母公司或子公司如何确定会计年度和会计中期，其向国内提供的财务报告都应按照我国法律规定确定资产负债表日。

（二）财务报告批准报出日

财务报告批准报出日是指董事会或类似机构批准财务报告报出的日期。财务报告的批准者包括所有者、所有者中的多数、董事会或类似的管理单位、部门和个人。公司制企业的董事会有权批准对外公布财务报告，因此，公司制企业财务报告批准报出日是指董事会批准财务报告报出的日期。对于非公司制企业，财务报告批准报出日是指经理（厂长）会议或类似机构批准财务报告报出的日期。

（三）有利事项或不利事项

资产负债表日后事项包括有利事项和不利事项。这些资产负债表日后事项对企业财务状况和经营成果会产生一定影响（既包括有利影响也包括不利影响）。如果某些事项的发生对企业并无任何影响，那么这些事项既不是有利事项也不是不利事项，也就不属于资产负债表日后事项。

综上所述，资产负债表日后事项是指在一个特定的期间内，即资产负债表日后至财务报告批准报出日之间发生的事项，它是对资产负债表日存在状况的一种补充或说明。需要指出的是，这里所说的财务报告是指对外提供的财务报告，不包括为企业内部管理部门提供的内部财务报表，而且资产负债表日后事项也不是在这个特定期间内发生的全部事项，而是与资产负债表日存在状况有关的事项，或虽然与资产负债表日存在状况无关，但对企业财务状况具有重大影响的事项。

二、资产负债表日后事项的内容

资产负债表日后事项包括资产负债表日后调整事项（以下简称调整事项）和资产负债表日后非调整事项（以下简称非调整事项）两类。

（一）调整事项

调整事项是指对资产负债表日已经存在的情况提供了新的或进一步证据的事项。

如果在资产负债表日及所属会计期间已经存在某种情况，但当时并不知道其存在或不能知道确切结果，资产负债表日后发生的事项能够证实该情况的存在或者确切结果，则该事项属于资产负债表日后事项中的调整事项。

如果资产负债表日后事项对资产负债表日的情况提供了进一步的证据，证据表明的情况与原来的估计和判断不完全一致，则企业需要对原来的会计处理进行调整。

调整事项的特点有如下两点。

（1）其在资产负债表日已经存在，且在资产负债表日后得以证实。

（2）其对资产负债表日存在状况编制的财务报表会产生重大影响。

（二）非调整事项

非调整事项是指表明资产负债表日后发生的情况的事项。非调整事项的发生不影响资产负债表日企业的财务报表数字，只说明资产负债表日后发生了某些情况。对于财务报告使用者来说，非调整事项表明的情况有的重要，有的不重要。其中，重要的非调整事项虽然与资产负债表日的财务报表数字无关，但可能会影响资产负债表日以后的财务状况和经营成果。

非调整事项的特点有如下两点。

(1) 该事项在资产负债表日并不存在。

(2) 影响比较重大，若不说明将会影响财务报告使用者作出正确的估计和决策。

(三) 调整事项与非调整事项的判断

判断资产负债表日后发生的某一事项是调整事项还是非调整事项，关键是看该事项表明的情况在资产负债表日前或资产负债表日是否已经存在。如果其在资产负债表日前或资产负债表日已经存在，则为资产负债表日后调整事项；反之，则为资产负债表日后非调整事项。

第二节　资产负债表日后调整事项

一、资产负债表日后调整事项的处理原则

对于资产负债表日后发生的调整事项，企业应当调整资产负债表日的财务报表。

对于资产负债表日后发生的调整事项，企业应当视同资产负债表所属期间发生的事项，作出相关账务处理，并对资产负债表日已编制的财务报表作出相应的调整。这里的财务报表包括资产负债表、利润表及其相关附表和现金流量表的补充资料内容，但不包括现金流量表正表。由于资产负债表日后事项发现在次年，此时上年度的相关账户已经结转，特别是损益类账户在结账后已无余额，对于年度资产负债表日后发生的调整事项，企业应分以下情况处理。

(1) 涉及损益的事项，通过“以前年度损益调整”账户核算。调整增加以前年度利润或调整减少以前年度亏损的事项，记入“以前年度损益调整”账户的贷方；调整减少以前年度利润或调整增加以前年度亏损的事项，记入“以前年度损益调整”账户的借方。

需要注意的是，涉及损益的调整事项发生在资产负债表日所属年度(即报告年度)所得税汇算清缴前的，应按准则要求调整报告年度应纳税所得额和应纳所得税税额；发生在报告年度所得税汇算清缴后的，应按准则要求调整本年度(即报告年度的次年)应纳税所得额。

调整完成后，应将“以前年度损益调整”账户的贷方或借方余额转入“利润分配——未分配利润”账户。

(2) 涉及利润分配调整的事项，直接在“利润分配——未分配利润”账户核算。

需要注意的是，按董事会批准的利润分配方案进行利润分配的处理也属于资产负债表日后事项，其在账务处理上需做整套的利润分配处理。这里所提的事项是指除正式利润分配外的调整情况。

(3) 不涉及损益和利润分配的事项，应调整相关项目。

(4) 进行上述账务处理后，还应调整财务报表相关项目数字。具体包括：资产负债表日编制的财务报表相关项目的期末数或本年发生数；当期编制的财务报表相关项目的年初数或上年数。经过上述调整后，涉及财务报表附注内容的，还应当调整财务报表附注相关项目的数字。

需注意的是，资产负债表日后调整事项一般不需要在附注中进行披露。

二、资产负债表日后调整事项的具体核算

下面，我们举例说明资产负债表日后调整事项的具体核算。

【例 3-1】 深广公司于 2019 年 10 月 1 日发货给乙公司，商品售价 500 万元，成本 400 万元，当日开出增值税专用发票，增值税税率为 13%。合同约定所售设备由深广公司负责安装，且此安装工作是商品销售的关键组成部分。截至 2019 年年末，此安装工作尚未完成。深广公司的账务处理如下：

借：银行存款　　5 650 000
　　贷：主营业务收入　　5 000 000
　　　　应交税费——应交增值税(销项税额)　　650 000

借：主营业务成本　　4 000 000
　　贷：库存商品　　4 000 000

深广公司 2019 年的年报于 2020 年 4 月 10 日批准报出。深广公司按净利润的 10%提取法定盈余公积。深广公司采用资产负债表债务法进行所得税核算，所得税税率为 25%。注册会计师于 2020 年 3 月 1 日发现此会计处理，提请企业作出调整。

解析：

根据以上资料，深广公司作出如下调整处理。

1. 编制会计分录

借：以前年度损益调整——主营业务收入　　5 000 000
　　贷：预收账款　　5 000 000

借：发出商品　　4 000 000
　　贷：以前年度损益调整——主营业务成本　　4 000 000

借：递延所得税资产　　250 000
　　贷：以前年度损益调整——所得税费用　　250 000

借：利润分配——未分配利润　　750 000
　　贷：以前年度损益调整　　750 000

借：盈余公积——法定盈余公积　　75 000
　　贷：利润分配——未分配利润　　75 000

2. 修正财务报表

经修正，深广公司相关财务报表分别如表 3-1～表 3-4 所示。

表 3-1 资产负债表(局部)

单位：深广公司 2019 年 12 月 31 日 单位：万元

资产	年末数	负债	年末数
		预收账款	＋500
存货	＋400	盈余公积	－7.5
递延所得税资产	＋25	未分配利润	－67.5
资产合计	＋425	负债及所有者权益合计	＋425

表 3-2 利润表(局部)

单位：深广公司 2019 年度 单位：万元

项目	本年数
一、营业收入	－500
减：营业成本	－400
税金及附加	
销售费用	
管理费用	
财务费用(收益以“－”号填列)	
资产减值损失	
加：公允价值变动净收益(净损失以“－”号填列)	
投资收益(净损失以“－”号填列)	
二、营业利润(亏损以“－”号填列)	－100
加：营业外收入	
减：营业外支出	
三、利润总额(亏损总额以“－”填列)	－100
减：所得税费用	－25
四、净利润	－75

表 3-3 所有者权益变动表(局部)

单位：深广公司 2019 年度 单位：万元

项目	本年金额	
	盈余公积	未分配利润
净利润		−75
提取盈余公积	−7.5	7.5

表 3-4 资产负债表(局部)

单位：深广公司 2020 年 3 月 31 日 单位：万元

资产	年初数	负债	年初数
存货	+400	预收账款	+500
递延所得税资产	+25	盈余公积	−7.5
		年末未分配利润	−67.5
资产合计	+425	负债及所有者权益合计	+425

第三节 资产负债表日后非调整事项

一、资产负债表日后非调整事项的处理原则

对于资产负债表日后发生的非调整事项，企业应当在财务报表附注中说明事项的内容，并估计其对财务状况、经营成果的影响；如无法作出估计，应当说明无法估计的理由。

二、资产负债表日后非调整事项的具体会计处理

（一）资产负债表日后发生重大诉讼、仲裁和承诺

资产负债表日后发生的重大诉讼、仲裁和承诺等事项，对企业影响较大。对此，企业应当在财务报表附注中予以披露。

【例 3-2】 深广公司财务经理杜拉拉给红星公司的会计赵姐打电话，向其请教资产负债表日后发生重大诉讼非调整事项的会计处理方法。

深广公司发生的相关业务如下：深广公司于 2020 年 1 月与光明公司签订一份销货合同，后由于深广公司提供的货物不符合合同要求，光明公司发生重大经济损失。2020 年 2 月，光明公司通过法律手段起诉深广公司违约。2020 年 3 月 5 日经法院判决，深广公司需

偿付光明公司经济损失 333.34 万元。深广公司和光明公司均不再上诉。

赵姐仔细分析了上述业务后，给出了如下建议：深广公司的诉讼案件发生在报告年度次年(2020 年)，属于资产负债表日后非调整事项，由于该事项影响较大，深广公司应当在 2019 年财务报告附注中披露相关信息，以防止误导财务报告使用者。

(二) 资产负债表日后资产价格、税收政策、外汇汇率发生重大变化

资产负债表日后资产价格、税收政策、外汇汇率发生的重大变化，虽然不影响资产负债表日财务报表相关项目的数据，但是会对企业资产负债表日后期间的财务状况和经营成果产生重大影响。因此，企业应当在财务报表附注中披露相关事项。

(三) 资产负债表日后自然灾害导致资产发生重大损失

自然灾害导致的资产重大损失，对企业资产负债表日后财务状况的影响较大，有可能导致财务报告使用者作出错误决策。因此，企业应将其作为资产负债表日后非调整事项在财务报表附注中予以披露。

【例 3-3】 深广公司财务经理杜拉拉给红星公司的会计赵姐打电话，向其请教自然灾害导致重大损失的资产负债表日后非调整事项的会计处理方法。

深广公司发生的相关业务如下：2020 年 1 月 30 日，深广公司因火灾遭受严重损失，初步估计，直接经济损失达 1 480 万元。

赵姐仔细分析了上述业务后，给出了如下建议：深广公司资产负债表日后因火灾遭受重大损失，属于资产负债表日后非调整事项，该事项对公司资产负债表日后财务状况和经营成果的影响较大，很可能导致财务报告使用者作出错误决策，深广公司应当在 2019 年度财务报告附注中披露相关信息。

(四) 资产负债表日后发行股票和债券以及其他巨额举债

企业发行股票、债券及向银行等举借巨额债务都属于重大事项，虽然这一事项与企业资产负债表日的存在状况无关，但是披露该事项能够使财务报表使用者了解由此带来的影响。因此，企业应当在财务报表附注中披露相关事项。

(五) 资产负债表日后资本公积转增资本

企业以资本公积转增资本将改变企业的资本或股本结构，会产生较大影响。对此，企业应当在财务报表附注中予以披露。

(六) 资产负债表日后发生巨额亏损

企业在资产负债表日后发生巨额亏损将对其报告期之后的财务状况和经营成果产生重大影响。为使财务报告使用者作出正确决策，企业应当在财务报表附注中对相关事项予以披露。

(七) 资产负债表日后发生企业合并或处置子公司

企业合并或处置子公司的行为都会影响公司的股权结构和经营范围等，对企业的生产经营活动产生重大影响。对此，企业应当在财务报表附注中予以披露。

(八) 资产负债表日后企业利润分配方案中的股利分配方案

资产负债表日后，企业制定利润分配方案以及经审议批准宣告发放现金股利或利润的行为，虽然可导致企业负有支付现金股利或利润的义务，但是其在资产负债表日并没有支付义务，无须调整资产负债表日的财务报告。但是，为便于财务报告使用者更充分地了解企业相关信息，企业需要在财务报表附注中披露相关事项。

第四节 资产负债表日后事项的披露

企业应当在附注中披露与资产负债表日后事项有关的下列信息。

(1) 财务报告的批准报出者和财务报告批准报出日。按照有关法律、行政法规等规定，企业所有者或其他方面有权对报出的财务报告进行修改的，企业应当披露这一情况。

(2) 每项重要的资产负债表日后非调整事项的性质、内容及其对财务状况和经营成果的影响；无法作出估计的，应当说明原因。企业若在资产负债表日后取得了影响资产负债表日存在情况的新的或进一步的证据，应当调整与之相关的披露信息。

本章小结

资产负债表日后事项分为调整事项和非调整事项。判断资产负债表日后发生的某一事项是调整事项还是非调整事项，关键是看该事项表明的情况在资产负债表日前或资产负债表日是否存在。如果其在资产负债表日前或资产负债表日已经存在，则为资产负债表日后调整事项；反之，则为资产负债表日后非调整事项。

对于年度资产负债表日后发生的调整事项，企业应分以下情况进行处理。

(1) 涉及损益的事项，通过“以前年度损益调整”账户核算。

(2) 涉及利润分配的事项，直接在“利润分配——未分配利润”账户核算。

(3) 不涉及损益及利润分配的事项，应调整相关账户。

(4) 进行上述账务处理后，还应调整财务报表相关项目数字。

资产负债表日后非调整事项说明的情况有的重要，有的不重要。其中，重要的资产负债表日后非调整事项如果不加以说明，将会影响财务报告使用者作出正确估计和决策，因此该事项需要在财务报表附注中予以披露。而资产负债表日后调整事项一般不需要在附注中进行披露。

重要名词中英文对照

资产负债表日后事项 events after the balance sheet date

资产负债表日 balance sheet date

财务报表批准报出日 date of approval of financial statement

资产负债表日后调整事项 adjusting events after the balance sheet date

资产负债表日后非调整事项 non-adjusting events after the balance sheet date

年度所得税汇算清缴 the income tax final settlement of the year

以前年度损益调整 prior year profit or loss adjustment

励志阅读

3-1　Reach the goals

知识测试

一、单选题

1. 在 2020 年度资产负债表日至财务报告批准报出日之间发生的下列事项中，属于资产负债表日后非调整事项的是(　　)。

A. 因自然灾害存货发生重大损失

B. 解决在资产负债表日正在商议的债务重组协议

C. 新证据表明资产负债表日对未决诉讼确认的预计负债过低

D. 2020 年销售商品发生的退回

2. 甲公司于 2020 年 1 月 10 日向乙公司销售一批商品并确认收入实现，2020 年 2 月 20 日，乙公司因产品质量原因将上述商品退货。甲公司 2019 年财务会计报告批准报出日为 2020 年 4 月 30 日。甲公司对此项退货业务正确的处理方法是(　　)。

A. 作为 2019 年资产负债表日后事项中的调整事项处理

B. 冲减 2020 年 2 月份相关收入、成本和税金等相关项目

C. 冲减 2020 年 1 月份相关收入、成本和税金等相关项目

D. 作为 2019 年资产负债表日后事项中的非调整事项处理

3. 某上市公司 2019 年度财务会计报告于 2020 年 2 月 20 日完成，注册会计师完成审计工作并签署审计报告的日期是 2020 年 4 月 15 日，经董事会批准可以对外公布的日期是 2020 年 4 月 21 日，正式对外公布的日期是 2020 年 4 月 30 日。该公司资产负债表日后事项涵盖的期间为(　　)。

A. 2020 年 1 月 1 日至 2020 年 4 月 15 日

B. 2020 年 1 月 1 日对 2020 年 4 月 20 日

C. 2020 年 1 月 1 日至 2020 年 4 月 21 日

D. 2020 年 1 月 1 日至 2020 年 4 月 30 日

4. 某企业应收甲公司账款 500 000 元，在 2012 年 12 月 31 日会计报表报出以前已被告知甲公司资不抵债，企业按应收甲公司账款余额的 10% 计提了坏账准备。2013 年 1 月 10 日报表报出前该企业接到通知，甲公司宣告破产，欠款全部不能偿还，资产损失未得到批准列支。假定该企业所得税税率为 25%，采用债务法核算，税法要求坏账在实际发生时列

支,则该日后调整事项对年度报告净利润的影响金额为减少(　　)元。

A. 450 000　　B. 337 500　　C. 500 000　　D. 466 500

二、多选题

1. 某公司2019年度财务报告批准报出日为2020年3月30日,该公司2020年1月1日至3月30日之前发生下列事项,需要对2019年度会计报表进行调整的有(　　)。

A. 2020年1月25日完成了2019年12月20日销售的必须安装设备的安装工作,并收到销售款60万元

B. 2020年2月25日发生火灾,导致存货损失80万元

C. 2020年1月29日得到法院通知,因2019年度银行贷款担保应向银行支付贷款及罚息等计105万元(2019年末已确认预计负债90万元)

D. 2020年2月15日收到了被退回的于2019年12月15日销售的设备1台

2. 下列于年度资产负债表日至财务会计报告批准报出日之间发生的事项中,属于资产负债表日后事项的有(　　)。

A. 支付生产人工资　　B. 股票和债券的发行

C. 发生上年度的销售退回　　D. 固定资产和投资发生严重减值

3. 资产负债表日后非调整事项的特点为(　　)。

A. 对理解和分析报告年度的财务报告产生重大影响

B. 在资产负债表日并未发生或存在

C. 在资产负债表日或以前已经存在

D. 期后发生的事项

4. 某上市公司2019年财务会计报告批准报出日为2020年4月10日。公司在2020年1月1日至4月10日发生的下列事项中,属于资产负债表日后调整事项的有(　　)。

A. 新任注册会计师发现公司2018年年报少确认投资损失3 000万元

B. 公司董事会提出2019年度利润分配方案为每股分配0.3元现金股利

C. 公司在一起历时半年的诉讼中败诉,支付赔偿金50万元,公司在上年年末已确认预计负债30万元

D. 因产品质量问题,2019年销售的价值600万元的商品于2020年2月8日发生退货

三、判断题

1. 企业在资产负债表日后发生严重火灾,损失仓库一栋,这一事项属于非调整事项。(　　)

2. 交易性金融资产因资产负债表日后市价严重下跌,公司应将其视为资产负债表日后调整事项。(　　)

3. 对资产负债表日后事项中的非调整事项,只进行账务处理,不需要披露。(　　)

4. 企业在判断或有事项的存在及有关金额时,依据或有事项准则进行处理,当或有事项确定下来成为资产负债表日后事项时,依据资产负债表日后事项准则做出相应处理。(　　)

技能测试

深广公司财务人员杜拉拉遇到以下资产负债表日后发生的事项。

1. 2020年1月20日，深广公司董事会制定并提请股东大会审议批准的利润分配方案为：分配现金股利500万元。

2. 截至2019年年末，深广公司资产负债表“未分配利润”账户金额为865万元。2020年第一季度由于受到新冠肺炎疫情影响，公司产生重大经济损失，2020年第一季度利润表中的“净利润”账户金额为−543.98万元。

3. 深广公司在2019年10月份与华泰公司签订一项供销合同，由于深广公司未按合同发货，华泰公司发生重大经济损失。深广公司被华泰公司起诉，至2019年12月31日法院尚未判决。深广公司2019年12月31日资产负债表中的“预计负债”账户有1 000万元的赔偿款。2020年3月5日经法院判决，深广公司需偿付华泰公司经济损失1 200万元。深广公司不再上诉，赔偿款已经支付。假定两家公司2019年度所得税汇算清缴均在2020年3月20日完成，且该项预计负债产生的损失不允许在预计时税前扣除，只有在损失实际发生时，才允许税前扣除。

4. 深广公司2019年度财务报表于2020年4月30日经董事会批准对外报出。

假定你是杜拉拉，请判断上述事项是否属于资产负债表日后事项。若为资产负债表日后事项，属于调整事项还是非调整事项？如何进行会计处理？

根据上述要求实施并完成技能测试后，进行技能评价，并填写技能评价表，格式如表3-5所示。

表3-5　　技能评价表

考核内容标准	实施评价	
	自我评价	同学互评
判断分析能力(30分)		
会计处理能力(30分)		
语言表达能力(20分)		
会计职业道德(20分)		
合计		

推荐阅读

1. 王燕.“三步走”理清资产负债表日后调整事项的会计处理[J].财会研究，2017(01)：33-35.
2. 蒋峻松.中缅资产负债表日后事项具体会计准则之比较[J].东南亚纵横，2014(09)：63-65.

3. 张婷,张敦力.或有事项信息披露能降低股价同步性吗?[J].中南财经政法大学学报,2020(03):3-13.

3-2 第3章推荐阅读1

3-3 第3章推荐阅读2

3-4 第3章推荐阅读3

思政财经案例

“独立”又“懂事”的独立董事——西部创业资产负债表日后事项

《稻盛和夫的实学:经营与会计》书中有这样一句话:“如果要塑造一个本质上强壮的企业,经营者就必须具备坚强的意志,克服如下的诱惑:把自己和企业打扮得比实际情况更好看。”

2019年8月6日,上市公司宁夏西部创业实业股份有限公司发布了半年报,独立董事吴春芳、赵恩慧、罗立邦对该公司2019年半年度报告及摘要投出了反对票。三名独立董事集体认为,半年报对公司全资子公司大古物流涉税事件没有合理反映,无法保证半年报真实、准确、完整。

这三名独立董事还认为,2019年7月3日,宁夏西部创业实业股份有限公司之子公司宁夏大古物流有限公司收到国家税务总局宁夏回族自治区税务局稽查局发出的《税务行政处罚事项告知书》,之后参加了听证和辩论,目前此事尚无结果。该涉税事项重大,宁夏大古物流有限公司作为西部创业的全资子公司应依据谨慎性原则,按照企业会计准则及上市公司相关规定在会计报表中反映此事项。鉴于2019年半年度报告财务报告没有合理反映全资子公司宁夏大古物流有限公司涉税事项,这三名独立董事认为,宁夏西部创业实业股份有限公司2019年6月30日发布的财务报表没有公允反映其财务状况及经营成果。

由上述资料可知,子公司在2019年7月3日收到的《税务行政处罚事项告知书》的确属于资产负债表日后事项的范围,但其是否是调整事项呢?独立董事认为应当作为调整事项,确认预计负债和相应的损失,计入半年报的财务报表中。但董事会并不认同独立董事的观点,而是将其作为非调整事项进行了披露。

实务中的会计处理操作的确可能处处都有争议。上述《税务行政处罚事项告知书》只是告知,并没有法律效力。被告知之后,当事人如果有异议,可以提请申辩或召开听证会。这里到底是否要依据该告知书将此日后事项作为调整事项,取决于财务人员的专业判断——该事项到底有多大可能实际发生,以及金额是否能够可靠计量。显然,独立董事和公司董事会作出了不同的判断,但独立董事的做法更加谨慎。

参考资料来源:根据“会人会语之栗子老师”微信公众号文章《见过独立董事全部不保证财务报表真实、准确、完整的案例吗?》改编。

【案例启示】

在西部创业公司资产负债表日后事项案例中，我们应该重点关注和比较年度财务报告出具过程中三名独立董事和其他董事的做法差异。财务人员或相关专业人员应该思考如何在财务工作中坚持准则，提升专业判断能力，保持诚信和谨慎的工作素养，审慎生成财务报告。

模块二

特殊经济业务或事项

第四章　非货币性资产交换

第五章　债务重组

第六章　外币折算会计

第七章　股份支付

第四章

非货币性资产交换

本章根据《企业会计准则第 7 号——非货币性资产交换》和《企业会计准则第 7 号——非货币性资产交换》应用指南编写，主要介绍非货币性资产的概念和认定条件、非货币性资产交换的确认和计量原则、商业实质的判断以及公允价值和账面价值两种计量基础下非货币性资产交换的会计处理等内容。

本章知识框架如下：

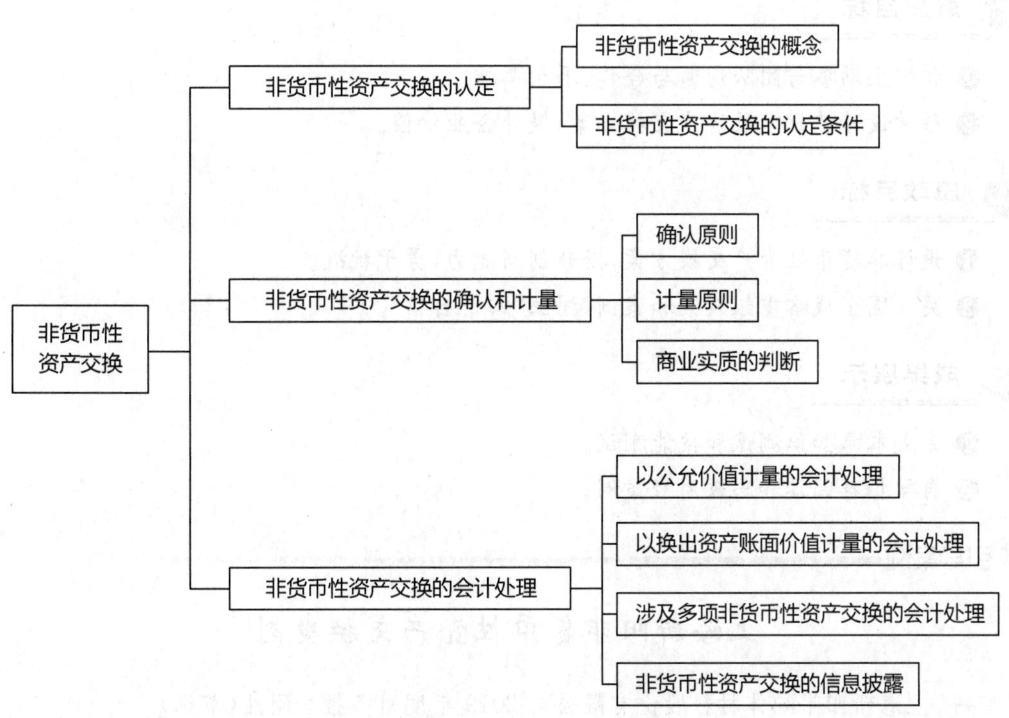

学习目标与成果展示

知识目标

❶ 列举并区分货币性资产与非货币性资产。

❷ 描述非货币性资产交换的概念。

❸ 认定非货币性资产交换业务(或事项)。

❹ 阐述商业实质的判断原则。

❺ 熟悉以公允价值计量非货币性资产交换的会计处理原理并应用。

❻ 熟悉以账面价值计量非货币性资产交换的会计处理原理并应用。

❼ 阐述非货币性资产交换的附注披露内容。

能力目标

❶ 能够判断、分析及处理非货币性资产交换业务(或事项)。

❷ 能够撰写非货币性资产交换的附注披露内容。

素质目标

❶ 积极主动参与团队沟通与合作,乐于奉献。

❷ 科学设计非货币性资产交换方案,提升企业价值。

思政目标

❶ 设计非货币性资产交换方案,提升创新能力,勇于挑战。

❷ 关注国企战略重组政策和案例,树立“四个自信”。

成果展示

❶ 完成本章知识测试和技能测试。

❷ 自学推荐阅读和思政财经案例。

引导案例

上海新阳非货币性资产交换案例

一、上海新阳半导体材料股份有限公司 2019 年度财务报告附注(节选)

本公司原持有上海新昇半导体科技有限公司(以下简称上海新昇公司)27.56%的股权。报告期内,本公司与上海硅产业集团股份有限公司签署《发行股份购买资产协议》及相应补充协议，将持有的26.06%的上海新昇公司股权置换为上海硅产业集团股份有限公司新增发的139 653 500股股票，交易对价为48 231.18万元。相应股权完成交割后，本公司认为该交易具有商业实质并依据《非货币性资产交换》准则确认置换收益。交易完成后，本公司仍持有上海新昇公司1.5%的股权且按《长期股权投资》准则将剩余股权按置换日的公允价值重新计量，并将其与账面价值之间的差额计入当期损益。报告期内本公司因该资产置换合计确认投资收益308 038 812.15元。前述投资收益中应税收入约为2.79亿元，涉及应纳所得税额为4 185.20万元，本公司将在申报所得税汇算清缴时针对该笔税款按非货币性资产投资企业所得税处理方式分5年交纳，所以报告期末本公司将于后4年支付的所得税额(约3 348.16万元)列示于长期应付款项下。上海硅产业集团股份有限公司已于2020年4月在科创板上市。

非货币性资产交换交易处理如表4-1所示。

表4-1　　非货币性交易处理

换出资产			换入资产	确认投资收益
项目	账面价值	公允价值	上海硅产业集团股份公司139 653 500股股票	291 273 274.48
上海新昇公司26.06%股权	191 038 525.52	482 311 800.00		

丧失重大影响之日交易处理如表4-2所示。

表4-2　　丧失重大影响之日交易处理

项目	账面价值	公允价值	确认投资收益
上海新昇公司1.5%股权	10 996 077.83	7 761 615.50	16 765 537.67

二、关于上海新阳半导体材料股份有限公司的关注函(节选)

上海新阳半导体材料股份有限公司董事会：

2019年11月28日至2020年2月24日期间，你公司股价累计上涨213.69%，与创业板综指偏离180.09%；2019年11月28日至2020年4月16日期间，你公司股价累计上涨136.99%，与创业板综指偏离119.09%。我部关注到你公司预计2019年归属于上市公司股东的净利润同比增长2 979.93%～3 130.17%，主要原因是确认非货币性资产交换置换收益等。请你公司就以下事项进行认真核查并做出书面说明：

请补充说明2019年非货币性资产交换交易的具体情况、非货币性资产交换具有商业实质的判断依据、换入资产成本的确认依据、具体会计处理以及是否符合会计准则的规定，请年审会计师发表明确意见。

参考资料来源：根据上海新阳半导体材料股份有限公司2019年度财务报告和深交所公告改编。

思考：什么是非货币性资产交换？如何判断非货币性资产交换的商业实质？换入资产成本的确认依据是什么？如何进行相关会计处理？

第一节 非货币性资产交换的认定

一、非货币性资产交换的概念

根据《企业会计准则第 7 号——非货币性资产交换》(以下简称非货币性资产交换准则),非货币性资产交换是指企业主要以固定资产、无形资产、投资性房地产和长期股权投资等非货币性资产进行的交换。该交换不涉及或只涉及少量的货币性资产(即补价)。

这里的非货币性资产是相对于货币性资产而言的。所谓货币性资产,是指企业持有的货币资金和收取固定或可确定金额的货币资金的权利,包括现金、银行存款、应收账款、应收票据、其他应收款以及准备持有至到期的债券投资等。所谓非货币性资产,是指货币性资产以外的资产,如存货、固定资产、无形资产、投资性房地产、在建工程、工程物资以及不准备持有至到期的债券投资、股权投资等。

二、非货币性资产交换的认定条件

非货币性资产交换准则规定,认定涉及少量货币性资产的交换是否为非货币性资产交换,通常以补价占整个资产交易金额的比例是否低于 25%为参考依据。从收到补价的企业来看,其收到的货币性资产占换出资产公允价值(或占换入资产公允价值和收到的货币性资产之和)的比例低于 25%的,视为非货币性资产交换;从支付补价的企业来看,其支付的货币性资产占换入资产公允价值(或占换出资产公允价值与支付的货币性资产之和)的比例低于 25%的,视为非货币性资产交换。除以上情况之外的资产交换,应视为货币性资产交换,适用《企业会计准则第 14 号——收入》等相关准则的规定。

第二节 非货币性资产交换的确认和计量

一、确认原则

企业应当分别按照下列原则对非货币性资产交换中的换入资产进行确认,对换出资产终止确认:对于换入资产,应当在其符合资产定义并满足资产确认条件时予以确认;对于换出资产,应当在其满足资产终止确认条件时终止确认。例如,某企业在非货币性资产交换中的换入资产或换出资产均为固定资产,按照《企业会计准则第 4 号——固定资产》和《企业会计准则第 14 号——收入》的规定,换入的固定资产应当在与该固定资产有关的经济利益很可能流入企业,且成本能够可靠地计量时确认;换出的固定资产应当以换入企业取得该固定资产控制权时点为处置时点终止确认。

非货币性资产交换中的资产应当符合资产的定义并满足资产的确认条件，且作为资产列报于企业的资产负债表上。因此，通常情况下，换入资产的确认时点与换出资产的终止确认时点应当相同或相近。在换入资产的确认时点与换出资产的终止确认时点存在不一致的情形下，在资产负债表日，企业应当按照下列原则进行会计处理：换入资产满足资产确认条件，换出资产尚未满足终止确认条件的，在确认换入资产的同时将交付换出资产的义务确认为一项负债；换入资产尚未满足资产确认条件，换出资产满足终止确认条件的，在终止确认换出资产的同时将取得换入资产的权利确认为一项资产。

二、计量原则

在进行非货币性资产交换时，不论是一项资产换入一项资产、一项资产换入多项资产、多项资产换入一项资产，还是多项资产换入多项资产，换入资产的成本都有以下两种计量基础。

（一）公允价值

非货币性资产交换同时满足下面两个条件的，应当以换出资产或换入资产的公允价值和应支付的相关税费作为换入资产的成本，并将公允价值与换出资产账面价值的差额计入当期损益。

(1) 该项交换具有商业实质。

(2) 换入资产或换出资产的公允价值能够可靠计量。资产存在活跃市场，是资产公允价值能够可靠计量的明显证据，但不是唯一要求。属于以下三种情形之一的，公允价值视为能够可靠计量：①换入资产或换出资产存在活跃市场；②换入资产或换出资产不存在活跃市场，但同类或类似资产存在活跃市场；③换入资产或换出资产不存在同类或类似资产的可比市场交易，应当参照《企业会计准则第 22 号——金融工具确认和计量》，采用估值技术确定其公允价值。该公允价值估计数的变动区间很小，或者在公允价值估计数变动区间内，各种用于确定公允价值估计数的概率能够合理确定的，视为公允价值能够可靠计量。

需要注意的是，当换入资产和换出资产的公允价值均能够可靠计量时，应当以换出资产的公允价值为基础确定换入资产的成本。一般来说，取得资产的成本应当按照所放弃资产的对价来确定，在非货币性资产交换中，换出资产就是放弃的对价，如果其公允价值能够可靠确定，应当优先考虑按照换出资产的公允价值来确定换入资产的成本。如果有确凿证据表明换入资产的公允价值更加可靠，应当以换入资产的公允价值为基础确定换入资产的成本。例如，在非货币性资产交换存在补价的情况下，企业一般不能直接以换出资产的公允价值作为换入资产的成本。

（二）账面价值

不具有商业实质或交换涉及资产的公允价值均不能可靠计量的非货币性资产交换，应当按照换出资产的账面价值和应支付的相关税费确定换入资产的成本，无论是否支付补价，均不确认损益。收到或支付的补价是确定调整换入资产成本的调整因素，其中，收到补价方应当以换出资产的账面价值减去补价作为换入资产的成本，支付补价方应当以换出资产的账面价值加上补价作为换入资产的成本。

三、商业实质的判断

企业发生的非货币性资产交换，符合下列条件之一的，视为具有商业实质：第一，换入资产的未来现金流量在风险、时间和金额方面与换出资产显著不同；第二，换入资产与换出资产的预计未来现金流量现值不同，且其差额与换入资产和换出资产的公允价值相比是重大的。

企业如按照上述第一个条件难以判断某项非货币性资产交换是否具有商业实质，还可以根据第二个条件——通过计算换入资产与换出资产的预计未来现金流量现值并比较后判断。对于资产预计未来现金流量的现值，企业应当按照资产在持续使用过程和最终处置时预计产生的税后未来现金流量，选择恰当的折现率对预计未来现金流量折现后的金额加以确定。应该注意的是，折现率应该根据企业自身而不是市场参与者对资产特定风险的评价来确定。

在确定非货币性资产交换是否具有商业实质时，企业应当关注交易各方之间是否存在关联方关系。因为关联方关系的存在可能导致发生的非货币性资产交换不具有商业实质。

第三节　非货币性资产交换的会计处理

一、以公允价值计量的会计处理

非货币性资产交换具有商业实质且公允价值能够可靠计量的，应当以换出资产的公允价值和应支付的相关税费作为换入资产的成本，除非有确凿证据表明换入资产的公允价值比换出资产的公允价值更可靠。

在以公允价值计量的情况下，不论是否涉及补价，只要换出资产的公允价值与其账面价值不相同，就一定会涉及损益的确认。因为非货币性资产交换损益通常是换出资产公允价值与换出资产账面价值的差额。

非货币性资产交换的会计处理，视换出资产的类别不同而有所区别。

(1) 换出资产为固定资产、在建工程、生产性生物资产、无形资产的，换出资产公允价值和换出资产账面价值的差额，计入资产处置损益。

(2) 换出资产为长期股权投资的，换出资产公允价值和换出资产账面价值的差额，计入投资收益。

(3) 换出资产为投资性房地产的，按换出资产公允价值或换入资产公允价值确认其他业务收入，按换出资产账面价值结转其他业务成本，两者之间的差额计入当期损益。

换入资产与换出资产涉及相关税费的，按照相关税收规定计算确定。

(一) 不涉及补价的情况

下面举例说明不涉及补价的非货币性资产交换的会计处理。

【例4-1】 2020年9月,深广公司以生产经营过程中使用的一台设备交换红星公司生产的一批打印机,换入的打印机作为固定资产管理。深广公司和红星公司均为增值税一般纳税人,适用的增值税税率为13%。设备的账面原价为150万元,在交换日的累计折旧额为45万元,公允价值为90万元。打印机的账面价值为110万元,在交换日的市场价格为90万元,计税价格等于市场价格。红星公司换入深广公司的设备是生产打印机过程中需要使用的设备。

假设深广公司此前没有为该项设备计提资产减值准备,整个交易过程中,除支付该项设备的运杂费15 000元外,没有发生其他相关税费。红星公司此前也没有为库存打印机计提存货跌价准备,且在整个交易过程中没有发生除增值税以外的其他税费。

解析:

整个资产交换过程没有涉及收付货币性资产,因此,该项交换属于非货币性资产交换。对深广公司来讲,换入的打印机是经营过程中必需的资产。对红星公司来讲,换入的设备是生产打印机过程中必需的机器。两项资产交换后对换入企业的特定价值显著不同,两项资产的交换具有商业实质。同时,两项资产的公允价值都能够可靠计量,符合以公允价值计量的两个条件,因此,深广公司和红星公司均应当以换出资产的公允价值为基础,确定换入资产的成本,并确认产生的损益。

1. 深广公司的账务处理

深广公司换入资产的增值税进项税额=900 000×13%=117 000(元)

换出设备的增值税销项税额=900 000×13%=117 000(元)

借:固定资产清理	1 050 000	
累计折旧	450 000	
贷:固定资产——设备		1 500 000
借:固定资产清理	15 000	
贷:银行存款		15 000
借:固定资产——打印机	900 000	
应交税费——应交增值税(进项税额)	117 000	
资产处置损益	165 000	
贷:固定资产清理		1 065 000
应交税费——应交增值税(销项税额)		117 000

2. 红星公司的账务处理

根据增值税的有关规定,企业以库存商品换入其他资产,视同销售行为发生,应计算增值税销项税额,交纳增值税。

换出打印机的增值税销项税额=900 000×13%=117 000(元)

换入设备的增值税进项税额=900 000×13%=117 000(元)

假定红星公司换出存货的交易符合《企业会计准则第14号——收入》规定的收入确认

条件，其相关账务处理如下：

借：固定资产——设备　　900 000
　　应交税费——应交增值税（进项税额）　　117 000
　贷：主营业务收入　　900 000
　　　应交税费——应交增值税（销项税额）　　117 000

借：主营业务成本　　1 100 000
　贷：库存商品——打印机　　1 100 000

（二）涉及补价的情况

在以公允价值确定换入资产成本的情况下，发生补价的，支付补价方和收到补价方应当分别按以下情况处理。

(1) 支付补价方：应当以换出资产的公允价值加上支付的补价（即换入资产的公允价值）和应支付的相关税费，作为换入资产的成本；换入资产成本与换出资产账面价值、支付的补价、应支付的相关税费之和的差额，应当计入当期损益。

(2) 收到补价方：应当以换入资产的公允价值（或换出资产的公允价值减去补价）和应支付的相关税费，作为换入资产的成本。换入资产成本加上收到的补价与换出资产账面价值加上应支付的相关税费的差额，应当计入当期损益。

在涉及补价的情况下，对于支付补价方而言，作为补价的货币性资产构成换入资产所放弃对价的一部分；对于收到补价方而言，作为补价的货币性资产构成换入资产的一部分。

【例 4-2】 2020 年 6 月 1 日，深广公司以一台设备换入红星公司的一辆小轿车。在交换日，该设备的账面原值为 500 000 元，已提折旧 200 000 元，公允价值为 350 000 元，红星公司小轿车的公允价值为 300 000 元，账面原值为 350 000 元，已提折旧 30 000 元。双方协议，红星公司支付深广公司 56 500 元补价，深广公司负责把该设备运至红星公司，深广公司因此发生设备运费 20 000 元，以银行存款支付。深广公司未对该设备计提减值准备，红星公司对小轿车已计提减值准备 10 000 元。深广公司和红星公司均为增值税一般纳税人，增值税税率均为 13%，上述交易中涉及的增值税进项税额可抵扣且已得到论证，不考虑其他税费。

假设双方交易具有商业实质，且设备和小轿车的公允价值是能够可靠计量的，可采用公允价值计价。

解析：

根据上述资料，首先判断交易类型是否为非货币性交易。

该项资产交换涉及收付货币性资产，即补价 56 500 元，其中 6 500 元为增值税。从收到补价的深广公司看，收到的补价 50 000 元占换出资产公允价值 350 000 元的比例为 14.29%（50 000÷350 000×100%），该比例小于 25%，故此交易属非货币性资产交换，应按照非货币性资产交换准则核算。

从支付补价的红星公司看，支付的补价 50 000 元占换入资产的公允价值 350 000 元的比例为14.29%(50 000÷350 000×100%),该比例小于25%,故此交易属非货币性资产交换,应按照非货币性资产交换准则核算。

1. 深广公司的账务处理

深广公司换入小轿车的入账价值=350 000−50 000=300 000(元)

借:固定资产清理　300 000
　累计折旧　200 000
　贷:固定资产——设备　500 000

借:固定资产清理　20 000
　贷:银行存款　20 000

借:固定资产——小轿车　300 000
　应交税费——应交增值税(进项税额)　39 000
　银行存款　56 500
　贷:固定资产清理　350 000
　　应交税费——应交增值税(销项税额)　45 500

借:固定资产清理　30 000
　贷:资产处置损益　30 000

2. 红星公司的账务处理

红星公司换入设备的入账价值=300 000+50 000=350 000(元)

借:固定资产清理　310 000
　累计折旧　30 000
　固定资产减值准备　10 000
　贷:固定资产——小轿车　350 000

借:固定资产——设备　350 000
　应交税费——应交增值税(进项税额)　45 500
　贷:银行存款　56 500
　　固定资产清理　300 000
　　应交税费——应交增值税(销项税额)　39 000

借:资产处置损益　10 000
　贷:固定资产清理　10 000

二、以换出资产账面价值计量的会计处理

非货币性资产交换不具有商业实质,或者虽然具有商业实质但换入和换出资产的公允价值均不能可靠计量的,应当以换出资产的账面价值为基础确定换入资产的成本,无论是否支付补价,均不确认损益。

一般来讲,如果换入和换出资产的公允价值均不能可靠计量,则该项非货币性资产交换

通常不具有商业实质。因为在这种情况下，两项资产产生的未来现金流量在时间、风险和金额方面的差异很难比较，两项资产交换后对企业经济状况改变所起的不同效用也很难判断。

(一) 不涉及补价的情况

下面举例说明不涉及补价的非货币性资产交换的会计处理。

【例 4-3】 承[例 4-1]，假设双方交易不具有商业实质，设备和打印机的公允价值不能可靠计量，应采用账面价值计价，其他条件不变。

解析：

根据上述资料，深广公司和红星公司的交易为非货币性资产交换。

1. 深广公司的账务处理

深广公司换入资产的增值税进项税额＝900 000×13%＝117 000(元)

换出设备的增值税销项税额＝900 000×13%＝117 000(元)

借：固定资产清理	1 050 000	
累计折旧	450 000	
贷：固定资产——设备		1 500 000
借：固定资产清理	15 000	
贷：银行存款		15 000
借：固定资产——打印机	1 065 000	
应交税费——应交增值税(进项税额)	117 000	
贷：固定资产清理		1 065 000
应交税费——应交增值税(销项税额)		117 000

2. 红星公司的账务处理

根据增值税的有关规定，企业以库存商品换入其他资产，视同销售行为发生，应计算增值税销项税额，交纳增值税。

换出打印机的增值税销项税额＝900 000×13%＝117 000(元)

换入设备的增值税进项税额＝900 000×13%＝117 000(元)

借：固定资产——设备	1 100 000	
应交税费——应交增值税(进项税额)	117 000	
贷：库存商品——打印机		1 100 000
应交税费——应交增值税(销项税额)		117 000

(二) 涉及补价的情况

下面举例说明涉及补价的非货币性交换的会计处理。

【例 4-4】 2020 年 12 月 1 日，深广公司以一台设备换入红星公司的专利权，该设备的账面原值为 1 000 000 元，累计折旧额为 400 000 元，未对该设备计提减值准备，公允价值为 800 000 元；红星公司专利权的公允价值为 700 000 元，账面余额为 1 200 000 元，累计摊销 300 000元。双方协议，红星公司支付给深广公司现金 100 000 元。假定不考虑相关税费，深广公司已将设备交给红星公司，并办理完专利权的相关手续。该项交易不具有商业实质。

解析：

根据上述资料，深广公司和红星公司的交易为非货币性资产交换。

从收到补价的深广公司看，收到的补价100 000元占换出资产公允价值800 000元的比例为12.5％，该比例小于25％，故该交易属非货币性资产交换。从支付补价的红星公司看，也是类似的情况。但是由于该项交易不具有商业实质，深广公司和红星公司换入资产的成本均应当按照换出资产的账面价值确定。

1．深广公司的账务处理

深广公司换入专利权的入账价值＝1 000 000－400 000－100 000＝500 000(元)

借：固定资产清理	600 000	
累计折旧	400 000	
贷：固定资产——设备		1 000 000
借：银行存款	100 000	
无形资产	500 000	
贷：固定资产清理		600 000

2．红星公司的账务处理

红星公司换入设备的入账价值＝1 200 000－300 000＋100 000＝1 000 000(元)

借：固定资产——设备	1 000 000	
累计摊销	300 000	
贷：无形资产		1 200 000
银行存款		100 000

三、涉及多项非货币性资产交换的会计处理

企业以一项非货币性资产换入另一企业的多项非货币性资产，以及以多项非货币性资产换入另一企业的一项非货币性资产或多项非货币性资产的，也可能涉及补价。涉及多项资产的非货币性资产交换，企业无法将换出的某一项资产与某一特定资产相对应。与单项非货币性资产之间的交换一样，对于涉及多项资产的非货币性资产交换的计量，企业也应当首先判断是否符合以公允价值计量的两个条件，再分情况确定各项换入资产的成本。

四、非货币性资产交换的信息披露

企业应当在财务报表附注中披露以下几项与非货币性资产交换有关的信息。

(1) 换入、换出资产的类别。

(2) 换入资产成本的确定方式。

(3) 换入、换出资产的公允价值以及换出资产的账面价值。

(4) 非货币性资产交换确认的损益。

本章小结

非货币性资产交换的交易对象是非货币性资产，交易中一般不涉及货币性资产，或只涉及少量货币性资产，即补价。一般认为，如果补价占整个资产交换金额的比例低于25%，则认定所涉及的补价为“少量”，该交换为非货币性资产交换；如果该比例等于或高于25%，则该交换为货币性资产交换。

非货币性资产交换同时满足下列两个条件的，应当以换出资产或换入资产的公允价值和应支付的相关税费作为换入资产的成本，并将公允价值与换出资产账面价值的差额计入当期损益：①该项交易具有商业实质；②换入资产或换出资产的公允价值能够可靠计量。

非货币性资产交换不具有商业实质，或者虽然具有商业实质但换入资产和换出资产的公允价值均不能可靠计量的，应当以换出资产的账面价值和应支付的相关税费作为换入资产的成本，无论是否支付补价，均不确认损益。

重要名词中英文对照

非货币性资产交换 non-monetary asset exchange

货币性资产 monetary assets

非货币性资产 non-monetary assets

权益性交易 equity transaction

商业实质 business essential

换入资产/换出资产 assets received/assets surrendered

公允价值 fair value

账面价值 book value

励志阅读

4-1 个人核心竞争力

知识测试

一、单选题

1. 下列资产中，不属于货币性资产的是(　　)。

A. 预付账款　　　　B. 应收利息

C. 应收账款　　　　D. 以摊余成本计量的金融资产

2. 甲公司和乙公司均为增值税一般纳税人，销售动产适用的增值税税率为13%。2020年3月，甲公司以其持有的1万股丙公司股票(作为交易性金融资产核算)交换乙公司生产的一台办公设备，并将换入的办公设备作为固定资产核算。甲公司所持有丙公司股票的账面价值为180万元(成本为170万元，公允价值变动收益为10万元)，在交换日的公允价值为200万元。乙公司的办公设备在交换日的账面价值为170万元，公允价值和计税价格均为200万元。甲公司另向乙公司支付价款26万元。假定该项资产交换具有商业实质，不考虑其他因素，则甲公司换入办公设备的入账价值为（ ）万元。

A. 180　　B. 200
C. 226　　D. 190

3. 在不涉及补价的情况下，下列各项交易事项中，应按非货币性资产交换准则进行会计处理的是（ ）。

A. 开出商业承兑汇票购买原材料　　B. 用存货换入机器设备
C. 以固定资产换入专利技术　　D. 以应收账款换入对联营企业投资

4. 甲公司为增值税一般纳税人，经与乙公司协商，甲公司以一批产品换入乙公司的一项专利技术。在交换日，甲公司换出产品的账面价值为560万元，公允价值为700万元，增值税税额为91万元，甲公司将产品运抵乙公司并向乙公司开具了增值税专用发票，当日双方办妥了专利技术所有权转让手续。经评估确认，该专利技术的公允价值为900万元，增值税税额为54万元，甲公司另以银行存款支付乙公司163万元。假定该交易具有商业实质，不考虑其他因素，则甲公司换入专利技术的入账价值为（ ）万元。

A. 954　　B. 900　　C. 791　　D. 819

5. A公司用一栋厂房换入B公司的一项专利权。厂房的账面原值为2 000万元，已计提折旧400万元，已计提减值准备200万元。A公司另向B公司支付补价200万元。假定该项资产交换不具有商业实质，且不考虑相关税费，则A公司换入专利权的入账价值为（ ）万元。

A. 1 200　　B. 1 400　　C. 1 600　　D. 2 000

6. 2020年3月2日，甲公司以账面价值分别为700万元的厂房和300万元的专利权，换乙公司账面价值分别为600万元的在建房屋和200万元的长期股权投资，该项交换交易不涉及补价。上述资产的公允价值均无法获得。假设不考虑增值税等相关税费，则乙公司换厂房的入账价值为（ ）万元。

A. 300　　B. 200　　C. 240　　D. 560

7. 关于非货币性资产交换的确认，下列各项表述中，错误的是（ ）。

A. 对于换入资产，企业应当在换入资产符合资产定义并满足资产确认条件时予以确认
B. 对于换出资产，企业应当在换出资产满足资产终止确认条件时终止确认
C. 换入资产的确认时点与换出资产的终止确认时点存在不一致的，换入资产满足资产确认条件但换出资产尚未满足终止确认条件的，资产负债表日在确认换入资产的同时将交付换出资产的义务确认为一项负债
D. 换入资产尚未满足资产确认条件但换出资产满足终止确认条件的，资产负债表日不应终止确认换出资产

8. 甲公司以A设备换入乙公司B设备。在交换日，A设备的账面原价为68万元，已

计提折旧 9 万元，已计提减值准备 8 万元，公允价值无法合理确定；B 设备的公允价值为 72 万元。甲公司另向乙公司支付补价 2 万元，该项交换具有商业实质。假定不考虑税费等因素，则该项交换对甲公司当期损益的影响金额为（　　）万元。

A. 21　　B. 23　　C. 19　　D. 18

9. 甲公司以一项长期股权投资与丙公司的一项交易性金融资产、一台设备和一项专利权进行交换。长期股权投资公允价值为 190 万元，交易性金融资产、设备和专利权的公允价值分别为 100 万元、60 万元和 40 万元。不考虑其他因素的影响，则甲公司换入设备的入账价值为（　　）万元。

A. 57　　B. 54　　C. 36　　D. 60

二、多选题

1. 非货币性资产交换以公允价值计量并且涉及补价的，补价支付方在确定计入当期损益的金额时，应当考虑的因素有（　　）。

A. 支付补价的公允价值　　B. 换入资产的成本

C. 换出资产的账面价值　　D. 换入资产发生的相关税费

2. 下列关于非货币性资产交换相关表述中，正确的有（　　）。

A. 不具有商业实质的非货币性资产交换，以换出资产的账面价值为基础确定换入资产的入账价值

B. 换入资产与换出资产的公允价值均能可靠计量且交换具有商业实质的，以换出资产的公允价值为基础确定换入资产的入账价值

C. 换入资产与换出资产的公允价值均不能可靠计量的，以换出资产的账面价值为基础确定换入资产的入账价值

D. 换入资产与换出资产的公允价值均不能可靠计量的，以换入资产的账面价值为基础确定换入资产的入账价值

3. 非货币性资产交换具有商业实质且换出资产的公允价值能够可靠计量的，关于换出资产的公允价值与其账面价值的差额，下列会计处理方法中，正确的有（　　）。

A. 换出资产为在建工程的，其公允价值和账面价值的差额，计入营业外收支

B. 换出资产为无形资产的，其公允价值和账面价值的差额，计入资产处置损益

C. 换出资产为固定资产的，其公允价值和账面价值的差额，计入资产处置损益

D. 换出资产为以公允价值计量且其变动计入其他综合收益的金融资产（债务工具）的，其公允价值和账面价值的差额，计入投资收益，但不将持有期间形成的其他综合收益转入当期损益

4. 下列各项中，不应按非货币性资产交换准则进行会计处理的有（　　）。

A. 用一项投资性房地产换入对被投资单位能够实施控制的长期股权投资

B. 用一项专利权换入由租赁准则规范的使用权资产

C. 房地产开发企业用一幢商品房换入一块土地使用权

D. 用一台机器设备换入一项专利权

三、综合题

1. 甲、乙公司均系增值税一般纳税人,2020 年 3 月 31 日,甲公司以一项投资性房地产与乙公司的一项生产设备和一项商标权进行交换,该资产交换具有商业实质。相关资料如下:

(1) 甲公司换出投资性房地产的原价为 1 000 万元,已提折旧 320 万元,未计提减值准备,公允价值为 800 万元,开具的增值税专用发票中注明的价款为 800 万元,增值税额为 72 万元。

(2) 乙公司换出设备的原价为 1 000 万元,已计提折旧 700 万元,未计提减值准备,公允价值为 500 万元,开具的增值税专用发票中注明的价款为 500 万元,增值税税额为 65 万元。乙公司换出商标权的原价为 280 万元,已摊销 80 万元,公允价值为 300 万元,开具的增值税专用发票中注明的价款为 300 万元,增值税税额为 18 万元。甲公司另以银行存款向乙公司支付 11 万元补价。

(3) 甲公司将换入的设备和商标权分别确认为固定资产和无形资产,乙公司将换入的投资性房地产确认为固定资产。甲、乙双方不存在关联方关系,假设不考虑除增值税以外的相关税费及其他因素。

要求:

(1) 编制甲公司进行非货币性资产交换的相关会计分录。

(2) 编制乙公司进行非货币性资产交换的相关会计分录。

技能测试

两个学习小组自由组合,分别扮演非货币性资产交换的交易双方,共同设计并录制一个情景剧,展示非货币性资产交换的背景、签订协议过程和结果并讲解交易双方的账务处理,最后提交视频资料。

根据上述要求实施并完成技能测试后,进行技能评价,填写技能评价表,格式如表 4-1 所示。

表 4-1　技能评价表

考核内容标准	实施评价	
	自我评价	同学互评
判断分析能力(30 分)		
会计处理能力(30 分)		
团队合作能力(20 分)		
会计职业道德(20 分)		
合计		

推荐阅读

1. 耿建新,李博文.非货币性资产交换准则的历史沿革与中外比较[J].财会月刊,2020

(06)：59-64.

2. 张宗梅.构成权益性交易的非货币性资产交换新解[J].中国注册会计师，2020(02)：85-88.

3. 赵越.新非货币性资产交换准则的合理性与局限性——简析“以公允价值为基础计量”的规定[J].国际商务会计，2020(01)：35-38.

4-2 第4章推荐阅读1

4-3 第4章推荐阅读2

4-4 第4章推荐阅读3

思政财经案例

国企战略重组实现协同效益——中国电建和电建地产的资产置换

国务院国资委秘书长、新闻发言人彭华岗表示，国资央企将把落实《关于新时代推进国有经济布局优化和结构调整的意见》有关要求和实施国企改革三年行动结合起来，以市场化为原则，依法合规、积极稳妥地做好重组工作。

彭华岗表示，2021年央企重组整合项目之多、力度之大，是前所未有的。相关央企在战略性重组、专业化整合以及战略性新兴产业布局方面的一系列举措，有力推动了国有资本布局结构优化，提高了资源配置效率，提升了企业核心竞争力和发展质量。下一步，国资委将注重做好总体统筹规划，扎实推进中央企业战略性重组和专业化整合。

在战略性重组方面，国资委将以深化供给侧结构性改革为主线，聚焦落实创新驱动发展、建设制造强国等国家战略，按照“成熟一户，推进一户”的原则，稳步推进钢铁等领域的重组整合，在相关领域适时研究组建新的中央企业集团。在专业化整合方面，国资委将以业务做强做精为目标，以优势企业为主体，积极推动粮食储备加工、港口码头等领域的专业化整合，切实提升资源配置效率和企业的核心竞争力；对于已经实施重组的企业，还要注重加快整合融合。

2022年1月7日，中国电建发布公告，拟将所持房地产板块资产与该公司控股股东中国电力建设集团有限公司(下文简称电建集团)持有的优质电网辅业相关资产进行置换，差额部分由电建集团向中国电建以现金方式支付。

公告显示，本次交易的换入资产为电建集团持有的18家子公司股权，换出资产为中国电建持有的3家子公司股权。据悉，换入资产的18家子公司股权包括中国电建集团华中电力设计研究院有限公司100%股权、中国电建集团河北省电力勘测设计研究院有限公司100%股权、中国电建集团核电工程有限公司100%股权等；换出资产的3家子公司股权为中国电建地产集团有限公司100%股权、北京飞悦临空科技产业发展有限公司100%股权及天津海赋房地产开发有限公司100%股权。

本次电建集团旗下的中国电建和电建地产的资产置换是央企内部的一次深度融合，重组的目的是解决集团内同业竞争问题。如本次交易完成，南国置业控股股东和实际控制人不会发生变更，但股权层级会发生变化。重组前，电建集团持有中国电建58.34%的股权，电建集团与中国电建均涉及地产业务。中国电建将低价值量的地产业务剥离出去，同时把电建集团的优质电网辅业相关资产置换进来，对其而言是利好的。同时，中国电建也可以通过控制地产投资规模，将业务发展集中放在能源产业上。

参考资料来源：史爱苹.资产置换：电建集团成为解决同业竞争典型案例[J].现代国企研究，2022(03).

【案例启示】

1. 关注国企战略性重组，不断增强“四个自信”。

2. 阅读中国电建和电建地产的资产置换案例，思考作为财务人员如何做到不断创新、参与管理，进而提升企业价值。

第五章

债务重组

本章根据《企业会计准则第12号——债务重组》和《企业会计准则第12号——债务重组》应用指南编写，主要介绍债务重组的含义、方式和不同债务重组方式的会计处理。

本章知识框架如下：

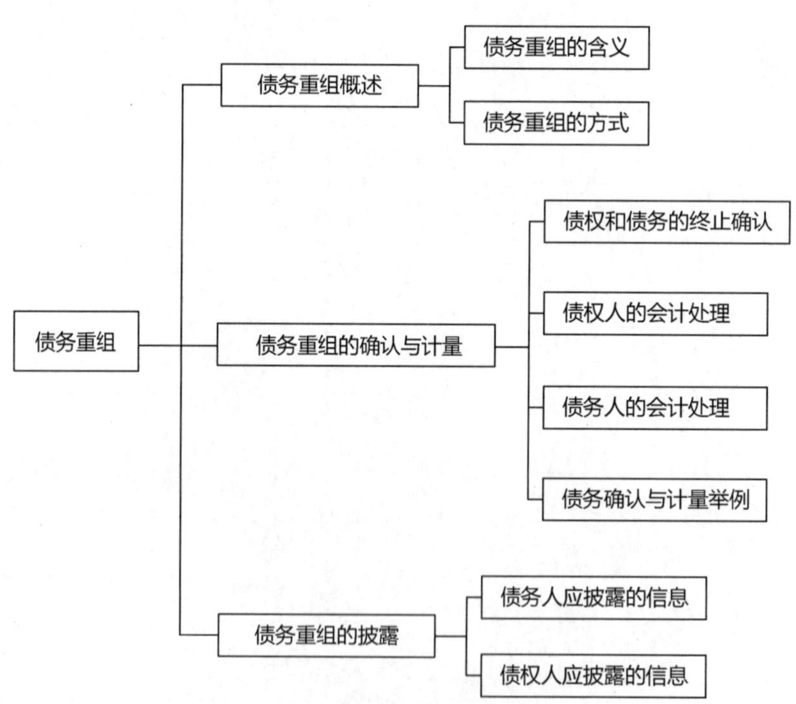

学习目标与成果展示

知识目标

❶ 描述债务重组的含义和债务重组的方式。
❷ 熟悉以资产清偿债务的会计处理原理并应用。
❸ 熟悉债务转为权益工具的会计处理原理并应用。
❹ 熟悉修改其他债务条件的会计处理原理并应用。
❺ 熟悉组合方式的会计处理原理并应用。
❻ 阐述债务重组的附注披露内容。

能力目标

❶ 能够准确判断、分析及处理债务重组业务。
❷ 能够设计基础的财务方案,编制财务报告和撰写财务分析报告。

素质目标

❶ 与时俱进,关注并比较四版债务重组准则的修订内容。
❷ 积极参与团队沟通与合作,具有责任心和严谨的工作态度。
❸ 发展会计价值思维,能够将企业战略目标融入财务方案。

思政目标

❶ 学会诚信与变通,具有良好的社会责任感。
❷ 发展会计价值思维,提升专业能力。
❸ 树立终身学习和与时俱进的理念。

成果展示

❶ 完成本章知识测试和技能测试。
❷ 自学推荐阅读和思政财经案例。

引导案例

力帆实业(集团)股份有限公司关于控股股东以债务重组、以资抵债化解资金往来问题暨关联交易的公告(节选)

公司于2020年5月18日召开第四届董事会第三十三次会议及第四届监事会第三十二

次会议，审议通过了《关于债权转让暨关联交易的议案》和《关于控股股东以资抵债暨关联交易的议案》两个议案，上述两个议案尚需提交公司股东大会审议。

上述两个议案的提示性说明如下：截至2020年5月11日，力帆实业(集团)股份有限公司(以下简称力帆股份)及下属子公司在重庆力帆财务有限公司(以下简称力帆财务)已全额交付保证金由力帆财务承兑的应付票据余额278 383.65万元，因力帆财务逾期未兑付，导致力帆股份需承担连带兑付责任。为妥善化解公司与控股股东重庆力帆控股有限公司(以下简称力帆控股)、力帆财务之间资金往来问题，切实维护公司及中小股东利益，力帆股份正在积极履行职责。公司及下属子公司已于2020年5月分别与力帆财务签署《商业汇票承兑合同补充协议》，力帆财务确认：将已经收取公司及下属子公司保证金但是未兑付票据对应金额调整为欠付力帆股份及下属子公司款项，并承诺通过其他方式将对应权益返还给力帆股份及下属子公司。截至本议案出具之日，各方确认，力帆财务仍欠付力帆股份15 861.98万元、欠付其下属全资子公司重庆力帆实业集团销售有限公司(以下简称力帆销售)137 000.00万元。力帆控股与力帆财务提出的化解方案具体包括：一是债务重组，通过公司与重庆润田房地产开发有限公司(以下简称润田公司)、力帆控股、力帆财务等公司债务重组，化解力帆财务对公司的15 861.98万元欠款；二是以资抵债，控股股东控制的全资子公司重庆润凌商贸有限公司(以下简称润凌公司)将其持有润田公司50%股权(评估值137 113.11万元)作价137 000.00万元抵偿给力帆销售，以代力帆财务偿付137 000.00万元欠款。交易过程具体如下。

债务重组第一步：润田公司以15 861.98万元为对价收购力帆股份对力帆财务同等金额债权。第二步：润田公司将其收购的力帆财务15 861.98万元债权转让给力帆控股，抵偿其同等金额债务。以资抵债的交易过程为：润凌公司将其持有的润田公司50%股权(评估值137 113.11万元)作价137 000.00万元抵偿给本公司下属全资子公司力帆销售，以代力帆财务偿付其欠付的137 000.00万元欠款。

以上两项措施完成之后，力帆销售将持有润田公司50%的股权，同时力帆股份享有对润田公司15 861.98万元债权。以上两项操作合计化解力帆财务欠付力帆股份及下属子公司的152 861.98万元。

根据《上海证券交易所股票上市规则》的有关规定，过去12个月内公司与同一关联人之间关联交易金额已达到3 000万元以上，且占上市公司最近一期经审计净资产绝对值5%以上，所以该事项需提交股东大会审议批准。

本次关联交易不构成《上市公司重大资产重组管理办法》所规定的重大资产重组。

力帆实业(集团)股份有限公司董事会

2020年5月19日

思考：什么是债务重组？什么是以资抵债？债务重组的方式有哪些？债务重组中债权人与债务人如何进行相关会计的确认与计量？债务重组分别会对债权人和债务人的财务状况、经营成果和现金流量产生哪些影响？如果发生在关联方之间，债务重组有什么特殊影响？

第一节　债务重组概述

一、债务重组的含义

债务重组是指在不改变交易对手方的情况下，经债权人和债务人协定或法院裁定，就清偿债务的时间、金额或方式等重新达成协议的交易。

二、债务重组的方式

债务重组的方式主要包括债务人以资产清偿债务、将债务转为权益工具、修改其他条款，以及前述一种以上方式的组合。这些债务重组方式都是通过债权人和债务人重新协定或者法院裁定达成的，与原来约定的偿债方式不同。

第二节　债务重组的确认与计量

一、债权和债务的终止确认

关于债务重组中涉及的债权和债务的终止确认，债权人在收取债权现金流量的合同权利终止时终止确认债权，债务人在债务的现时义务解除时终止确认债务。同时，债务人按账面价值转销被重组的债务，债权人按账面价值转销被重组的债权。

二、债权人的会计处理

（一）以资产清偿债务或将债务转为权益工具

债务重组采用以资产清偿债务或者将债务转为权益工具方式进行的，债权人应当在受让的相关资产符合其定义和确认条件时予以确认。放弃债权的公允价值与账面价值之间的差额，应当计入当期损益（投资收益）。

1. 债权人受让金融资产

（1）取得的股权投资为交易性金融资产。会计分录为：

借：交易性金融资产（交易性金融资产公允价值）
　　投资收益（交易费用）
　　坏账准备
　　贷：应收账款等
　　　　银行存款（支付的交易费用）
　　　　投资收益（差额）

（2）取得的股权投资为其他权益工具投资。会计分录为：

借：其他权益工具投资（其他权益工具投资的公允价值＋交易费用）
　　坏账准备
　　贷：应收账款等
　　　　银行存款（支付的交易费用）
　　　　投资收益（差额）

（3）取得的股权投资为子公司投资（同一控制）。会计分录为：

借：长期股权投资（取得被合并方所有者权益在最终控制方合并财务报表中的账面价值份额＋最终控制方收购被合并方时形成的商誉）
　　坏账准备
　　贷：应收账款等
　　　　资本公积——资本溢价或股本溢价（差额也可能在借方）

（4）取得的股权投资为子公司投资（非同一控制）。会计分录为：

借：长期股权投资（放弃债权的公允价值）
　　坏账准备
　　贷：应收账款等
　　　　投资收益（放弃债权公允价值与账面价值的差额）

（5）将债权转为权益工具（对联营企业或合营企业的权益性投资）。会计分录为：

借：长期股权投资（放弃债权公允价值＋直接相关税费）
　　坏账准备
　　贷：应收账款等
　　　　银行存款等（支付的直接相关税费）
　　　　投资收益（放弃债权公允价值与账面价值的差额）

2. 债权人受让非金融资产

债权人受让非金融资产的入账成本包括放弃债权的公允价值和直接相关税费。具体计算公式为：

受让非金融资产成本＝放弃债权的公允价值＋直接相关税费

放弃债权的公允价值与账面价值之间的差额，应当计入当期损益（投资收益）。

会计分录为：

借：库存商品等（放弃债权公允价值－增值税进项税额＋直接相关税费）
　　应交税费——应交增值税（进项税额）
　　坏账准备
　　贷：应收账款等
　　　　银行存款等（支付的直接相关税费）
　　　　投资收益（放弃债权公允价值与账面价值的差额）

3. 债权人受让多项资产

债权人受让多项非金融资产，或者包括金融资产、非金融资产在内的多项资产的，应当依据《企业会计准则第22号——金融工具确认和计量》的规定确认和计量受让金融资产，按照受让金融资产以外的各项资产在债务重组合同生效日的公允价值比例，对放弃债权在合同生效日的公允价值扣除受让金融资产当日公允价值后的净额进行分配，并以此为基础分别确定各项资产的成本。放弃债权的公允价值与账面价值之间的差额，应记入"投资收益"账户。

4. 债权人受让处置组

债务人以处置组清偿债务的，债权人应当分别依据《企业会计准则第22号——金融工具确认和计量》和其他相关准则的规定，对处置组中的金融资产和负债进行初始计量，然后按照金融资产以外的各项资产在债务重组合同生效日的公允价值比例，对放弃债权在合同生效日的公允价值以及承担的处置组中负债的确认金额之和，扣除受让金融资产当日公允价值后的净额进行分配，并以此为基础分别确定各项资产的成本。放弃债权的公允价值与账面价值之间的差额，应记入"投资收益"账户。

5. 债权人将受让的资产或处置组划分为持有待售类别

债务人以资产或处置组清偿债务，且债权人在取得日未将受让的相关资产或处置组作为非流动资产和非流动负债核算，而是将其划分为持有待售类别的，债权人应当在初始计量时，比较假定其不划分为持有待售类别情况下的初始计量金额和公允价值减去出售费用后的净额，以两者孰低计量。

(二) 修改其他条款

债务重组采用以修改其他条款方式进行的，如果修改其他条款导致全部债权终止确认，债权人应当按照修改后的条款以公允价值初始计量新的金融资产。新金融资产的确认金额与债权终止确认日账面价值之间的差额，应记入"投资收益"账户。

(三) 组合方式

债务重组采用组合方式进行的，一般可以认为对全部债权的合同条款做出了实质性修改，债权人应当按照修改后的条款，以公允价值初始计量新的金融资产和受让的新金融资产，按照受让金融资产以外的各项资产在债务重组合同生效日的公允价值比例，对放弃债权在合同生效日的公允价值扣除受让金融资产和重组债权当日公允价值后的净额进行分配，并以此为基础分别确定各项资产的成本。放弃债权的公允价值与账面价值之间的差额，应记入"投资收益"账户。

三、债务人的会计处理

(一) 债务人以资产清偿债务

债务重组采用以资产清偿债务方式进行的，债务人应当将所清偿债务账面价值与转让资产账面价值之间的差额计入当期损益。

1. 债务人以金融资产清偿债务

债务人以金融资产清偿债务的，金融资产按终止确认（出售）的方式处理。债务人将持有期间产生的"其他综合收益"转入"投资收益"或"留存收益"。

会计分录为：

借：应付账款等（债务的账面价值）

　　贷：其他债权投资等（偿债金融资产账面价值）

　　　　投资收益（差额）

2. 债务人以非金融资产清偿债务

债务人以单项或多项非金融资产清偿债务，或者以包括金融资产和非金融资产在内的多项资产清偿债务的，不需要区分资产处置损益和债务重组损益，也不需要区分不同资产的处置损益，而应将所清偿债务账面价值与转让资产账面价值之间的差额，记入"其他收益——债务重组收益"账户。偿债资产已计提减值准备的，应结转已计提的减值准备。

会计分录为：

借：应付账款等

　　贷：库存商品、固定资产清理等（转让资产的账面价值）

　　　　其他收益——债务重组收益（差额）

（二）债务人将债务转为权益工具

债务重组采用将债务转为权益工具方式进行的，债务人在初始确认权益工具时，应当按照权益工具的公允价值计量；权益工具的公允价值不能可靠计量的，应当按照所清偿债务的公允价值计量。所清偿债务账面价值与权益工具确认金额之间的差额，应记入"投资收益"账户。债务人因发行权益工具而支出的相关税费等，应当依次冲减资本溢价、盈余公积、未分配利润等。

借：应付账款等

　　贷：股本（实收资本）

　　　　资本公积——股本溢价（资本溢价）

　　　　投资收益

（三）修改其他条款

债务重组采用修改其他条款方式进行的，如果修改其他条款导致债务终止确认，债务人应当按照公允价值计量重组债务，终止确认的债务账面价值与重组债务确认金额之间的差额，应记入"投资收益"账户。

（四）组合方式

债务重组采用以资产清偿债务、将债务转为权益工具、修改其他条款等方式的组合方式进行的，对于权益工具，债务人应当在初始确认时按照权益工具的公允价值计量；权益工具的公允价值不能可靠计量的，应当按照所清偿债务的公允价值计量。对于修改其他条款形成的重组债务，债务人应当参照上文"修改其他条款"部分的内容，确认和计量重组债务。

所清偿债务的账面价值与转让资产的账面价值以及权益工具和重组债务的确认金额之和的差额,应记入"其他收益——债务重组收益"或"投资收益"(仅涉及金融工具时)账户。

四、债务确认与计量举例

【例 5-1】 2020 年 6 月 18 日,深广公司向红光公司销售商品一批,应收红光公司款项的入账金额为 95 万元。深广公司将该应收款项分类为以摊余成本计量的金融资产,红光公司将该应付账款分类为以摊余成本计量的金融负债。2020 年 10 月 18 日,双方签订债务重组合同,红光公司以一项作为无形资产核算的非专利技术偿还该欠款。该无形资产的账面余额为 100 万元,累计摊销额为 10 万元,已计提减值准备 2 万元。10 月 22 日,双方办理完成该无形资产转让手续,深广公司支付评估费用 4 万元。当日,深广公司应收款项的公允价值为 87 万元,已计提坏账准备 7 万元,红光公司应付款项的账面价值仍为 95 万元。假设不考虑相关税费。

解析:

1. 债权人的账务处理

2020 年 10 月 22 日,债权人深广公司取得该无形资产的成本为债权公允价值 87 万元与评估费用 4 万元之和 91 万元。深广公司的账务处理如下:

借:无形资产	910 000	
坏账准备	70 000	
投资收益	10 000	
贷:应收账款		950 000
银行存款		40 000

2. 债务人的账务处理

红光公司 10 月 22 日的账务处理如下:

借:应付账款	950 000	
累计摊销	100 000	
无形资产减值准备	20 000	
贷:无形资产		1 000 000
其他收益——债务重组收益		70 000

【例 5-2】 2019 年 2 月 10 日,深广公司从红光公司购买一批材料,约定 6 个月后深广公司应结清款项 100 万元(假定无重大融资成分)。红光公司将该应收款项分类为以公允价值计量且其变动计入当期损益的金融资产,深广公司将该应付款项分类为以摊余成本计量的金融负债。2019 年 8 月 12 日,深广公司因无法支付货款与红光公司协商进行债务重组,双方商定红光公司将该债权转为对深广公司的股权投资。10 月 20 日,红光公司办结了对深广公司的增资手续,深广公司和红光公司分别支付手续费等相关费用 1.5 万元和 1.2 万元。债转股后,深广公司总股本为 100 万元,红光公司持有的抵债股权占甲公司总股本的 25%,对深广公司具有重大影响,深广公司股权公允价值不能可靠计量。深广公司应

付款项的账面价值仍为100万元。2019年6月30日,应收款项和应付款项的公允价值均为85万元。2019年8月12日,应收款项和应付款项的公允价值均为76万元。2019年10月20日,应收款项和应付款项的公允价值仍为76万元。假定不考虑其他相关税费。

解析:

1. 债权人的账务处理

红光公司的账务处理如下:

(1) 6月30日的账务处理。

借:公允价值变动损益　　150 000
　贷:交易性金融资产——公允价值变动　　150 000

(2) 8月12日的账务处理。

借:公允价值变动损益　　90 000
　贷:交易性金融资产——公允价值变动　　90 000

(3) 10月20日,红光公司对深广公司长期股权投资的成本为应收款项公允价值76万元与相关税费1.2万元之和77.2万元。

借:长期股权投资——深广公司　　772 000
　交易性金融资产——公允价值变动　　240 000
　贷:交易性全融资产——成本　　1 000 000
　　银行存款　　12 000

2. 债务人的账务处理

10月20日,由于深广公司股权的公允价值不能可靠计量,初始确认权益工具公允价值时应当按照所清偿债务的公允价值76万元计量,并扣除因发行权益工具支出的相关税费1.5万元。深广公司的账务处理如下:

借:应付账款　　1 000 000
　贷:实收资本　　250 000
　　资本公积——资本溢价　　495 000
　　银行存款　　15 000
　　投资收益　　240 000

【例5-3】 2019年11月5日,甲公司向乙公司赊购一批材料,含税价为234万元。2020年9月10日,甲公司因发生财务困难,无法按合同约定偿还债务,双方协商进行债务重组。乙公司同意甲公司用其生产的商品、作为固定资产管理的机器设备和一项债券投资抵偿欠款。当日,该债权的公允价值为210万元,甲公司用于抵债的商品市价(不含增值税)为90万元,抵债设备的公允价值为75万元,用于抵债的债券投资市价为23.55万元。

抵债资产于2020年9月20日转让完毕,甲公司发生设备运输费用0.65万元,乙公司发生设备安装费用1.5万元。

乙公司以摊余成本计量该项债权。2020年9月20日，乙公司对该债权已计提坏账准备19万元，债券投资市价为21万元。乙公司将受让的商品、设备和债券投资分别作为低值易耗品、固定资产和以公允价值计量且其变动计入当期损益的金融资产核算。

甲公司以摊余成本计量该项债务。2020年9月20日，甲公司用于抵债的商品成本为70万元，抵债设备的账面原价为150万元，累计折旧为40万元，已计提减值准备18万元。甲公司以摊余成本计量用于抵债的债券投资，债券票面价值总额为15万元，票面利率与实际利率一致，按年付息。假定甲公司尚未对债券确认利息收入。当日，该项债务的账面价值仍为234万元。

甲、乙公司均为增值税一般纳税人，适用的增值税税率为13%。经税务机关核定，该项交易中商品和设备的计税价格分别为90万元和75万元。不考虑其他相关税费。

解析：

1. 债权人的账务处理

乙公司的账务处理如下：

低值易耗品可抵扣增值税＝90×13%＝11.7(万元)

设备可抵扣增值税＝75×13%＝9.75(万元)

低值易耗品和固定资产的成本应当以其公允价值比例(90∶75)对放弃债权公允价值扣除受让金融资产公允价值后的净额进行分配后的金额为基础确定。

低值易耗品的成本＝90÷(90＋75)×(210－23.55－11.7－9.75)＝90(万元)

固定资产的成本＝75÷(90＋75)×(210－23.55－11.7－9.75)＝75(万元)

(1) 抵债资产入账的账务处理。

借：低值易耗品	900 000	
在建工程——在安装设备	750 000	
应交税费——应交增值税(进项税额)	214 500	
交易性金融资产	210 000	
坏账准备	190 000	
投资收益	75 500	
贷：应收账款——甲公司		2 340 000

(2) 支付安装成本的账务处理。

借：在建工程——在安装设备	15 000	
贷：银行存款		15 000

(3) 安装完毕达到可使用状态的账务处理。

借：固定资产——××设备	765 000	
贷：在建工程——在安装设备		765 000

2. 债务人的账务处理

甲公司的账务处理如下：

借：固定资产清理	920 000	
累计折旧	400 000	
固定资产减值准备	180 000	
贷：固定资产		1 500 000
借：固定资产清理	6 500	
贷：银行存款		6 500
借：应付账款	2 340 000	
贷：固定资产清理		926 500
库存商品		700 000
应交税费——应交增值税(销项税额)		214 500
债权投资——成本		150 000
其他收益——债务重组收益		349 000

【例5-4】 A公司为上市公司，2016年1月1日，A公司取得B银行贷款5 000万元，约定贷款期限为4年(即2019年12月31日到期)，年利率为6%，按年付息，原实际年利率为6%，A公司已按时支付所有利息。2019年12月31日，A公司出现严重资金周转问题，多项债务违约，信用风险增加，无法偿还贷款本金。2020年1月10日，B银行同意与A公司就该项贷款重新达成协议。新协议约定：①A公司将一项作为固定资产核算的房产转让给B银行，用于抵偿债务本金1 000万元，该房产账面原值为1 200万元，累计折旧400万元，未计提减值准备；②A公司向B银行增发股票500万股，面值为1元/股，占A公司股份总额的1%，用于抵偿债务本金2 000万元，A公司股票于2020年1月10日的收盘价为4元/股；③在A公司履行上述偿债义务后，B银行免除A公司500万元债务本金，并将尚未偿还的债务本金1 500万元展期至2020年12月31日，年利率为8%；如果A公司未能履行①②所述偿债义务，B银行有权终止债务重组协议，尚未履行的债权调整承诺随之失效。

B银行以摊余成本计量该贷款，已计提贷款损失准备300万元。该贷款于2020年1月10日的公允价值为4 600万元，予以展期的贷款公允价值为1 500万元。2020年3月2日，双方办理完成房产转让手续，B银行将该房产作为投资性房地产核算。2020年3月31日，B银行为该笔贷款补提了100万元的损失准备。2020年5月9日，双方办理完成股权转让手续，B银行将该股权投资分类为以公允价值计量且其变动计入当期损益的金融资产。A公司股票当日收盘价为4.02元/股。

A公司以摊余成本计量该贷款，截至2020年1月10日，该贷款的账面价值为5 000万元。假设不考虑相关税费。

解析：

1. 债权人的会计处理

A公司与B银行以组合方式进行债务重组，同时涉及以资产清偿债务、将债务转为权益工具、包括债务豁免的修改其他条款等方式，对全部债权的合同条款做出了实质性修改。因此，债权人在收取债权现金流量的合同权利终止时应当终止确认全部债权，即在2020年5月9日该债务重组协议的执行过程和结果不确定性消除时，可以确认债务重组相关损益，并按照修改后的条款确认新金融资产。

B银行的账务处理如下：

(1) 3月2日的账务处理。

投资性房地产成本＝放弃债权公允价值－受让股权公允价值－重组债权公允价值

＝4 600－500×4－1 500＝1 100(万元)

借：投资性房地产	11 000 000	
贷：贷款——本金		11 000 000

(2) 3月31日的账务处理。

借：信用减值损失	100 000	
贷：贷款损失准备		100 000

(3) 5月9日的账务处理。

受让股权的公允价值＝4.02×500＝2 010(万元)

借：交易性金融资产	20 100 000	
贷款——本金	15 000 000	
贷款损失准备	4 000 000	
贷：贷款——本金		39 000 000
投资收益		100 000

2. 债务人的会计处理

该债务重组协议的执行过程和结果不确定性于2020年5月9日消除时，债务人清偿该部分债务的现时义务已经解除，可以确认债务重组相关损益，并按照修改后的条款确认新金融负债。

A公司的账务处理如下：

(1) 3月2日的账务处理。

借：固定资产清理	8 000 000	
累计折旧	4 000 000	
贷：固定资产		12 000 000
借：长期借款——本金	8 000 000	
贷：固定资产清理		8 000 000

(2) 5月9日的账务处理。

重组债务未来现金流量现值＝1 500×(1＋8%)÷(1＋6%)＝1 528.3(万元)

原债务的剩余期间现金流量现值＝2 000×(1＋6%)÷(1＋6%)＝2 000(万元)

现金流变化为23.59%[(2 000－1 528.3)÷2 000]，大于10%，属于实质性修改，应终止确认该部分债务，新债务按修改后条款的公允价值入账。

借：长期借款——本金	42 000 000
贷：股本	5 000 000
资本公积	15 100 000
短期借款——本金	15 000 000
其他收益——债务重组收益	6 900 000

需要注意的是，在本例中，即使没有“A公司未能履行①②所述偿债义务，B银行有权终止协议，其他债权调整承诺随之失效”的条款，债务人仍然应当谨慎处理，考虑在债务的现时义务解除时终止确认原债务。

第三节　债务重组的披露

债务重组双方应在财务报表附注中对债务重组的相关信息予以披露。

一、债务人应披露的信息

(1) 债务重组方式。

(2) 确认的债务重组利得总额。

(3) 将债务转为资本所导致的股本(或者实收资本)增加额。

(4) 或有应付金额。

(5) 债务重组中转让的非现金资产的公允价值、由债务转成的股份的公允价值和修改其他债务条件后债务公允价值的确定方法及依据。

二、债权人应披露的信息

(1) 债务重组方式。

(2) 确认的债务重组损失总额。

(3) 债权转为股份所导致的投资增加额及该投资占债务人股份总额的比例。

(4) 或有应收金额。

(5) 债务重组中受让的非现金资产的公允价值、由债权转成的股份的公允价值和修改其他债务条件后债权公允价值的确定方法及依据。

本章小结

债务重组是指在不改变交易对手方的情况下，经债权人和债务人协定或法院裁定，就清偿债务的时间、金额或方式等重新达成协议的交易。债务重组的方式主要包括债务人以资产清偿债务、债务人将债务转为权益工具、修改其他条件和组合方式。

债务人的账务处理原则如下：①以资产清偿债务方式进行债务重组的，债务人应当在相关资产和所清偿债务符合终止确认条件时予以终止确认。所清偿债务账面价值与资产账面价值之间的差额，应记入“其他收益——债务重组收益”账户。②将债务转为权益工具方式进行债务重组的，债务人应当在所清偿债务符合确认条件时予以终止确认。债务人初始确认权益工具时应当按照权益工具的公允价值计量，权益工具的公允价值不能可靠计量的，应当按照所清偿债务的公允价值计量。所清偿债务账面价值与权益工具确认金额之间的差额，应记入“其他收益——债务重组收益”账户。③采用修改其他条款方式进行债务重组的，债务人应当按照《企业会计准则第 22 号——金融工具确认和计量》和《企业会计准则第 37 号——金融工具列报》的规定，确认和计量重组债务。④以多项资产清偿债务或者以组合方式进行债务重组的，债务人应当按照上述相关规定确认和计量权益工具和重组债务。所清偿债务的账面价值与转让资产的账面价值以及权益工具和重组债务的确认金额之和的差额，应记入“其他收益——债务重组收益”账户。

债权人的账务处理原则如下：①以资产清偿债务或者将债务转为权益工具方式进行债务重组的，债权人应当在相关资产符合其定义和确认条件时予以确认。②将债务转为权益工具方式进行债务重组导致债权人将债权转为对联营企业或合营企业的权益性投资的，债权人应当按照本准则第六条的规定计量其初始投资成本。放弃债权的公允价值与账面价值之间的差额，应当计入投资收益。③采用修改其他条款方式进行债务重组的，债权人应当按照《企业会计准则第 22 号——金融工具确认和计量》的规定，确认和计量重组债权。④以多项资产清偿债务或者组合方式进行债务重组的，债权人应当首先按照《企业会计准则第 22 号——金融工具确认和计量》的规定确认和计量受让的金融资产和重组债权，然后按照受让的金融资产以外的各项资产的公允价值比例，对放弃债权的公允价值扣除受让金融资产和重组债权确认金额后的净额进行分配，并以此为基础按照上述准则的规定分别确定各项资产的成本。放弃债权的公允价值与账面价值之间的差额，应当计入投资收益。

重要名词中英文对照

债务重组 debt restructuring

债权人 creditor

债务人 debtor

以资产清偿债务 paying off debts with assets

将债务转为权益工具 converting debt into equity instruments

修改其他条款 amending other clauses

投资收益 income on investment

其他收益 other income

励志阅读

5-1 会计新人如何走出职业"困顿期"

知识测试

一、单选题

1. 2020年1月1日，甲公司与乙公司进行债务重组。在重组日，甲公司应收乙公司账款账面余额为200万元，已提坏账准备20万元，其公允价值为190万元；乙公司以一批存货抵偿上述账款，该批库存商品的公允价值为200万元，增值税税额为26万元。甲公司为取得库存商品支付的运费和保险费为2万元。假定不考虑除增值税外的其他因素，则甲公司债务重组取得存货的入账价值为(　　)万元。

A. 192　　B. 202　　C. 166　　D. 200

2. 2020年1月1日，甲公司与乙公司进行债务重组。在重组日，甲公司应收乙公司账款账面余额为500万元，已提坏账准备40万元，其公允价值为470万元；乙公司以持有A公司20%股权抵偿上述账款，该项股权投资的公允价值为500万元。甲公司为取得该项股权投资支付直接相关费用3万元，取得该项股权投资后，甲公司对A公司能够施加重大影响。假定不考虑其他因素，则甲公司债务重组取得长期股权投资的初始投资成本为(　　)万元。

A. 463　　B. 473　　C. 500　　D. 503

3. 2020年1月1日，甲公司与乙公司进行债务重组。在重组日，甲公司应收乙公司账款账面余额为200万元，已提坏账准备10万元，其公允价值为180万元；乙公司以持有A公司3%股权抵偿上述账款，该项股权投资的公允价值为170万元。甲公司为取得该项股权投资支付直接相关费用1万元，取得该项股权投资后，甲公司将其作为交易性金融资产核算。假定不考虑其他因素，则甲公司债务重组取得交易性金融资产的入账价值为(　　)万元。

A. 170　　B. 171　　C. 180　　D. 181

4. 甲公司为乙公司和丙公司的母公司。2020年1月1日，甲公司与乙公司进行债务重组。在重组日，乙公司应收甲公司账款余额为4 000万元，已提坏账准备400万元，其公允价值为3 800万元。2020年1月1日甲公司以其持有的丙公司80%股权偿还上述债务，其公允价值为3 850万元。同日，丙公司个别报表中净资产的账面价值为4 600万元，甲公司合并报表中丙公司按购买日可辨认净资产公允价值持续计算的净资产账面价值为4 800万元。不考虑其他因素的影响，则2020年1月1日乙公司债务重组业务影响损益的金额为(　　)万元。

A. 250　　B. 200　　C. 240　　D. 0

5. 对于甲公司而言，下列各项交易中，应当按照债务重组准则进行会计处理的是(　　)。

A. 甲公司放弃应收债权取得子公司投资

B. 甲公司放弃应收债权取得联营企业投资

C. 甲公司放弃应收债权取得其他权益工具投资

D. 甲公司放弃应收债权取得交易性金融资产

二、多选题

1. 下列各项中，不应按债务重组准则进行会计处理的有(　　)。

A. 债务重组中涉及的债权、重组债权、债务、重组债务和其他金融工具的确认、计量

B. 通过债务重组形成企业合并

C. 债权人与债务人在债务重组前后均受同一方或相同的多方最终控制，且该债务重组的交易实质是债权人或债务人进行了权益性分配或接受了权益性投入

D. 以存货清偿债务

2. 下列关于债权人债务重组会计处理的表述中，正确的有(　　)。

A. 以资产清偿债务进行债务重组的，应当在相关资产符合其定义和确认条件时予以确认

B. 将债务转为权益工具方式进行债务重组的，应当在相关资产符合其定义和确认条件时予以确认

C. 除受让金融资产外，放弃债权的公允价值与账面价值之间的差额，应当计入当期损益

D. 对子公司投资的成本，包括放弃债权的公允价值和可直接归属于该资产的税金等其他成本

3. 以资产清偿债务方式进行债务重组的，债权人在初始确认受让金融资产以外的资产时，下列表述中正确的有(　　)。

A. 投资性房地产的成本，包括放弃债权的公允价值和可直接归属于该资产的税金等其他成本

B. 固定资产的成本，包括放弃债权的公允价值和使该资产达到预定可使用状态前所发生的可直接归属于该资产的税金，运输费、装卸费、安装费，专业人员服务费、员工培训费等其他成本

C. 放弃债权的公允价值与账面价值之间的差额，应当计入当期损益

D. 无形资产的成本，包括取得无形资产的公允价值和可直接归属于使该资产达到预定用途所发生的税金等其他成本

4. 以资产清偿债务的，债权人下列各项会计处理表述中正确的有(　　)。

A. 取得的金融资产按《金融工具确认和计量》准则的规定确认和计量

B. 取得的资产为存货，将放弃债权的公允价值与账面价值之间的差额，应当计入当期损益

C. 取得的金融资产为其他债权投资，将放弃债权的公允价值与账面价值之间的差额，应当计入当期损益

D. 取得金融资产之外的其他资产按照各项资产的账面价值比例，对放弃债权的公允价值扣除受让金融资产和重组债权确认金额后的净额进行分配，并以此为基础分别确定各项资产的成本

5. 以资产清偿债务方式进行债务重组的，下列项目中债务人会计处理表述正确的有（　　）。

A. 应当在相关资产和所清偿债务符合终止确认条件时予以终止确认

B. 应付债务账面价值与抵债资产公允价值的差额计入当期损益

C. 抵债资产公允价值与账面价值之间的差额计入当期损益

D. 应付债务账面价值与抵债资产账面价值的差额计入当期损益

6. 下列关于债务重组会计处理的表述中，正确的有（　　）。

A. 以固定资产清偿债务方式进行债务重组的，债务人应当在固定资产和所清偿债务符合终止确认条件时予以终止确认，所清偿债务账面价值与转让固定资产账面价值之间的差额计入当期损益

B. 以无形资产清偿债务方式进行债务重组的，债务人应当在无形资产和所清偿债务符合终止确认条件时予以终止确认，所清偿债务账面价值与转让无形资产公允价值之间的差额计入当期损益

C. 将债务转为权益工具方式进行债务重组的，债务人应当在所清偿债务符合终止确认条件时予以终止确认。债务人初始确认权益工具时应当按照权益工具的公允价值计量，权益工具的公允价值不能可靠计量的，应当按照所清偿债务的公允价值计量。所清偿债务账面价值与权益工具确认金额之间的差额，应当计入当期损益

D. 采用修改其他条款方式进行债务重组的，债务人应当按照《企业会计准则第22号——金融工具确认和计量》和《企业会计准则第37号——金融工具列报》的规定，确认和计量重组债务

三、综合题

1. 甲公司和乙公司均系增值税一般纳税人。2019年6月10日，甲公司按合同规定向乙公司赊销一批产品，价税合计4 000万元，信用期为6个月。2019年12月10日，乙公司因发生严重财务困难无法按约付款。2019年12月31日，甲公司对该笔应收账款计提了500万元的坏账准备。2020年1月31日，甲公司经与乙公司协商，通过以下方式进行债务重组，并办妥相关手续。

(1) 1 800万元债务延期至2020年12月31日偿还。

(2) 乙公司向甲公司定向发行200万股普通股股票（每股面值为1元，每股公允价值为3元）抵偿部分债务，甲公司将收到的乙公司股票作为以公允价值计量且其变动计入当期损益的金融资产核算。

(3) 其余债务的清偿方式为：①乙公司以一项无形资产（符合免征增值税条件）抵偿部

分债务,2020 年 1 月 31 日,该无形资产的公允价值为 800 万元,原价为2 000 万元,已累计摊销 1 300 万元,未计提减值准备,甲公司取得后仍作为无形资产核算。②乙公司以一台设备抵偿部分债务。该设备的公允价值为 200 万元,原价为 500 万元,累计折旧为 280 万元,未计提减值准备,甲公司取得后仍作为固定资产核算。乙公司向甲公司开具的增值税专用发票上注明的价款为 200 万元,增值税税额为 26 万元。

(4) 2020 年 1 月 1 日,甲公司上述应收账款的公允价值为 3 526 万元。

假定不考虑货币时间价值和其他因素。

要求:

(1) 编制甲公司 2020 年 1 月 31 日债务重组的会计分录。

(2) 编制乙公司 2020 年 1 月 31 日债务重组的会计分录。

技能测试

项目二 含特殊业务的财务报表编制实验

一、实验目的与要求

目的:使学生熟练掌握中型企业财务报表的编制方法与流程,并掌握特殊经济业务的会计处理方法,提升学生的报表分析和业财融合专业能力,培养学生的会计思维,帮助企业呈现报表最优价值。

要求:学生以小组为单位,根据项目给出的企业期初报表数据,分析企业存在的经营风险与问题;基于企业 2020 年上半年经营政策与目标,讨论和设计债务重组和其他相关的财务方案,并且论证其可行性;使用 excel 软件模拟手工账,为企业编制 2020 年 6 月末的财务报表。

二、企业基本信息

企业名称:昆明服饰有限公司

所处行业及性质:商品流通业,有限责任公司,一般纳税人

公司经营范围:批发、销售民族旅游服饰

开户行及账号:中国工商银行昆明大板桥支行,120803010010003335

纳税人识别号:530111675901045

地址及电话:昆明市大板桥工业园区 B 区 2 号,0871-66384296

注册资本:153 万元

法人代表:洪士贤

三、企业机构设置

行政部:总经理,副总经理

销售部:经理,职员

财务部:财务总监,会计,出纳

四、核算方法

1. 存货核算方法:月末一次加权平均法。

2. 固定资产折旧方法：4间仓库和电子设备采用年限平均法，1辆小轿车采用工作量法。

3. 仓库的使用年限为20年，已经使用5年；电子设备使用年限为3年，预计净残值为9.85%，已经使用3个月；小汽车预计净残值为5%，预计行驶总公里数为30万公里，已经行驶7.9万公里。

五、主要往来单位及其他信息

昆明服饰有限公司主要往来供应商的基本信息如表5-1所示，主要往来客户的基本信息如表5-2所示，主要物料信息如表5-3所示，2020年1月各账户期初余额如表5-4所示。

表5-1　　昆明服饰有限公司供应商基本信息　　单位：元

供应商名称	应付账款余额	应付账款账龄
女人缘服装有限公司	93 600.00	超过2年
欧业服装有限公司	58 500.00	1～2年
海威服饰有限公司	102 094.96	6个月～1年

表5-2　　昆明服饰有限公司主要客户基本信息　　单位：元

客户名称	信用情况	应收账款余额	应收账款账龄
女人衣柜服装有限公司	信用较差	40 000.00	超过2年
日升服装有限公司	信用一般	219 540.00	1～2年
九头鸟服装有限公司	信用良好	252 100.00	6个月～1年

表5-3　　昆明服饰有限公司物料信息

单位：元

服装型号	数量(件)	单位成本(元)	金额
男式套装170/90	690	75.00	51 750.00
男式套装175/100	200	75.00	15 000.00
女式套装155/35	345	50.00	17 250.00
女式套装160/38	800	50.00	40 000.00

表5-4　　2020年1月各账户期初余额表

单位：元

账户名称	核算维度名称	借方	贷方
库存现金		2 000.00	
银行存款		10 000.00	
银行存款——中国工商银行昆明大板桥支行		10 000.00	

（续表）

账户名称	核算维度名称	借方	贷方
应收账款		511 640.00	
	女人衣柜服装有限公司	40 000.00	
	日升服装有限公司	219 540.00	
	九头鸟服装有限公司	252 100.00	
其他应收款		19 000.00	
	洪士贤	16 000.00	
	林成彬	3 000.00	
库存商品		124 000.00	
	男式套装 170/90	51 750.00	
	男式套装 175/100	15 000.00	
	女式套装 155/35	17 250.00	
	女式套装 160/38	40 000.00	
固定资产		1 257 540.15	
	仓库	1 000 000.00	
	电子设备	57 540.15	
	汽车	200 000.00	
累计折旧			304 322.76
	仓库		250 000.00
	电子设备		4 322.76
	汽车		50 000.00
应付账款			254 194.96
	女人缘服饰有限公司		93 600.00
	欧业服装有限公司		58 500.00
	海威服饰有限公司		102 094.96
应付职工薪酬			100 842.50
应付职工薪酬——工资			82 100.00
应付职工薪酬——房公积金			5 100.00
应付职工薪酬——社会保险费			13 642.50

（续表）

账户名称	核算维度名称	借方	贷方
应交税费			30 217.60
应交税费——应交城市维护建设税			1 888.60
应交税费——应交教育费附加			809.40
应交税费——应交地方教育附加			539.60
应交税费——未交增值税			26 980.00
实收资本			1 530 000.00
利润分配			−295 397.67
利润分配——未分配利润			−295 397.67
合计		1 924 180.15	1 924 180.15

六、企业 2020 年上半年经营政策与目标

昆明服饰有限公司正在进行战略转型和引进合作伙伴，考虑引进线上销售方式，开展电子商务，并制定了以下几项 2020 年上半年的经营政策与目标。

（1）上半年净利润目标为 300 000 元。

（2）货币资金持有量不少于 150 000 元。

（3）收回账龄超过 2 年的应收账款比率不低于 60%，收回账龄为 1～2 年的应收账款比例不低于 80%，收回 1 年以内的应收账款比例为 100%；销售业务现销比例不低于 90%，账面应收账款账龄不得超过 3 个月。

（4）库存商品持有量不超过 100 000 元。

（5）应付账款账面余额不超过 100 000 元，账龄大于 6 个月的比例不超过 20%，账龄为 3～6 个月的比例不超过 10%，避免出现民事诉讼。

（6）能够正常发放每月工资和交纳各项税费。

（7）向银行贷款不超过 500 000 元。

七、作业提交

（1）以小组为单位提交一份 word 版期初财务分析报告（不少于 200 字），另提交一份 word 版财务方案，涉及经济业务不少于 10 个，其中至少包含 2 个债务重组业务。文件命名为“昆明服饰有限公司期初财务分析报告和方案（小组名称）”。

（2）以小组为单位编制 2020 年度公司的 excel 版资产负债表和利润表，里面包含 6 个表，分别为记账凭证、丁字账、试算平衡表、资产负债表、利润表和特殊经济业务附注说明，表格格式见附件 1。文件命名为“昆明服饰有限公司 excel 手工账（小组名称）”。

（3）以小组为单位提交一份 word 版“全过程考核记录表”，文件命名为“高级财务会计项目二全过程考核表（小组名称）”，里面包括小组分工、实验完成进度安排、遇到的问题及解决方案以及实验小结等内容，表格格式参见项目一附件 2。

以上所有资料的电子版均需提交至线上平台，并打印成纸质版存档。

附件1：项目二相关表格

5-2 项目二相关表格

推荐阅读

1. 周诚君，洪灿辉，汪浩.构建主权债务重组的“上海模式”[J].管理世界，2021(06)：87-98.
2. 高玉玉，高允斌.新债务重组准则下的会计与税务处理比较分析[J].财务与会计，2020(01)：51-55.
3. 马永义.债务重组新准则深度解析[J].财会月刊，2020(05)：8-12.

5-3 第5章推荐阅读1

5-4 第5章推荐阅读2

5-5 第5章推荐阅读3

思政财经案例

诚信“三好生”——三胞集团债务重组

三胞集团成立于1993年，是国内知名民营企业，旗下拥有＊ST宏图、南京新百两家上市公司，以及宏图三胞、宏图地产、广州金鹏、南京富士通等重点企业。业务涉及零售、养老、医疗、地产、金融等多个领域。

2018年6月，三胞集团资金链突然断裂，多笔债务出现逾期，并被部分金融机构要求提前偿债。之后，三胞集团及关联企业被金融机构起诉，资产被查封、冻结。2020年12月22日，三胞集团金融债权人会议在该集团总部南京举行，讨论相关重组方案——中国华融资产管理股份有限公司江苏省分公司作为“纾困资金方”为三胞集团提供增量纾困资金80亿元。因充分兼顾各方利益，重组方案获得了三胞集团债权人的认同。

2021年11月30日晚间，上市公司南京新百(600682)发布公告称，收到控股股东三胞集团有限公司通知，《三胞集团有限公司重组计划(草案)》已经三胞集团金融债委会第四次全体会议以89.91%的支持率正式表决通过。

三胞集团新闻发言人对外表示，根据这版协议重组方案，三胞集团不对债权本金进行调整，债权本金全部纳入“留债清偿本金”。三胞集团清理处置留存业务资产白名单以外的非主营业务资产，其资产处置所得款项或资产价值将全部用于清偿债务，实现债务削减。同时，公司引进有实力的战略投资者——中国华融资产管理股份有限公司江苏省分公司，积极盘活主业优质资产，按照重组计划逐步完成各项偿债工作。

参考资料来源：根据三胞集团公司公告和新闻报道改编。

【案例启示】

阅读三胞集团债务重组案例，思考作为财务人员如何在企业遇到财务危机时帮助企业度过困境，如何做到诚信与变通。

第六章

外币折算会计

本章根据《企业会计准则第19号——外币折算》和《企业会计准则第19号——外币折算》应用指南编写，主要介绍外币交易的概念、记账本位币的确定、外币业务的会计处理和外币财务报表折算的方法等内容。

本章知识框架如下：

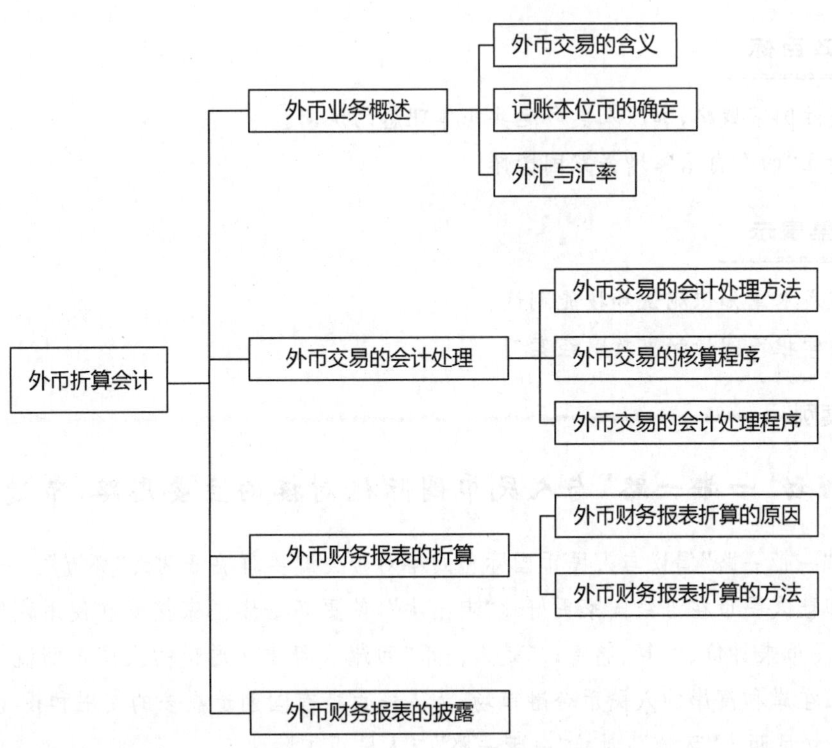

学习目标与成果展示

知识目标

❶ 举例说明记账本位币的确定方法。

❷ 熟悉外币货币性项目和非货币性项目的会计处理原理并应用。

❸ 熟悉外币报表折算的基本原理并应用。

❹ 阐述外币交易的附注披露内容。

能力目标

❶ 能够准确分析、计算并处理外币交易的初始确认和期末计量。

❷ 能够重述外币报表,并将其折算为记账本位币报表。

素质目标

❶ 关注中国跨境投资和一带一路倡议相关战略和政策。

❷ 具有责任心和严谨的工作态度。

思政目标

❶ 关注国家战略,加深人类命运共同体理念的认同。

❷ 树立"四个自信",增强家国情怀。

成果展示

❶ 完成本章知识测试和技能测试。

❷ 自学推荐阅读和思政财经案例。

引导案例

推动"一带一路"与人民币国际化对接的主要思路(节选)

推动"一带一路"倡议与人民币国际化战略对接关键要解决好两大"环流":一是人民币"外流",即让人民币在沿线国家更好地"走出去",使更多沿线国家接受和使用人民币,更多地利用人民币来计价、结算、储备;二是人民币"回流",即建立通畅的人民币回流机制,通过出口贸易、在岸和离岸的人民币金融市场,为人民币持有国创造更多的使用和投资渠道。

(一) 立足两大"环流",对接"一带一路"与人民币国际化

1. 在人民币"外流"方面

"一带一路"沿线国家通过三种方式获取人民币流动性:一是本币互换,根据国际汇率

用东道国本币换取一定数量的人民币；二是我国在“一带一路”沿线国家以人民币形式开展重大项目投资，特别是在利用政策性金融开展的项目投资中优先使用人民币；三是推动我国与沿线国家的进口贸易以人民币结算。

2. 在人民币“回流”方面

“一带一路”沿线国家主要有两种人民币使用方式：一是采购我国机械设备、工程技术、劳务服务等产品和劳务；二是在中国香港、新加坡等离岸金融市场以及我国境内在岸金融市场开展人民币金融产品投资。

该模式的核心是建立覆盖投资、贸易的人民币国际大循环机制，使沿线国家经济发展融入与我国内外互动的经济体系中，摆脱对美元、美国市场及美国主导的国际经济体系的过度依赖。

参考资料来源：节选自《海外投资与出口信贷》期刊 2021 年第 3 期文章《推动“一带一路”与人民币国际化对接的主要思路》。

思考：“一带一路”沿线国家采用人民币为主要结算货币，其记账本位币是什么？对于人民币“外流”和“回流”涉及的经济业务，应如何进行会计处理？在人民币币值稳定的前提下，人民币国际化对我国在“一带一路”沿线国家跨境投资企业的财务报表编制有何影响？

第一节　外币业务概述

随着经济全球化的逐步发展与深入，企业的生产经营范围已经突破了国界，延伸和发展到其他国家和地区，因而产生了以外币计价和结算的生产经营活动，如进口原材料、引进设备、对外提供商品和劳务，以及国际技术转让、国际金融借贷、境外投资、境外筹资等外币业务活动。2006 年，财政部发布的《企业会计准则第 19 号——外币折算》规定，企业通常应选择人民币为记账本位币。业务收支以人民币以外的货币为主的企业，也可以选定某种外币为记账本位币，但编制财务报表时应当将外币折算为人民币。

一、外币交易的含义

外币交易是指以外币计价或者结算的交易，包括买入或者卖出以外币计价的商品或者劳务，以及借入或借出外币资金和其他以外币计价或结算的交易。

外币交易的核算涉及的主要问题有：记账本位币的确定；外币交易发生日折算汇率的选择及相应的外币交易初始确认的会计处理；资产负债表日及结算日折算汇率的选择及所产生的汇兑差额的会计处理；外币财务报表的折算等。

二、记账本位币的确定

（一）企业记账本位币的确定

记账本位币是指企业经营所处的主要经济环境中的货币，通常这一货币是企业主要收支现金的经济环境中的货币。例如，我国企业一般以人民币作为记账本位币。

企业在选定记账本位币时，应当考虑下列两项因素。

(1) 该货币主要影响商品和劳务销售价格，通常以该货币进行商品和劳务销售价格的计价和结算。

(2) 该货币主要影响商品和劳务所需人工、材料和其他费用，通常以该货币进行上述费用的计价和结算。

企业在选定记账本位币时，应综合考虑上述两项因素，不能仅考虑其中一项。

【例 6-1】 深广公司为外贸自营出口企业，超过 80%的营业收入来自对美国的出口，其商品销售价格主要受美元的影响，以美元计价。

解析：

如果深广公司除厂房设施、30%的人工成本在国内以人民币采购或支付外，其生产所需的原材料、机器设备及 70%以上的人工成本都以美元从美国采购或支付的话，则深广公司的记账本位币应为美元。

(二) 境外经营记账本位币的确定

境外经营是指企业在境外的子公司、合营企业、联营企业、分支机构。当企业在境内的子公司、联营企业、合营企业或者分支机构选定的记账本位币不同于企业的记账本位币时，也应当视同境外经营。

企业选定境外经营的记账本位币，除考虑前面所讲的因素外，还应考虑下列几项因素。

(1) 境外经营对其所从事的活动是否拥有很强的自主性。如果境外经营从事的活动是企业经营活动的延伸，该境外经营应当选择与企业记账本位币相同的货币作为记账本位币，如果境外经营从事的活动拥有极大的自主性，则不必选择与企业记账本位币相同的货币作为记账本位币。

(2) 境外经营活动中与企业的交易是否在境外经营活动中占有较大比重。如果境外经营与企业的交易在境外经营活动中所占的比例较高，境外经营应当选择与企业记账本位币相同的货币作为记账本位币；反之，应选择其他货币。

(3) 境外经营活动产生的现金流量是否直接影响企业的现金流量，是否可以随时汇回。如果境外经营活动产生的现金流量直接影响企业的现金流量，并可随时汇回，境外经营应当选择与企业记账本位币相同的货币作为记账本位币；反之，应选择其他货币。

(4) 境外经营活动产生的现金流量是否足以偿还其现有债务和可预期的债务。如果境外经营活动产生的现金流量在企业不提供资金的情况下，难以偿还其现有债务和正常情况下可预期的债务，境外经营应当选择与企业记账本位币相同的货币作为记账本位币；反之，应选择其他货币。

(三) 记账本位币的变更

企业选择的记账本位币一经确定，不得随意改变，除非与确定记账本位币相关的企业经营所处的主要经济环境发生重大变化。主要经济环境发生重大变化通常是指企业主要产生和支出现金的环境发生重大变化，使用该环境中的货币最能反映企业的主要交易业务的经济结果。

企业因经营所处的主要经济环境发生重大变化，确需变更记账本位币的，应当采用变更当日的即期汇率将所有项目折算为变更后的记账本位币，折算后的金额作为新的记账本位币的历史成本。同时，企业需要提供确凿的证据证明企业经营所处的主要经济环境确实发生了重大变化，并应当在附注中披露变更的理由。企业记账本位币发生变更的，其比较财务报表应当以可比当日的即期汇率折算所有资产负债表和利润表项目。

三、外汇与汇率

（一）外汇的概念

外汇（foreign exchange）通常是指以外国货币表示的用于国际支付的手段。国际货币基金组织曾将外汇一词解释为："外汇是货币行政当局（中央银行、货币机构、外汇平衡基金组织及财政部）以银行存款，长、短期政府债券等形式保持的，在国际收支逆差时可以使用的债权。"根据我国外汇管理条例的规定，外汇具体包括：外国货币，如纸币和铸币；外币有价证券，如外国政府公债、外币国库券、外币公司债券、外币股票、外币息票等；外币支付凭证，如外币票据（支票、汇票和期票）、外币银行存款凭证、外币邮政储蓄凭证等；其他外汇资金。

（二）外汇汇率及标价方法

外汇汇率简称汇率（exchange rate）或汇价，是一个国家（或地区）的货币换算为另一个国家（或地区）货币的比率或者说是两个国家（或地区）的不同货币之间的比价。

汇率的标价方法分为直接标价法和间接标价法。

1. 直接标价法

直接标价法（direct quote method）是以一定数量的外国货币来表示可兑换若干数量本国计价标准货币的汇率标价方法。例如，1 美元兑换 6.75 元人民币（＄1=￥6.75）。在直接标价法下，假定外币的金额固定不变，所折合的本国货币数额随着外国货币与本国货币之间的比值变化而变化，即汇率的变化是由本国货币的币值变化所引起的。目前，世界上大多数国家，包括我国在内，都是采用直接标价法。

2. 间接标价法

间接标价法（indirect quote method）是以一定数量的本国货币来表示可兑换若干数量外国计价标准货币的汇率标价方法。例如，1 元人民币兑换 0.15 美元（￥1=＄0.15）。在间接标价法下，假设本国货币的金额固定不变，所折合的外国货币金额随着本国货币与外国货币之间的比值变化而变化。

（三）汇率的种类

1. 现行汇率与历史汇率

现行汇率（current rate）是指企业涉及外币经济业务时的市场汇率。历史汇率（historical rate）是指企业以前涉及外币业务时所使用的账面汇率。现行汇率与历史汇率是相对的，前一交易日的现行汇率相对于当日来说是历史汇率，当日的现行汇率或即期汇率相对于未来日期来说又是历史汇率。

2. 记账汇率与账面汇率

记账汇率是指企业发生外币经济业务进行会计处理时所使用的汇率。记账汇率既可以是会计记账当日的市场汇率,也可以是会计记账当期某一天的市场汇率。账面汇率是指企业以前发生的外币业务在登记入账时所使用的汇率,即过去的记账汇率。如果记账汇率采用当日的市场汇率,则记账汇率就是现行汇率;如果记账汇率采用当年或月初的市场汇率,则记账汇率为历史汇率。账面汇率一般都是历史汇率。

3. 即期汇率与远期汇率

按照外币买卖成交后交割期间的不同,汇率可分为即期汇率与远期汇率。即期汇率又称现行汇率,在我国通常是指中国人民银行公布的当日人民币外汇牌价的中间价。远期汇率是指外币买卖双方成交后,约定在以后一定期限内的某一日期交割时所使用的约定汇率,即买卖时所使用的预期汇率。

4. 买入汇率、卖出汇率与中间汇率

买入汇率是指银行向客户买入外币时所使用的汇率,即银行收取客户外币时的出价,常简称为买入价。卖出汇率是指银行向客户出售外币时所使用的汇率,即银行出让外币时的售价,常简称为卖出价。中间汇率是指银行买入汇率与卖出汇率之间的平均汇率,常简称为中间价。银行的中间汇率等于买入汇率与卖出汇率之和再除以 2。买入汇率与卖出汇率是从银行的角度来讲的。卖出汇率或卖出价一般高于买入汇率或买入价,其差额为银行买卖外汇的收益。

第二节　外币交易的会计处理

一、外币交易的会计处理方法

外币交易的会计处理主要涉及两个环节:一是在交易日对外币交易进行初始确认,将外币金额折算为记账本位币金额;二是在月末或资产负债表日对相关项目进行折算,确认因汇率变动产生的差额。其中,对于如何确认因汇率变动而产生的差额,会计上有两种观点:一项交易观和两项交易观。

(一) 一项交易观

一项交易观认为,企业以外币结算的销售(或采购)和收款(或付款)业务是一个完整购销交易必不可少的两个阶段,只有在账款结算之日购销业务才算完成。在一项交易观下,购货成本或者销售收入最终按照结算时的即期汇率折算的记账本位币入账,其基础是收付实现制。由于其与现行会计确认基础权责发生制不符,实务中一般不依据一项交易观进行外币交易的会计处理。

(二) 两项交易观

两项交易观认为,购销业务和外币结算是两项独立的交易,以外币结算的销货收入和购货成本折算为记账本位币金额,应取决于购销业务发生时日的即期汇率,如果在结算日汇率发生变动,则形成汇兑损益,但不影响购货成本或销售收入的入账金额。两项交易观的基础是权责发生制,已被广大会计界所公认。我国会计准则规定,企业应依据两项交易观进行外币业务核算。

【例 6-2】 深广公司于 20×2 年 5 月 15 日向红星公司赊销一批商品,计价 100 000 美元,销货当天的即期汇率为 1 美元兑换 6.60 元人民币,5 月 31 日的即期汇率为 1 美元兑换 6.59 元人民币。6 月 10 日,深广公司收到红星公司支付的全部价款,当天的即期汇率为 1 美元兑换 6.68 元人民币。假设深广公司的记账本位币为人民币,按月计算汇兑损益,不考虑相关税费。

解析:

1. 依据一项交易观处理

对于上述业务,如果采用一项交易观,则深广公司的账务处理如下:

(1) 5 月 15 日销售商品的账务处理。

借:应收账款——红星公司(美元)(100 000×6.60)　　660 000
　　贷:主营业务收入　　660 000

(2) 5 月 31 日进行期末调整的账务处理。

借:主营业务收入　　1 000
　　贷:应收账款——红星公司(美元)　　1 000

(3) 6 月 10 日收到销售货款的账务处理。

借:银行存款——美元(100 000×6.58)　　658 000
　　主营业务收入　　1 000
　　贷:应收账款——红星公司(美元)　　659 000

由此可见,在一项交易观下,汇兑损益直接调整销售收入,销售收入最终按照结算时的即期汇率确定的金额入账(660 000−1 000−1 000=658 000 元)。

2. 依据两项交易观处理

对于上述业务,如果采用两项交易观,则深广公司的账务处理如下:

(1) 5 月 15 日销售商品的账务处理。

借:应收账款——红星公司(美元)(100 000×6.60)　　660 000
　　贷:主营业务收入　　660 000

(2) 5 月 31 日进行期末调整的账务处理。

借:财务费用——汇兑损益　　1 000
　　贷:应收账款——红星公司(美元)　　1 000

(3) 6 月 10 日收到销售货款的账务处理。

借：银行存款——美元(100 000×6.58)　　658 000
　　财务费用——汇兑损益　　1 000
　　贷：应收账款——红星公司(美元)　　659 000

由此可见，在两项交易观下，汇兑损益直接计入当期损益(财务费用)，销售收入按照销售时的即期汇率确定的金额入账(660 000 元)。

二、外币交易的核算程序

外币交易的记账方法有外币统账制和外币分账制两种。外币统账制是指企业在发生外币交易时即折算为记账本位币入账。外币分账制是指企业在日常核算时分别以不同币种记账，并在资产负债表中区分货币性项目和非货币性项目，对其账面价值进行调整，将产生的汇兑差额计入当期损益。货币性项目按资产负债表日即期汇率折算，非货币性项目按交易日即期汇率折算。从我国目前的情况看，绝大多数企业采用外币统账制，只有银行等少数金融企业在外币交易频繁、涉及外币币种较多的情况下，才采用外币分账制进行日常核算。

(一) 外币交易会计处理的内容

一项外币业务的发生，从其交易初始发生日到结算日或业务了结日，往往要经过一定的周期，甚至跨越年度。在这个周期中，由于交易初始发生日、资产负债表日和交易结算日或了结日的外汇汇率不同，必然会产生以下几个方面的会计处理问题。

(1) 外币业务发生时的外币折算和会计处理。

(2) 应收、应付外币账款结算时外币的折算及其与原账面金额差额的处理。

(3) 在资产负债表日，由于汇率变动对外币账户余额进行调整的处理。

(二) 账户设置

在外币统账制方法下，企业对外币交易的核算不单独设置账户，但需要注明外币账户及其种类，如“应收账款——某公司(美元)”账户，并且采用复币式登记明细账；对外币交易金额因汇率变动和外币兑换由于买入价、卖出价与中间价的差价而产生的差额可在“财务费用”账户下设置二级账户“汇兑差额”反映。该账户借方反映因汇率变动而产生的汇兑损失，贷方反映因汇率变动而产生的汇兑收益，期末余额转入“本年利润”账户。

(三) 会计核算的基本程序

《企业会计准则第 19 号——外币折算》规定，企业发生外币交易时，其会计核算的基本程序为：

第一，将外币金额按照交易日的即期汇率或即期汇率的近似汇率折算为记账本位币金额，按照折算后的记账本位币金额登记有关账户；在登记有关记账本位币账户的同时，按照外币金额登记相应的外币账户。

第二，期末，将所有外币货币性项目的外币余额，按照期末即期汇率折算为记账本位币金额，并与原记账本位币金额相比较，其差额记入“财务费用——汇兑差额”账户。

第三，结算外币货币性项目时，将其外币结算金额按照当日即期汇率折算为记账本位币金额，并与原记账本位币金额相比较，其差额记入“财务费用——汇兑差额”账户。

三、外币交易的会计处理程序

(一) 初始确认

企业发生外币交易业务的，在初始确认时应采用交易日的即期汇率或即期汇率的近似汇率将外币金额折算为记账本位币金额，也可以采用按照系统合理的方法确定的、与交易发生日即期汇率近似的汇率折算，即以即期汇率或即期汇率的近似汇率作为记账基础。这里的即期汇率既可以是外汇牌价的买入价或卖出价，也可以是中间价。在与银行不进行货币兑换的情况下，即期汇率一般为中间价。即期汇率的近似汇率是指按照系统合理的方法确定的、与交易发生日即期汇率近似的汇率折算，通常采用当期平均汇率或加权平均汇率等。

企业收到投资者以外币投入的资本，应当采用交易发生日即期汇率折算，不得采用合同约定汇率或即期汇率的近似汇率折算，外币投入资本与相应的货币性项目的记账本位币金额之间不产生外币资本折算差额。

【例 6-3】 深广公司的记账本位币为人民币。20×2 年 3 月 5 日，深广公司从中国银行购入 20 000 美元，中国银行当日的美元卖出价为 1 美元兑换 6.30 元人民币，中间价为 1 美元兑换 6.20 元人民币。

解析：

深广公司的账务处理如下：

借：银行存款——中国银行(美元)(20 000×6.20)　　124 000
　　财务费用——汇兑损益　　2 000
　　贷：银行存款——中国银行(人民币)(20 000×6.30)　　126 000

【例 6-4】 深广公司的记账本位币为人民币。20×2 年 3 月 20 日，深广公司从境外购入一批原材料，材料价款为 10 000 美元，当日的即期汇率为 1 美元兑换 6.20 元人民币，款项尚未支付(为简化核算，关税及增值税略)。

解析：

深广公司的账务处理如下：

借：原材料(10 000×6.20)　　62 000
　　贷：应付账款——××公司(美元)　　62 000

20×2 年 4 月 30 日，深广公司通过建设银行以外币存款支付上述货款(即结算日)，当日的即期汇率为 1 美元兑换 6.21 元人民币。

借：应付账款——××公司(美元)　　62 100
　　贷：银行存款——建设银行(美元)(10 000×6.21)　　62 100

【例 6-5】 深广公司的记账本位币为人民币。20×2 年 6 月 10 日，深广公司向境外出售一批商品，价款为 10 000 美元，当日的即期汇率为 1 美元兑换 6.20 元人民币，款项尚未收到。假定不考虑增值税等相关税费。

解析：

深广公司的账务处理如下：

借：应收账款——××公司(美元)(10 000×6.21)　　62 000
　贷：主营业务收入　　62 000

6 月 30 日，深广公司收到上述货款(即结算日)，存入建设银行。当日的即期汇率为 1 美元兑换 6.18 元人民币。

深广公司的账务处理如下：

借：银行存款——建设银行(美元)(10 000×6.18)　　61 800
　贷：应收账款——××公司(美元)　　61 800

【例 6-6】 深广公司的记账本位币为人民币。20×2 年 4 月 10 日，深广公司从中国银行借入 100 000 美元，期限为 1 年，借入的外币暂存银行。当日的即期汇率为 1 美元兑换 6.16元人民币。

解析：

深广公司的账务处理如下：

借：银行存款——中国银行(美元)(10 000×6.16)　　616 000
　贷：短期借款——中国银行(美元)　　616 000

【例 6-7】 深广公司的记账本位币为人民币。20×2 年 7 月 1 日，深广公司收到甲外商投入的资本 100 000 美元，存入建设银行。当日的即期汇率为 1 美元兑换 6.20 元人民币，投资合同约定的汇率为 1 美元兑换 6.35 元人民币。

解析：

深广公司的账务处理如下：

借：银行存款——建设银行(美元)(100 000×6.20)　　620 000
　贷：实收资本——甲　　620 000

（二）期末调整

对于期末外币账户的调整，企业应当分为货币性项目和非货币性项目进行处理。

1. 货币性项目

货币性项目是指企业持有的货币和将以固定或可确定金额的货币收取的资产或者偿付的负债。货币性项目分为货币性资产和货币性负债。货币性资产包括库存现金、银行存款、应收账款、其他应收款、长期应收款等。货币性负债包括应付账款、其他应付款、短期借款、应付债券、长期借款、长期应付款等。

期末或结算货币性项目时，应以当日即期汇率进行折算，该项目因当日即期汇率不同于该项目初始入账时或前一期末即期汇率而产生的汇兑差额，应计入当期损益（符合资本化条件的汇兑差额除外，下同）。调整金额的计算公式如下：

某账户期末汇兑差额＝该账户期末的应有余额－该账户的实际余额

＝该账户的外币余额×期末即期汇率－该账户的实际余额

【例 6-8】 深广公司属于增值税一般纳税人，记账本位币为人民币，其外币交易采用交易日即期汇率折算。20×2 年 3 月 2 日，深广公司从国外乙公司购入某原材料，货款为 300 000美元，当日的即期汇率为 1 美元兑换 6.83 元人民币，按照规定应交的进口关税为 204 900 元人民币，支付进口增值税为 348 330 元人民币，货款尚未支付，进口关税及增值税已由银行存款支付。

解析：

深广公司账务处理为：

借：原材料（300 000×6.83＋204 900）　　2 253 900

　　应交税费——应交增值税（进项税额）　　348 330

　　贷：应付账款——乙公司（美元）　　2 049 000

　　　　银行存款（204 900＋348 330）　　553 230

20×2 年 3 月 31 日，深广公司尚未向乙公司支付所欠货款，当日即期汇率为 1 美元兑换6.80 元人民币。深广公司对该笔交易产生的外币货币性项目“应付账款”采用期末即期汇率进行折算，折算为记账本位币 2 040 000 元人民币（300 000×6.80），与其原记账本位币之差额9 000 元人民币计入当期损益。

借：应付账款——乙公司（美元）［300 000×（6.80－6.83）］　　9 000

　　贷：财务费用——汇兑损益　　9 000

【例 6-9】 深广公司的记账本位币为人民币，其外币交易采用交易日即期汇率折算。20×2 年 2 月 4 日，深广公司从中国银行借入 200 000 英镑，期限为 6 个月，年利率为 5%（等于实际利率），借入的英镑暂存银行。借入当日的即期汇率为 1 英镑兑换 9.83 元人民币。

解析：

深广公司的账务处理为：

借：银行存款——中国银行（英镑）（200 000×9.83）　　1 966 000

　　贷：短期借款——中国银行（英镑）　　1 966 000

假定 20×2 年 2 月 28 日即期汇率为 1 英镑兑换 9.75 元人民币，深广公司对该笔交易产生的外币货币性项目“短期借款——中国银行（英镑）”采用期末即期汇率进行折算，折算为记账本位币1 950 000 元人民币（200 000×9.75），与其原记账本位币之差额 16 000 元人民币计入当期损益。

借：短期借款——中国银行(英镑)　16 000

　贷：财务费用——汇兑损益　16 000

20×2 年 8 月 4 日以英镑归还所借款本金及利息，当日即期汇率为 1 英镑兑换 9.80 元人民币，则当日应归还银行借款利息 5 000 英镑(200 000×5%÷12×6)。

借：短期借款——中国银行(英镑)　1 950 000

　财务费用——汇兑损益　10 000

　贷：银行存款——中国银行(英镑)(200 000×9.80)　1 960 000

借：财务费用——利息费用(5 000×9.80)　49 000

　贷：应付利息——中国银行(英镑)　49 000

借：应付利息——中国银行(英镑)　49 000

　贷：银行存款——中国银行(英镑)(5 000×9.80)　49 000

2. 非货币性项目

非货币性项目是指货币性项目以外的项目，如存货、长期股权投资，以及以公允价值计量的金融资产、固定资产、无形资产等。

对于以历史成本计量的外币非货币性项目，其已在交易发生日按当日即期汇率折算，资产负债表日不应改变其原记账本位币金额，不产生汇兑差额。

对于以成本与可变现净值孰低计量的存货，如果其可变现净值以外币确定，则在确定存货的期末价值时，应先将可变现净值折算为记账本位币，再与以记账本位币反映的存货成本进行比较。

对于以公允价值计量的金融资产等非货币性项目，如果期末的公允价值以外币反映，则应当先将该外币按照公允价值确定当日的即期汇率折算为记账本位币金额，再与原记账本位币金额进行比较，其差额作为公允价值变动损益或其他综合收益计入当期损益或所有者权益。

【例 6-10】 深广公司的记账本位币为人民币。深广公司于 20×2 年 12 月 1 日以每股 10 港元的价格买入乙公司 H 股 10 000 股，作为以公允价值计量且其变动计入当期损益的金融资产，通过建设银行支付，当日即期汇率为 1 港元兑换 0.9 元人民币。12 月 31 日，该 H 股股价为每股 11 港元，当日即期汇率为 1 港元兑换 0.8 元人民币。

解析：

(1) 20×2 年 12 月 1 日初始确认时的账务处理。

借：交易性金融资产——成本(10 000×10×0.9)　90 000

　贷：银行存款——建设银行(港元)　90 000

(2) 20×2 年 12 月 31 日期末计量时的账务处理。

借：公允价值变动损益(10 000×10×0.9－10 000×11×0.8)　2 000

　贷：交易性金融资产——公允价值变动　2 000

【例 6-11】 深广公司的记账本位币为人民币。20×2 年 11 月 20 日，深广公司以每台 1 000 美元的价格从美国某供货商手中购入国际最新型号 A 商品 10 台，并于当日通过建设银行支付了相关货款。20×2 年 12 月 31 日，已出售 A 商品 2 台，国内市场仍无 A 商品供应，但 A 商品在国际市场的价格已降至每台 960 美元。11 月 20 日的即期汇率为 1 美元兑换 6.61 元人民币，12 月 31 日的即期汇率为 1 美元兑换 6.60 元人民币。假定不考虑增值税等相关税费。

解析：

本例中国内市场没有 A 商品供应，即可变现净值必须采用外币计量，因此才应考虑汇率变动影响，如果能以人民币计量，那么不会产生外币折算问题。

(1) 20×2 年 11 月 2 日购入 A 商品时的账务处理。

借：库存商品——A 商品　　66 100
　贷：银行存款——建设银行(美元)(10 000×6.61)　　66 100

(2) 20×2 年 12 月 31 日发生减值时的账务处理。

借：资产减值损失(1 000×8×6.61－960×8×6.60)　　2 192
　贷：存货跌价准备　　2 192

第三节　外币财务报表的折算

一、外币财务报表折算的原因

所谓外币财务报表折算，是指将以外币表示的财务报表折算为以记账本位币表示的财务报表。之所以要进行外币报表折算，主要出于下列三方面原因：第一，编制合并财务报表的需要；第二，报告和评价国外分支机构和子公司经营业绩的需要；第三，传播会计信息的需要。

外币财务报表折算的实质不过是将不同货币单位表示的财务报表改按另一种选定的货币单位进行重新表述，从而使财务报表以统一的计量单位综合反映企业整体的财务状况和经营成果，或满足财务报表特殊使用者的特定需要。

二、外币财务报表折算的方法

(一) 境外经营财务报表的折算

根据《企业会计准则第 19 号——外币折算》的规定，在对企业境外经营的财务报表进行折算前，应当调整境外经营的会计期间和会计政策，使之与企业会计期间和会计政策相一致，根据调整后的会计政策及会计期间，编制相应货币(记账本位币以外的货币)的财务报表，再按下列方法对境外经营财务报表进行折算。

(1) 资产负债表中的资产和负债项目，采用资产负债表日的即期汇率进行折算。除“未分配利润”项目外，其他所有者权益项目采用发生时的即期汇率折算。

(2) 利润表中的收入和费用项目，采用交易发生日的即期汇率或即期汇率的近似汇率折算。

（3）产生的外币财务报表折算差额，在编制合并财务报表时，应在合并资产负债表中所有者权益项目下纳入“其他综合收益”项目列示。

（4）比较财务报表的折算比照上述规定处理。

（5）当期计提的盈余公积采用当期平均汇率折算，期初盈余公积为以前年度计提的盈余公积，按相应年度平均汇率折算后金额的累计，期初未分配利润记账本位币金额为以前年度未分配利润记账本位币金额的累计。

【例 6-12】 深广公司的记账本位币为人民币，该公司在境外有一子公司深深公司，深深公司确定的记账本位币为美元。深广公司采用当期平均汇率折算深深公司利润表项目，深深公司的有关资料如下：

20×2 年 12 月 31 日的即期汇率为 1 美元兑换 6.12 元人民币，20×2 年的平均汇率为 1 美元兑换 6.18 元人民币，实收资本为 200 000 美元，发生日的即期汇率为 1 美元兑换 6.80 元人民币。20×1 年 12 月 31 日的即期汇率为 1 美元兑换 6.30 元人民币，累计盈余公积为 10 000 美元，折算为人民币 65 000 元，累计未分配利润为 20 000 美元，折算为人民币 128 000元，深深公司在年末提取盈余公积 3 000 美元。

深深公司折算为人民币的利润表、所有者权益变动表、资产负债表分别如表 6-1～表 6-3所示。

表 6-1 **利润表(简表)**

编制单位：深深公司 20×2 年度

项目	本年累计数(美元)	汇率	折算为人民币金额(元)
一、营业收入	120 000	6.18	741 600
减：营业成本	50 000	6.18	309 000
税金及附加	6 000	6.18	37 080
销售费用	10 000	6.18	61 800
管理费用	14 000	6.18	86 520
财务费用	10 000	6.18	61 800
二、营业利润	30 000	6.18	185 400
加：营业外收入	20 000	6.18	123 600
减：营业外支出	10 000	6.18	61 800
三、利润总额	40 000		247 200
减：所得税费用	10 000	6.18	61 800
四、净利润	30 000		185 400
五、其他综合收益的税后净额			
六、综合收益总额	30 000		185 400
七、每股收益			

表 6-2 所有者权益变动表(简表)

编制单位：深深公司 20×2 年度

项目	实收资本			盈余公积			未分配利润		外币报表折算差额	所有者权益合计(人民币)
	美元	汇率	人民币	美元	汇率	人民币	美元	人民币		
一、本年年初余额	200 000	6.80	1 360 000	10 000		65 000	20 000	128 000		1 553 000
二、本年增减变动金额				3 000		18 540	27 000	166 860	−147 200	38 200
(一) 净利润							30 000	185 400		185 400
(二) 其他综合收益									−147 200	−147 200
其中：外币报表折算差额									−147 200	−147 200
(三) 利润分配				3 000		18 540	−3 000	−18 540		0
其中：提取盈余公积				3 000	6.18	18 540	−3 000	−18 540		0
三、本年年末余额	200 000	6.80	1 360 000	13 000		83 540	47 000	294 860	−147 200	1 591 200

注：当年计提的盈余公积采用当年平均汇率折算，期初盈余公积为以前年度计提的盈余公积相应年度平均汇率折算后金额的累计，期初未分配利润记账本位币金额为以前年度未分配利润记账本位币金额的累计。

表 6-3 资产负债表(简表)

编制单位：深深公司 20×2 年 12 月 31 日

资产	期末数(美元)	汇率	折算为人民币金额(元)	负债和所有者权益	期末数(美元)	汇率	折算为人民币金额(元)
流动资产：				流动负债：			
货币资金	20 000	6.12	122 400	短期借款	20 000	6.12	122 400
交易性金融资产	20 000	6.12	122 400	应付票据	30 000	6.12	183 600
应收票据	10 000	6.12	61 200	应付账款	20 000	6.12	122 400
应收账款	18 000	6.12	110 160	应付职工薪酬	10 000	6.12	61 200
存货	32 000	6.12	195 840	应交税费	20 000	6.12	122 400
流动资产合计	100 000		612 000	流动负债合计	100 000	6.12	612 000
非流动资产：				非流动负债：			
固定资产	200 000	6.12	122 400	长期借款	20 000	6.12	122 400

（续表）

资产	期末数（美元）	汇率	折算为人民币金额（元）	负债和所有者权益	期末数（美元）	汇率	折算为人民币金额（元）
无形资产	100 000	6.12	61 200	长期应付款	20 000	6.12	122 400
非流动资产合计	300 000		1 836 000	非流动负债合计	40 000		244 800
				所有者权益：			
				实收资本	200 000	6.8	1 360 000
				其他综合收益（外币报表折算差额）	0		147 200
				盈余公积	13 000		83 540
				未分配利润	47 000		294 860
				所有者权益合计	260 000		1 591 200
资产总计	400 000		2 448 000	负债和所有者权益总计	400 000		2 448 000

注：外币折算差额为记账本位币反映的净资产减去以记账本位币反映的实收资本、资本公积、累计盈余公积和累计未分配利润后的余额。

（二）境外经营的处置

企业可能通过出售、清算、返还股本、放弃全部或部分权益等方式处置其在境外经营中的利益。在包含境外经营的财务报表中，企业应将已列入所有者权益的外币报表折算差额中与该境外经营相关部分，自所有者权益项目转入处置当期损益；如果是部分处置境外经营，应当按处置的比例计算处置部分的外币报表折算差额，转入处置当期损益。

第四节　外币财务报表的披露

企业应当在附注中披露与外币折算有关的下列信息。

（1）企业及其境外经营选定的记账本位币及选定的原因。记账本位币发生变更的，说明变更理由。

（2）采用近似汇率的，说明近似汇率的确定方法。

（3）计入当期损益的汇兑差额。

（4）处置境外经营对外币财务报表折算差额的影响。

本章小结

本章着重介绍了记账本位币的确定、外币交易的会计处理和外币财务报表的折算方法。

记账本位币是指企业经营所处的主要经营环境中的货币。外币是指除企业记账本位币以外的货币。外币交易是指以外币计价或结算的交易，包括买入或卖出以外币计价的商品或劳务，以及借入或借出外币资金和其他以外币计价或结算的交易。

企业发生外币交易的，应在初始确认时采用交易发生日的即期汇率或即期汇率的近似汇率将外币金额折算为记账本位币金额。

资产负债表日或结算货币性项目时，企业应当采用资产负债表日或结算日的即期汇率折算外币货币性项目，因当日即期汇率与初始确认时或前一资产负债表日即期汇率不同而产生的汇兑差额，作为财务费用处理，同时调增或调减外币货币性项目的记账本位币金额。以历史成本计量的外部非货币性项目已在交易发生日按当日即期汇率折算，资产负债表日不应改变其原记账本位币金额，不产生汇兑差额。

资产负债表中的资产和负债项目，采用资产负债表日的即期汇率（期末汇率）折算，除“未分配利润”项目外，其他所有者权益项目采用发生时的即期汇率（历史汇率）折算。

利润表中的收入和费用项目，可以采用交易发生日的即期汇率（历史汇率）折算，也可以采用按照系统合理的方法确定的、与交易发生日的即期汇率近似的汇率折算。

产生的外币财务报表折算差额，在资产负债表中所有者权益项目下单独列示。在编制合并财务报表时，应在合并资产负债表中单独作为“其他综合收益”项目列示。

重要名词中英文对照

外币折算 foreign currency translation

外币交易 foreign currency transaction

记账本位币 bookkeeping base currency

外币货币性项目 foreign currency monetary items

外币非货币性项目 foreign currency non-monetary items

交易发生日的即期汇率 the spot exchange rate on the transaction date

资产负债表日的即期汇率 the spot exchange rate on the balance sheet date

汇兑差额 exchange differences

境外经营 overseas business

外币财务报表 foreign currency financial statement

励志阅读

6-1　选择比努力重要：会计人渴求的好平台应该是什么样子的？

知识测试

一、单选题

1. 根据我国会计法的规定，下列关于记账本位币的说法中不正确的是(　　)。

A. 企业的记账本位币只能是人民币

B. 企业的记账本位币一经确定，不得随意变更

C. 记账本位币是指企业经营所处的主要经济环境中的货币

D. 无论采用哪种货币作为记账本位币，企业编报的财务会计报告均应当折算为人民币

2. 下列关于记账本位币变更的说法中，符合我国《会计法》规定的是(　　)。

A. 企业变更记账本位币产生的汇兑差额应计入当期损益

B. 记账本位币一经确定不得变更

C. 企业变更记账本位币时应当采用变更当期期初的即期汇率对所有的项目进行折算

D. 企业变更记账本位币时应当采用变更当日的即期汇率对所有的项目进行折算

3. 假设甲公司的记账本位币是人民币，对外币交易采用即期汇率折算。20×2 年2 月 18 日，甲公司与某外商签订注资协议，协议规定：外商将投入资本 1 000 000 美元，合同中约定的汇率是1 美元兑换 6.25 元人民币。20×2 年 5 月 18 日，甲公司实际收到外商的投资额为1 000 000美元，当日的即期汇率是 1 美元兑换 6.2 元人民币。甲公司实际收到款项时应当进行的账务处理是(　　)。

A. 借：银行存款——美元(1 000 000×6.25)　　6 250 000

　　贷：股本　　6 200 000

　　　　资本公积——股本溢价　　50 000

B. 借：银行存款——美元(1 000 000×6.25)　　6 250 000

　　贷：股本　　6 250 000

C. 借：银行存款——美元(1 000 000×6.20)　　6 200 000

　　资本公积——股本溢价　　50 000

　　贷：股本　　6 250 000

D. 借：银行存款——美元(1 000 000×6.20)　　6 200 000

　　贷：股本　　6 200 000

4. 假设乙公司的记账本位币为美元，对外币交易采用交易发生日的即期汇率折算。20×2 年 2 月 15 日出售价值为 300 000 美元的存货，当日的即期汇率为 1 美元兑换 6.3 元人民币。20×2 年 2 月 25 日实际收到货款，当日的即期汇率为 1 美元兑换 6.28 元人民币。假定不考虑增值税等其他因素，下列说法中不正确的是(　　)。

A. 20×2 年 2 月 15 日应收账款的初始入账金额是 300 000 美元

B. 20×2 年 2 月 25 日实际收到款项时，银行存款的入账金额是 300 000 美元

C. 20×2 年 2 月 15 日应收账款的初始入账金额是 1 890 000 元人民币

D. 20×2 年 2 月 25 日实际收到款项时，应当计入财务费用的金额是 0

5. 按我国会计准则的规定，外币财务报表折算为人民币报表时，所有者权益变动表中的“未分配利润”项目应当(　　)。

A. 按即期汇率的近似汇率折算

B. 按即期汇率折算

C. 根据折算后所有者权益变动表中的其他项目的数额计算确定

D. 按历史汇率折算

6. 我国关于归属于子公司少数股东的外币报表折算差额在合并财务报表中的列示，下列说法中正确的是(　　)。

A. 在外币报表折算差额项目中反映

B. 单独设置少数股东外币报表折算差额

C. 将其并入少数股东权益列示于合并资产负债表

D. 在资本公积项目下单独列示

7. 乙公司以人民币为记账本位币，对外币交易采用交易日的即期汇率折算。20×2 年 6 月 1 日，乙公司以人民币购汇 200 000 美元，当日银行的美元买入价为 1 美元兑换 6.50 元人民币，中间价为 1 美元兑换 6.60 元人民币，卖出价为 1 美元兑换 6.70 元人民币。乙公司将人民币兑换成外币时所产生的汇兑收益是(　　)。

A. 40 000 美元　　B. －20 000 美元

C. －20 000 元人民币　　D. 20 000 美元

8. 甲公司对外币业务采用业务发生日的市场汇率进行折算，按月计算汇兑差额。20×2 年 6 月 20 日，甲公司从境外购买零配件一批，价款总额为 500 万美元，货款尚未支付，当日的市场汇率为 1 美元兑换 6.21 元人民币。6 月 30 日的市场汇率为 1 美元兑换 6.22 元人民币。7 月 31 日的市场汇率为 1 美元兑换 6.23 元人民币。该外币债务 7 月份所发生的汇兑损失为(　　)万元人民币。

A. －10　　B. 10　　C. －5　　D. 5

二、多选题

1. 企业在确定记账本位币时应当考虑的因素有(　　)。

A. 企业的母公司所采用的记账本位币

B. 融资活动获得资金时使用的货币

C. 该货币能够对企业商品和劳务销售价格起主要作用，通常以该货币进行商品和劳务销售价格的计价和结算

D. 该货币能够对商品和劳务所需人工、材料产生主要影响，通常以该货币进行这些费用的计价和结算

2. 下列交易中，属于外币交易的有(　　)。

A. 卖出以外币计价的商品或者劳务

B. 向国外购买以记账本位币计价的原材料

C. 向国外销售以记账本位币计价和结算的商品

D. 买入以外币计价的商品或者劳务

3. 下列观点中，属于外币商品购销业务会计处理方法的有（　　）。

A. 四项交易观　　B. 五项交易观　　C. 一项交易观　　D. 两项交易观

4. 假设某企业的记账本位币是美元，那么其发生的下列交易中不属于外币交易的有（　　）。

A. 销售一批产品，以美元标价和结算

B. 以人民币购买一项专利权

C. 在证券市场上购入以美元计价的股票 1 000 万股，作为交易性金融资产

D. 以美元支付生产工人工资

5. 下列关于外币交易会计处理的说法中，正确的有（　　）。

A. 企业收到投资者以外币投入的资本，应当采用合同利率折算收到的外币金额

B. 企业初始确认时应当采用交易日的即期汇率或即期汇率的近似汇率将外币金额折算为记账本位币金额

C. 企业收到投资者以外币投入的资本，应当采用即期汇率的近似汇率折算收到的外币金额

D. 期末应将所有外币货币性项目的外币金额按照期末即期汇率计算汇兑差额

6. 下列项目中，属于非货币性项目的有（　　）。

A. 应收账款　　D. 预付账款　　C. 存货　　D. 固定资产

7. 下列说法中，符合根据我国会计准则对外币报表折算规定的有（　　）。

A. 资产负债表中的资产项目，应当采用资产负债表日的即期汇率折算

B. 外币报表折算差额应当在所有者权益项目下的“其他综合收益”项目中列示

C. 利润表中的项目都应当采用交易发生日的即期汇率或即期汇率的近似汇率折算

D. 资产负债表中的所有者权益项目都应当采用交易发生时的即期汇率折算

三、判断题

1. 汇兑损益是指将同一项目的外币资产或负债折合为记账本位币时，由于汇率变动而形成的差异额。（　　）

2. 按照我国会计准则的规定，企业收到外币资本投资时，如需折合为记账本位币，有关资产账户按收到出资额当日的即期汇率折合。（　　）

3. 所有的非货币性项目在期末均不需要重新折算。（　　）

4. 我国会计准则规定，除“未分配利润”项目外，其他所有者权益项目采用发生时的即期汇率折算。（　　）

5. 存货、应收账款、长期应收款以及短期借款、应付票据都属于货币性资产项目。（　　）

技能测试

假如王大锤是实干公司境外子公司兴邦公司的财务经理，实干公司的记账本位币为人民币，兴邦公司的记账本位币为美元。为编制实干公司 20×2 年度合并财务报表，兴邦公司需要提供折算后的合并财务报表。实干公司采用当期平均汇率折算兴邦公司利润表项目，

兴邦公司的有关资料如下：

20×2 年 12 月 31 日的即期汇率为 1 美元兑换 6.20 元人民币，20×2 年的平均汇率为 1 美元兑换 6.21 元人民币，实收资本为 3 125 000 美元，投资日的即期汇率为 1 美元兑换 6.25 元人民币。20×1 年 12 月 31 日的即期汇率为 1 美元兑换 6.22 元人民币，累计盈余公积为 27 500 美元，折算为人民币 171 050 元，累计未分配利润为 50 000 美元，折算为人民币是 311 000 元，兴邦公司在 20×2 年年末提取盈余公积 15 000 美元。

兴邦公司折算前的利润表、所有者权益变动表、资产负债表分别如表 6-4～表6-6所示，请你帮助王大锤对相关项目进行折算。

表 6-4　　利润表(简表)

编制单位：兴邦公司　　20×2 年度

项目	本年累计数(美元)	汇率	折算为人民币金额(元)
一、营业收入	262 500		
减：营业成本	100 000		
税金及附加	15 000		
销售费用	20 000		
管理费用	30 000		
财务费用	25 000		
二、营业利润	72 500		
加：营业外收入	12 500		
减：营业外支出	10 000		
三、利润总额	75 000		
减：所得税费用	25 000		
四、净利润	50 000		
五、其他综合收益的税后净额			
六、综合收益总额	50 000		
七、每股收益			

表 6-5　　所有者权益变动表(简表)

编制单位：兴邦公司　　20×2 年度

项目	实收资本			盈余公积			未分配利润		外币报表折算差额	所有者权益合计(人民币)
	美元	汇率	人民币	美元	汇率	人民币	美元	人民币		
一、本年年初余额	312 500	6.25	1 953 125	27 500		171 050	50 000	311 000		2 435 175
二、本年增减变动金额										

（续表）

项目	实收资本			盈余公积			未分配利润		外币报表折算差额	所有者权益合计（人民币）
	美元	汇率	人民币	美元	汇率	人民币	美元	人民币		
（一）净利润										
（二）其他综合收益										
其中：外币报表折算差额										
（三）利润分配										
其中：提取盈余公积										
三、本年年末余额										

表 6-6　　资产负债表

编制单位：兴邦公司　　20×2 年 12 月 31 日

资产	期末数（美元）	汇率	折算为人民币金额（元）	负债和所有者权益	期末数（美元）	汇率	折算为人民币金额（元）
流动资产：				流动负债：			
货币资金	50 000			短期借款	25 000		
交易性金融资产	25 000			应付票据	5 000		
应收票据	20 000			应付账款	37 500		
应收账款	55 000			应付职工薪酬	30 000		
存货	100 000			应交税费	7 500		
流动资产合计	250 000			流动负债合计	105 000		
非流动资产：				非流动负债：			
固定资产	300 000			长期借款	30 000		
无形资产	75 000			长期应付款	50 000		
非流动资产合计	375 000			非流动负债合计	80 000		
				所有者权益：			
				实收资本	312 500		
				其他综合收益（外币折算差额）	0		
				盈余公积	42 500		
				未分配利润	85 000		

（续表）

资产	期末数（美元）	汇率	折算为人民币金额（元）	负债和所有者权益	期末数（美元）	汇率	折算为人民币金额（元）
				所有者权益合计	440 000		
资产总计	625 000			负债和所有者权益总计	625 000		

根据上述要求完成技能测试后，进行技能评价，填写技能评价表，格式如表 6-7 所示。

表 6-7　　技能评价表

考核内容标准	实施评价	
	自我评价	同学互评
判断分析能力（30 分）		
会计处理能力（30 分）		
团队合作能力（20 分）		
会计职业道德（20 分）		
合计		

推荐阅读

1. 李悦享，郑世佳．公允价值折算方法在外币报表中的应用——以中钢国际为例[J]．财会通讯：上，2019(22)：91-95.
2. 杨向东．跨国公司合并报表中外币报表折算方法选择[J]．财会通讯：上，2017(22)：82-85.
3. 黄申．外币报表折算难题的化解[J]．财会月刊，2019(11)：89-93.

6-2　第 6 章推荐阅读 1

6-3　第 6 章推荐阅读 2

6-4　第 6 章推荐阅读 3

思政财经案例

跨境电商巨头 SHEIN——中国企业在世界崛起

受新冠肺炎疫情影响，全球经济一片萧条，各行各业都受到重创，传统快时尚品牌线下门店亏损，业绩大幅滑坡。与此同时，疫情下的全球电商市场却迎来快速发展时期，2020 年中国跨境出口增速达 40.1%。其中，中国跨境快时尚品牌 SHEIN 既没有受到疫情的影响，也没有受到“亚马逊封号”等事件的波及，2020年SHEIN营收近100亿美元，官网流量和销售额同比翻倍，在54个国家iOS购物应用中排名第一，成为全球知名度最高的中国跨境快时尚品牌。

SHEIN成立于2008年，是一家国际B2C快时尚电子商务公司，主要经营女装，也提供男装、童装、饰品、鞋、包等时尚用品。SHEIN的总部在南京，营销中心在广东，以跨境电商为主营业务。它是一家主要受众为年轻女生的跨境自有品牌快时尚电商，被称为“服装界的拼多多”和“抖音式电商”。截至2021年，它的资本市场估值已经达到3 000亿元，且上涨势头不减。据最新信息显示，其在2022年的估值已经攀升到千亿美金级。

【案例启示】

关注跨境电商行业巨头SHEIN的发展，思考在新冠肺炎疫情背景下企业应如何进行创新发展，并增强家国情怀和民族自豪感，增强“四个自信”。

第七章

股份支付

本章根据《企业会计准则第11号——股份支付》和《企业会计准则第11号——股份支付》应用指南编写，主要介绍股份支付的概念、日期、主要工具，以权益结算的股份支付和以现金结算的股份支付的确认与计量，以及股份支付的信息披露。

本章知识框架如下：

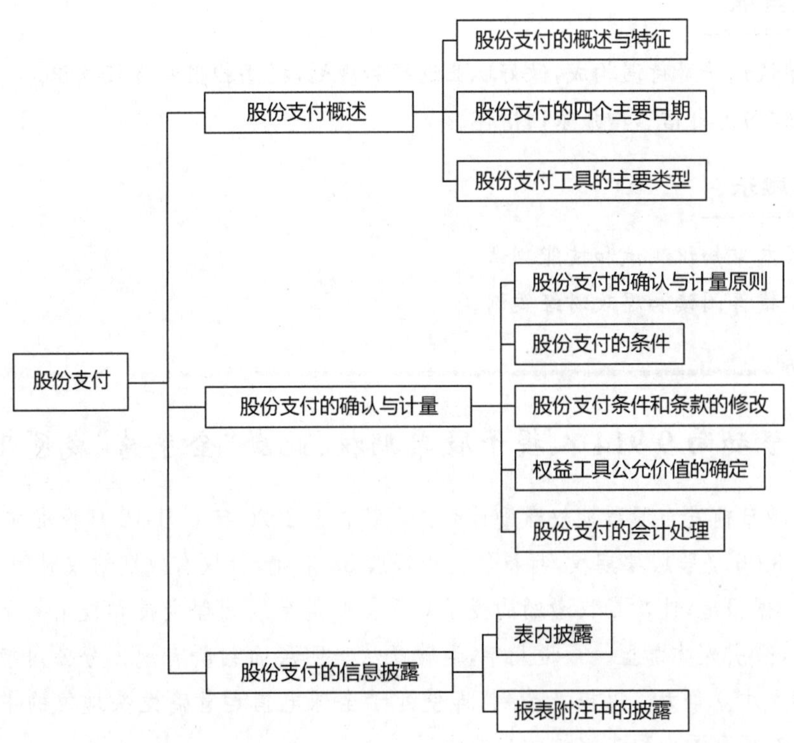

【学习目标与成果展示】

知识目标

❶ 描述股份支付的基本概念。

❷ 列举股份支付的四个主要日期和股份支付工具的主要类型。

❸ 熟悉以权益结算和以现金结算的股份支付业务的会计处理原理并应用。

❹ 阐述股份支付的附注披露内容。

能力目标

能够准确分析、比较和处理以权益结算和以现金结算的股份支付业务。

素质目标

❶ 关注和比较中国、美国和国际会计准则的差异。

❷ 具有责任心和严谨的工作态度。

思政目标

❶ 科学认识薪资待遇构成，做好职业选择和规划，提高担当和责任意识。

❷ 树立“四个自信”，增强家国情怀。

成果展示

❶ 完成本章知识测试和技能测试。

❷ 自学推荐阅读和思政财经案例。

引导案例

中国移动向 9 914 人授予股票期权，此款“金手铐”成色几何？

中国移动日前发布股票期权激励计划：董事会于 2020 年 6 月 12 日批准向 9 914 位激励对象授予 3.06 亿股股票期权，行权价格为每股 55 港元，行权有效期结束时间为自授予日起 10 年后。据报道，此次期权激励的授予对象主要是高级管理人员和技术骨干，目的是防止人才流失，吸引人才加盟。最近几年，运营商从集团层面到所有地方分公司持续降薪，严重影响了其人才竞争力。以校招为例，即使处于全球电信运营商龙头地位的中国移动，现在也已经很难招到国内顶尖院校的毕业生了。

因而，此番激励计划必须以拉动股票价格为导向。中国移动今年的最高股价为 68 港元，如果以此为目标，按平均每人 3 万股计算，则每人可最终获利 39 万港元；如果以历史最高股价 118 港元为目标，则平均每人最终获利可达 189 万港元，还是具备一定吸引力的。

从以上分析不难看出，9 914 位激励对象的行权获利情况与中国移动的股票价格息息相关，而股价是公司经营业绩和价值的反应。最近几年，中国移动的股价一直在下滑，甚至一度跌至不足 44 港元。今年以来，随着 5G 技术的大范围商用，“新基建”范围明确，根据公告，该 3.06 亿股股票期权的行权有效期结束时间为自授予日起 10 年后，未来 10 年，也是 5G 技术全生命周期的 10 年。在这 10 年中，中国移动的股价能否正向大幅提升，还是值得乐观期待的。

至于“金手铐”的成色，现在来看着实略显不足，但“打铁还需自身硬”。历经 20 年的发展，中国移动成功实现从 1G 空白、2G 跟随、3G 突破、4G 并跑到 5G 引领，面向 5G 时代，中国移动进一步明确发展定位——从通信服务向通信和信息服务转型升级，业务市场从聚焦移动市场向个人、家庭、政企、新兴“CHBN 四轮市场”全向发力，收入结构进一步优化，新动能持续增强。

参考资料来源：根据 c114 通信网相关报道改编。

思考：什么是股票期权？上述案例中的股票期权为何称为“金手铐”？中国移动公司在接下来的 10 年中应如何进行会计处理？该业务对公司财务报表将产生什么影响？

第一节　股份支付概述

一、股份支付的概念与特征

(一) 股份支付的概念

股份支付是“以股份为基础的支付”的简称，是指企业为获取职工和其他方提供服务而授予权益工具或者承担以权益工具为基础确定的负债的交易。

(二) 股份支付的特征

根据股份支付的定义，股份支付具有以下三项特征。

1. 股份支付是企业与职工或其他方之间发生的交易

以股份为基础的支付可能发生在企业与股东之间、合并交易中的合并方与被合并方之间或者企业与职工之间，只有发生在企业与其职工或向企业提供服务的其他方之间的交易，才可能符合股份支付的定义。

2. 股份支付是以获取职工或其他方服务为目的的交易

企业在股份支付交易中，意在获取其职工或其他方提供的服务(费用)或取得这些服务的权利(资产)。企业获取这些服务或权利的目的是更好地从事生产经营，而不是转手获利等。

3. 股份支付交易的对价或其定价与企业自身权益工具未来的价值密切相关

股份支付交易与企业和其职工之间其他类型交易的最大不同是交易对价或其定价与企业自身权益工具未来的价值密切相关。在股份支付中,企业要么向职工支付其自身权益工具,要么向职工支付一笔金额高低取决于结算时企业自身权益工具公允价值的现金。

二、股份支付的四个主要日期

典型的股份支付通常涉及四个主要日期:授予日、可行权日、行权日和出售日,如图7-1所示。

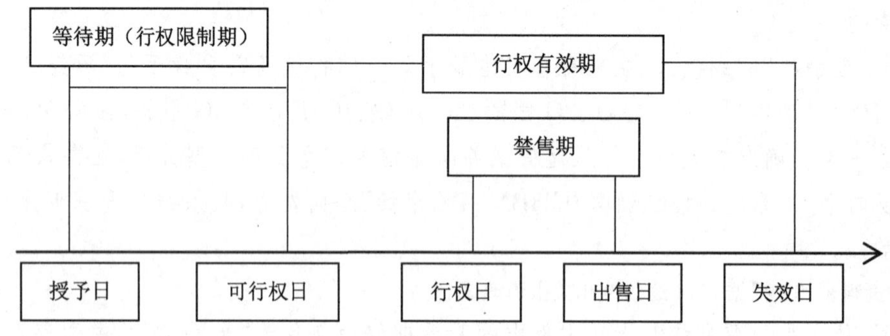

图 7-1 典型的股份支付交易日期

(一) 授予日

授予日是指股份支付协议获得批准的日期。其中,"获得批准"是指企业与职工或其他方就股份支付的协议条款和条件已达成一致,该协议获得股东大会或类似机构的批准。

(二) 可行权日

可行权日是指可行权条件得到满足,职工或其他方具有从企业取得权益工具或现金权利的日期。要注意的是,职工或其他方在可行权日只是获得权益性工具或者现金权利,而不是实际的现金。

(三) 行权日

行权日是指职工或其他方行使权利获取现金或权益性工具的日期。例如,持有股票期权的职工在某日行使了以特定价格购买一定数量本公司股票的权利,该日即为行权日。

(四) 出售日

出售日是指股票的持有人将通过期权所取得的股票出售的日期。按照我国法律的相关规定,用于期权激励的股份支付协议应在行权日和出售日之间设立禁售期。其中,国有控股上市公司的禁售期不低于两年。

三、股份支付工具的主要类型

(一) 以权益结算的股份支付

以权益结算的股份支付是指企业为获取服务而以股份或其他权益工具作为对价进行

结算的交易。以权益结算的股份支付最常用的工具有两类：限制性股票和股票期权。

限制性股票是指职工或其他方按照股份支付协议规定的条款和条件，从企业获得一定数量的本企业股票。对于限制性股票，在一个确定的等待期内或在满足特定业绩指标之前，职工出售股票要受到持续服务条款或业绩条件的限制。

股票期权是指企业授予职工或其他方在未来一定期限内以预先确定的价格和条件购买本企业一定数量股份的权利。

（二）以现金结算的股份支付

以现金结算的股份支付是指企业为获取服务而承担的以股份或其他权益工具为基础计算的交付现金或其他资产的义务的交易。以现金结算的股份支付最常用的工具有两类：模拟股票和现金股票增值权。

股票增值权和模拟股票都是用现金支付模拟的股权激励机制，即与股票挂钩，但用现金支付。除了无须实际行权和持有股票，现金股票增值权的运作原理与股票期权是一样的，都是一种增值权形式的与股票价值挂钩的薪酬工具。除了无须实际授予股票和持有股票，模拟股票的运作原理与限制性股票是一样的。

第二节 股份支付的确认与计量

一、股份支付的确认与计量原则

（一）以权益结算的股份支付的确认和计量原则

1. 换取职工服务的股份支付的确认和计量原则

对于换取职工服务的股份支付，企业应当以股份支付所授予的权益工具的公允价值计量。企业应在等待期内的每个资产负债表日，以对可行权权益工具数量的最佳估计为基础，按照权益工具在授予日的公允价值，将当期取得的服务计入相关资产成本或当期费用，同时记入“资本公积——其他资本公积”账户。

对于授予后立即可行权的以权益结算的股份支付（如授予限制性股票的股份支付），企业应在授予日按照权益工具的公允价值，将取得的服务计入相关资产成本或当期费用，同时记入“资本公积——股本溢价”账户。

2. 换取其他方服务的股份支付的确认和计量原则

对于换取其他方服务的股份支付，企业应当以股份支付所换取的服务的公允价值计量。企业应当按照其他方服务在取得日的公允价值，将取得的服务计入相关资产成本或费用。

如果其他方服务的公允价值不能可靠计量，但权益工具的公允价值能够可靠计量，企业应当按照权益工具在服务取得日的公允价值，将取得的服务计入相关资产成本或费用。

（二）以现金结算的股份支付的确认和计量原则

企业应当在等待期内的每个资产负债表日，以对可行权情况的最佳估计为基础，按照企业承担负债的公允价值，将当期取得的服务计入相关资产成本或当期费用，同时计入负债，并在结算前的每个资产负债表日和结算日对负债的公允价值重新计量，将其变动计入损益。

对于授予后立即可行权的现金计算的股份支付（如授予虚拟股票或业绩股票的股份支付），企业应当在授予日按照其承担负债的公允价值计入相关资产成本或费用，同时计入负债，并在结算前的每个资产负债表日和结算日对负债的公允价值重新计量，将其变动计入损益。

二、股份支付的条件

股份支付中通常涉及可行权条件，具体包括服务期限条件和业绩条件。在满足这些条件之前，职工无法获得股份。

（一）服务期限条件

服务期限条件是指职工或其他方完成规定服务期限才可行权的条件。

（二）业绩条件

业绩条件是指企业达到特定业绩目标的条件，具体包括市场条件和非市场条件。

1. 市场条件

市场条件是指行权价格、可行权条件以及行权可能性等与权益工具市场价格相关的业绩条件，如股份支付协议中关于股价至少上升至何种水平职工可相应取得多少股份的规定。企业在确定授予日权益工具的公允价值时，应考虑市场条件的影响，但市场条件是否得到满足，不影响企业对预计可行权情况的估计。

2. 非市场条件

非市场条件是指除市场条件之外的其他业绩条件，如股份支付协议中关于达到最低盈利目标或销售目标才可行权的规定。企业在确定授予日权益工具的公允价值时，不考虑非市场条件的影响，但非市场条件是否得到满足，将影响企业对预计可行权情况的估计。对于可行权条件为业绩条件的股份支付，企业在确定权益工具的公允价值时，应考虑市场条件的影响，但只要职工满足了其他所有非市场条件，企业就应当确认已取得的服务。

三、股份支付条件和条款的修改

通常情况下，股份支付协议生效后，企业不应对其条款和条件随意修改。但在某些情况下，授予权益工具的股份支付协议中的条款和条件可以修改。例如，股票除权、除息或其他原因需要调整行权价格或股票期权数量。此外，为取得更佳的激励效果，有关法规也允许企业依据股份支付协议的规定，调整行权价格和股票期权数量，但应当由董事会作出决议并经股东大会审议批准。

(一) 条件和条款的有利修改

企业应当分别根据以下情况，确认导致股份支付公允价值总额升高以及其他对职工有利修改的影响。

1. 修改增加了所授予权益工具的公允价值

如果修改增加了所授予的权益工具的公允价值，企业应按照权益工具公允价值的增加相应地确认取得服务的增加。权益工具公允价值的增加是指修改前后的权益工具在修改日的公允价值之间的差额。

如果修改发生在等待期内，企业在确认修改日至修改后的可行权日之间取得服务的公允价值时，应当既包括在剩余原等待期内以原权益工具授予日公允价值为基础确定的服务金额，也包括权益工具公允价值的增加。

如果修改发生在可行权日之后，企业应当立即确认权益工具公允价值的增加。

2. 修改增加了所授予权益工具的数量

如果修改增加了所授予的权益工具的数量，企业应将增加的权益工具的公允价值相应地确认为取得服务的增加。

如果修改发生在等待期内，企业在确定修改日至增加的权益工具可行权日之间取得服务的公允价值时，应当既包括在剩余原等待期内以原权益工具授予日公允价值为基础确定的服务金额，也包括增加的权益工具的公允价值。

3. 修改可行权条件

如果企业按照有利于职工的方式修改可行权条件，如缩短等待期、变更或取消业绩条件(非市场条件)，企业在处理可行权条件时，应当考虑修改后的可行权条件。

(二) 条件和条款的不利修改

如果企业以减少股份支付公允价值总额的方式或其他不利于职工的方式修改条款和条件，企业仍应继续对取得的服务进行会计处理，如同该变更从未发生，除非企业取消了部分或全部已授予的权益工具。具体包括以下几种情况。

(1) 如果修改减少了授予的权益工具的公允价值，企业应当继续以权益工具在授予日的公允价值为基础，确认取得服务的金额，而不应考虑权益工具公允价值的减少。

(2) 如果修改减少了授予的权益工具的数量，企业应当将减少部分作为已授予权益工具的取消来进行处理。

(3) 如果企业以不利于职工的方式修改了可行权条件，如延长等待期、增加或变更业绩条件(非市场条件)，企业在处理可行权条件时，不应考虑修改后的可行权条件。

(三) 取消或结算

如果企业在等待期内取消了所授予的权益工具或结算了所授予的权益工具(因未满足可行权条件而被取消的除外)，企业应当进行以下处理。

(1) 将取消或结算作为加速可行权处理，立即确认原本应在剩余等待期内确认的金额。

(2) 在取消或结算时支付给职工的所有款项均应作为权益的回购处理，将回购支付的金额高于该权益工具在回购日公允价值的部分计入当期损益。

四、权益工具公允价值的确定

股份支付中权益工具公允价值的确定，应当以市场价格为基础。一些股份和股票期权并没有一个活跃的交易市场，在这种情况下，应当考虑估值技术。通常情况下，企业应当按照《企业会计准则第22号——金融工具确认和计量》的有关规定确定权益工具的公允价值，并根据股份支付协议的条件进行调整。

(一) 股份

对于授予职工的股份，企业应按照其股份的市场价格计量。如果其股份未公开交易，则应根据股份支付协议的条款和条件估计其市场价格。例如，如果股份支付协议规定了期权股票的禁售期，则会对可行权日后市场参与者愿意为该股票支付的价格产生影响，并进而影响该股票期权的公允价值。

(二) 股票期权

对于授予职工的股票期权，因其通常受到一些不同于交易期权的条款和条件的限制，企业在许多情况下难以获得其市场价格。如果不存在条款和条件相似的交易期权，企业应通过期权定价模型估计所授予的期权的公允价值。

企业在选择使用的期权定价模型时，常用的模型有布莱克-斯科尔斯模型、二项式模型和蒙特卡罗模型。在这些模型中，企业应当考虑股份在授予日的公允价值、无风险利率、预计股利、股价预计波动率、标的股份的现行价格、期权有效期等参数。

五、股份支付的会计处理

股份支付的会计处理必须以完整、有效的股份支付协议为基础。

(一) 授予日

除了立即可行权的股份支付，无论以权益结算的股份支付还是以现金结算的股份支付，企业在授予日均不做会计处理。

(二) 等待期内每个资产负债表日

企业应当在等待期内的每个资产负债表日，将取得职工或其他方提供的服务计入成本费用，同时确认所有者权益或负债。

对于以权益结算的涉及职工的股份支付，企业应按照授予日权益工具的公允价值计入成本费用和资本公积(其他资本公积)，不确认其后续公允价值变动；对于以现金结算的涉及职工的股份支付，企业应当按照每个资产负债表日权益工具的公允价值重新计量，确定成本费用和应付职工薪酬。

在等待期内的每个资产负债表日，企业应当根据最新取得的可行权职工人数变动等后续信息作出最佳估计，修正预计可行权的权益工具数量；根据上述权益工具的公允价值和预计可行权的权益工具数量计算截止当期累计应确认的成本费用金额，再减去前期累计已确认金额，作为当期应确认的成本费用金额。

（三）可行权日之后

对于以权益结算的股份支付，企业在行权前无须进行会计处理，在可行权日之后不再对已确认的成本费用和所有者权益总额进行调整。企业应在行权日根据行权情况确认股本和股本溢价，同时结转等待期内确认的资本公积（其他资本公积）。

企业行权时的会计处理如下：

借：银行存款（职工按承诺的价位交付的款项）
　　资本公积——其他资本公积（等待期内累计的资本公积）
　　贷：股本（面值）
　　　　资本公积——股本溢价（所授予股权的公允价值－股本）

对于以现金结算的股份支付，企业在可行权日之后不再确认成本费用，负债（应付职工薪酬）公允价值的变动应当计入当期损益（公允价值变动损益）。

【例 7-1】 红星公司会计小红近期的工作任务是完成股份支付有关的会计处理。具体业务如下：2017 年 1 月 1 日，红星公司向 100 名高管人员每人授予 100 份股票期权。这些人员从被授予股票期权之日起连续在公司服务满 3 年，即可按每股 4 元的价格购买红星公司 100 股普通股股票（每股面值 1 元），该期权在授予日的公允价值为每份 12 元。上述高管人员在第一年离职 10 人，公司在 2017 年 12 月 31 日预计 3 年中管理人员离职的比例将达 20%。第二年有 5 人离职，公司将离职比例修正为 15%。第三年有 4 人离职。2020 年 8 月 31 日，剩余 81 名高管人员全部行权。

财务经理孙老师帮助小红理清工作思路，并给出了如下账务处理建议。

2017 年应确认的费用＝100×100×(1－20%)×12×1/3＝32 000（元）

2018 年应确认的费用＝100×100×(1－15%)×12×2/3－32 000＝36 000（元）

2019 年应确认的费用＝100×(100－10－5－4)×12－(32 000＋36 000)＝29 200（元）

(1) 2017 年 1 月 1 日授予日不作账务处理。

(2) 2017 年 12 月 31 日的账务处理。

借：管理费用	32 000	
贷：资本公积——其他资本公积		32 000

(3) 2018 年 12 月 31 日的账务处理。

借：管理费用	36 000	
贷：资本公积——其他资本公积		36 000

(4) 2019 年 12 月 31 日的账务处理。

借：管理费用	29 200	
贷：资本公积——其他资本公积		29 200

(5) 2020 年 8 月 31 日的账务处理。

借：银行存款　32 400
　资本公积——其他资本公积　97 200
　贷：股本　8 100
　　资本公积——股本溢价　121 500

(四) 回购股份进行职工期权激励

企业以回购股份形式奖励本企业职工的，属于以权益结算的股份支付。企业回购股份时，应将回购股份的全部支出作为库存股处理，同时进行备查登记。会计处理如下：

借：库存股
　贷：银行存款

在职工行权购买本企业股份时，企业应转销交付职工的库存股成本和等待期内资本公积（其他资本公积）累计金额，同时，按照其差额调整资本公积（股本溢价）。会计处理如下：

借：银行存款
　资本公积——其他资本公积
　贷：库存股
　　资本公积——股本溢价

【例 7-2】 深广公司会计小明近期的工作任务是完成回购股份及行权有关的会计处理。具体业务为：2019 年 1 月 1 日，深广公司向 50 名高管人员每人授予 2 万份股票期权，这些人员从被授予股票期权之日起连续在公司服务满 2 年，即可按每股 10 元的价格购买深广公司 2 万股普通股股票（每股面值 1 元），该期权在授予日的公允价值为每份 12 元。2020 年 10 月 20 日，深广公司从二级市场以每股 16 元的价格回购本公司普通股股票 100 万股，拟用于高管人员股权激励。在等待期内，深广公司没有高管离职。2020 年 12 月 31 日，高管人员全都行权，当日深广公司普通股市场价格为每股 16 元。

财务经理杜拉拉帮助小明清理工作思路，并给出了以下账务处理建议。

(1) 回购股份时的账务处理。

借：库存股　16 000 000
　贷：银行存款　16 000 000

(2) 确认费用时的账务处理。

借：管理费用　12 000 000
　贷：资本公积——其他资本公积　12 000 000

(3) 行权时的账务处理。

借：银行存款　10 000 000
　资本公积——其他资本公积　12 000 000
　贷：库存股　16 000 000
　　资本公积——股本溢价　6 000 000

第三节 股份支付的信息披露

一、表内披露

股份支付在资产负债表日确认的资产成本应在资产负债表中列示，费用则应在利润表中列示。以权益结算的股份支付确认的资本公积应在资产负债表中的“所有者权益”列示，以现金结算的股份支付确认的应付职工薪酬应在资产负债表中的“流动负债”列示。

二、报表附注中的披露

根据《企业会计准则第11号——股份支付》的相关规定，企业应当在附注中披露两个方面的信息，一是与股份支付本身有关的信息，二是股份支付交易对当期财务状况和经营成果的影响。

(一) 企业应当在附注中披露与股份支付有关的下列信息

(1) 当期授予、行权和失效的各项权益工具总额。

(2) 期末发行在外的股份期权或其他权益工具行权价格的范围和合同剩余期限。

(3) 当期行权的股份期权或其他权益工具以其行权日价格计算的加权平均价格。

(4) 权益工具公允价值的确定方法。

此外，企业对性质相似的股份支付信息可以合并披露。

(二) 股份支付交易对当期财务状况和经营成果的影响

企业应当在附注中披露股份支付交易对当期财务状况和经营成果的影响，至少包括下列信息。

(1) 当期因以权益结算的股份支付而确认的费用总额。

(2) 当期因以现金结算的股份支付而确认的费用总额。

(3) 当期以股份支付换取的职工服务总额及其他方服务总额。

本章小结

股份支付是指企业为获取职工和其他方提供服务而授予权益工具或者承担以权益工具为基础确定的负债的交易。典型的股份支付通常涉及四个主要日期：授予日、可行权日、行权日和出售日。股份支付的类型主要有两种：以权益结算的股份支付和以现金结算的股份支付。

1. 以权益结算的股份支付

对于换取职工服务的股份支付，企业应当以股份支付所授予的权益工具的公允价值计量。企业应在等待期内的每个资产负债表日，以对可行权权益工具数量的最佳估计为基础，按照权益工具在授予日的公允价值，将当期取得的服务计入相关资产成本或当期费用，同时记入“资本公积——其他资本公积”账户。

对于授予后立即可行权的以权益结算的股份支付(如授予限制性股票的股份支付),应在授予日按照权益工具的公允价值将取得的服务计入相关资产成本或当期费用,同时记入“资本公积——股本溢价”账户。

2. 以现金结算的股份支付

企业应当在等待期内的每个资产负债表日,以对可行权情况的最佳估计为基础,按照企业承担负债的公允价值,将当期取得的服务计入相关资产成本或当期费用,同时计入负债,并在结算前的每个资产负债表日和结算日对负债的公允价值重新计量,将其变动计入损益。

对于授予后立即可行权的以现金计算的股份支付(如授予虚拟股票或业绩股票的股份支付),企业应当在授予日按照企业承担负债的公允价值计入相关资产成本或费用,同时计入负债,并在结算前的每个资产负债表日和结算日对负债的公允价值重新计量,将其变动计入损益。

重要名词中英文对照

股份支付 share-based payment

授予日 grant date

可行权日 vesting date

结算日 date of settlement

可行权条件 vesting conditions

市场条件 market conditions

业绩条件 performance conditions

股票期权 share option

以权益结算的股份支付 equity-settled share-based payment

以现金结算的股份支付 cash-settled share-based payment

负债的公允价值 fair value of liability

励志阅读

7-1 职场阶梯

知识测试

一、单选题

1. 下列各项中,应当作为以现金结算的股份支付进行会计处理的是(　　)。

A. 授予高管人员低于市价购买公司股票的期权计划

B. 授予研发人员以预期股价相对于基准日股价的上涨幅度为基础支付奖励款的计划

C. 以低于市价向员工出售限制性股票的计划

D. 公司承诺达到业绩条件时向员工无对价定向发行股票的计划

2. 2018年1月1日，甲公司经股东大会批准与其高管人员签订股份支付协议，协议约定：等待期为自2018年1月1日起两年，两年期满有关高管人员仍在甲公司工作且每年净资产收益率不低于15%的，高管人员每人可无偿取得10万股甲公司股票。甲公司普通股按董事会批准该股份支付协议前20天平均市场价格计算的公允价值为20元/股，授予日甲公司普通股的公允价值为18元/股。2018年12月31日，甲公司普通股的公允价值为15元/股。根据甲公司生产经营情况及市场价格波动等因素综合考虑，甲公司预计该股份支付行权日其普通股的公允价值为24元/股。不考虑其他因素，下列各项中，属于甲公司在计算2018年因该股份支付确认费用时应使用的普通股的公允价值是（　　）。

A. 2018年12月31日股票的公允价值

B. 预计行权日甲公司普通股的公允价值

C. 董事会批准该股份支付协议前20天按甲公司普通股平均市场价格计算的公允价值

D. 2018年1月1日甲公司普通股的公允价值

3. 关于权益结算的股份支付的计量，下列说法中错误的是（　　）。

A. 对于换取职工服务的股份支付，企业应当按照权益工具在授予日的公允价值，将当期取得的服务计入相关资产成本或当期费用，同时计入资本公积中的其他资本公积

B. 对于授予后立即可行权的换取职工提供服务的权益结算的股份支付，应在授予日按照权益工具的公允价值计量

C. 应按授予日权益工具的公允价值计量，不确认后续公允价值变动

D. 对于换取职工服务的股份支付，企业应当按在等待期内的每个资产负债表日的公允价值计量

4. 2017年1月1日，经股东大会批准，甲公司向100名高管人员每人授予2万份股票期权。根据股份支付协议规定，这些高管人员自2017年1月1日起在甲公司连续服务3年，即可以每股5元的价格购买2万股甲公司普通股。2017年1月1日（授予日），每份股票期权的公允价值为6元。2017年没有高管人员离开公司，甲公司预计在未来两年将有5名高管离开公司。2017年12月31日，甲公司授予高管的股票期权每份公允价值为6.5元。2018年有4名高管人员离开公司，甲公司预计未来一年将有3名高管离开公司。2018年12月31日，甲公司授予高管的股票期权每份公允价值为6.6元。甲公司因该股份支付协议在2018年应计入管理费用金额为（　　）万元。

A. 744　　B. 364　　C. 406.73　　D. 380

二、多选题

1. 乙公司、丙公司和丁公司均为甲公司的子公司。甲公司及其相关子公司经各自董事会批准，于2017年1月1日对甲公司以及相关子公司管理人员或在职员工进行下列激励：①甲公司以自身普通股授予乙公司管理人员；②丙公司按照上年实现净利润的5%分配给

在职员工；③丁公司以自身普通股授予其管理人员；④甲公司以其生产的产品分配给在职员工。下列各项关于甲公司及其相关子公司对其管理人员或在职员工进行激励的安排中，应按股份支付会计准则进行会计处理的有（　　）。

A. 丙公司按上年净利润的5%分配给在职员工

B. 甲公司以自身普通股授予乙公司管理人员

C. 甲公司以其生产的产品分配给在职员工

D. 丁公司以自身普通股授予其管理人员

2. 甲公司为母公司，其所控制的企业集团在2018年发生以下与股份支付相关的交易或事项：①甲公司与其子公司（乙公司）高管签订协议，授予乙公司高管100万份股票期权，待满足行权条件时，乙公司高管可以每股4元的价格自甲公司购买乙公司股票；②乙公司授予其研发人员20万份现金股票增值权，这些研发人员在乙公司连续服务2年，即可按照乙公司股价的增值幅度获得现金；③乙公司自市场回购本公司股票100万股，并与销售人员签订协议，如未来3年销售业绩达标，销售人员将无偿取得该部分股票；④乙公司向丁公司发行500万股本公司股票，作为支付丁公司为乙公司提供咨询服务的价款。不考虑其他因素，下列各项中，乙公司应当作为以权益结算的股份支付的有（　　）。

A. 乙公司与本公司研发人员签订的股份支付协议

B. 乙公司与本公司销售人员签订的股份支付协议

C. 乙公司高管与甲公司签订的股份支付协议

D. 乙公司以定向发行本公司股票取得咨询服务的协议

技能测试

如果你是深广公司的财务经理杜拉拉，下周你将针对公司提出的高管人员长效激励计划与财务总监沟通股份支付方案，请你从企业会计准则的角度和企业管理的角度解释以下两个方案。

方案1：深广公司于2020年1月1日向其200名管理人员每人授予100股股票期权，这些职员从2020年1月1日起在该公司连续服务3年，即可以5元每股的价格购买100股该公司股票，从而获益。该期权在授予日的公允价值预计为18元。

该方案假定：第一年有20名管理人员离开深广公司，深广公司估计3年中离职管理人员的比例将达到20%；第二年又有10名管理人员离开深广公司，深广公司将估计的管理人员离职比例修正为15%；第三年又有15名管理人员离开。假设全部155名管理人员都在2023年12月31日行权，该公司股份面值为1元。

方案2：深广公司为其200名中层以上管理人员每人授予100份现金股票增值权，这些管理人员从2020年1月1日起在该公司连续服务3年，即可按照当时股价的增长幅度获得现金，该增值权应在2024年12月31日之前行使。深广公司估计，该增值权在负债结算之前的每一资产负债表日以及结算日的公允价值和可行权后的每份增值权现金支出额如表7-1所示。

表 7-1　　公允价值和支付现金情况　　单位：元

年　份	公允价值	支付现金
2020	14	
2021	15	
2022	18	16
2023	21	20
2024		25

该方案假定：第一年有 20 名管理人员离开深广公司，深广公司估计 3 年中还将有15 名管理人员离开；第二年又有 10 名管理人员离开，深广公司估计还将有 10 名管理人员离开；第三年又有 15 名管理人员离开。第三年年末，有 70 人行使股份增值权取得了现金。第四年年末，有 50 人行使了股份增值权。第五年年末，剩余 35 人也行使了股份增值权。

根据上述要求完成技能测试，进行技能评价，填写技能评价表，格式如表 7-2 所示。

表 7-2　　技能评价表

考核内容标准	实施评价	
	自我评价	同学互评
判断分析能力（30 分）		
会计处理能力（30 分）		
团队合作能力（20 分）		
会计职业道德（20 分）		
合计		

推荐阅读

1. 陈鑫.股份支付会计准则与企业所得税法差异的处理[J].财会学习，2020(02)：195-197.
2. 李莎.权益结算方式下的股份支付会计处理及案例分析——基于会计信息披露质量的角度[J].商业会计，2020(01)：92-95.
3. 徐海燕.权益结算股份支付的会计处理探究[J].财会通讯，2020(01)：101-105.

7-2　第 7 章推荐阅读 1

7-3　第 7 章推荐阅读 2

7-4　第 7 章推荐阅读 3

思政财经案例

中国准则、美国准则、国际准则差异——股份支付

随着全球经济一体化逐步深化，会计行业处在不断发展的过程中。近些年来，我国会计准则日趋注重与国际趋同。因此，了解和分析我国会计准则和国际上其他主流会计准则的差异具有重要意义。

一、股份支付差异概览

虽然中国准则、美国准则与国际准则在股份支付的概念上相似，但其在具体应用层面上存在显著差异。股份支付也是美国准则与国际准则、中国准则间存在最多差异的会计事项之一。

(1) 股份支付计划分类的不同分析框架可能导致同一种计划安排在美国准则和国际准则与中国准则下具有不同的以权益结算或以现金结算的分类，进而会导致不同的总薪酬成本及对收益波动性和资产负债表指标的可能影响。

(2) 对于授予分期解锁计划的公司，使用国际准则与中国准则而确认的费用可能比美国准则更快。

(3) 关于授予日和服务开始日的指引差异，可能导致相同的计划安排在国际准则下的费用确认比中国和美国准则下更早。

二、股份支付准则差异常见问题

问题1：上市公司甲公司授予员工一项奖励计划，根据奖励安排，甲公司将对从即日起服务满1年的员工授予一定金额人民币的奖励；在1年后的服务期满日，甲公司将根据该奖励金额以及自身股票当日市场的价值，发行相应数量的股票给员工。请问该项激励计划在美国准则、国际准则、中国准则中分别应如何分类？

答案：在国际准则、中国准则下，不管公司授予员工的股票是锁定了数量，还是锁定了对应金额，只要公司是以自身权益工具结算的激励计划，则该计划即为以权益结算的股份支付计划。

在美国准则下，相关股份支付准则要求区分负债和权益对股份支付计划进行分类。问题1中甲公司通过发行可变数量的股票来结算某一特定金额支付义务的情况，属于负债分类，因此，在美国会计准则下，该激励计划为以现金结算的股份支付计划。

问题2：上市公司乙公司向员工授予100份期权，该等期权将在未来4年每年年末可均匀行权(即每年年末25%可行权)。假设该期权计划条件只包含4年服务期的要求，不包含其他业绩条件。请问在美国准则、国际准则、中国准则下，未来4年乙公司分别应按什么方法确认费用？

答案：在国际准则、中国准则下，企业无会计政策选择权。由于该计划是在4年内分批次解锁，每批解锁的计划应看成一个单独的计划，并确认相应费用，即整个计划确认的费用呈现前高后低的特点。

在美国会计准则下，企业除可以选择采用与国际准则、中国准则一样的确认方法外，还

可选择仍将该计划作为一个整体计划，即相应费用在服务期内平均分摊。但需注意，该项准则差异仅针对包含服务条件的分批解锁激励计划。若计划包含业绩条件或市场条件，则在美国会计准则下，公司也不具有会计政策选择权，只能将每批解锁计划看作单独的计划，确认相应费用。

参考资料来源：根据普华永道微信公众号“财会聚焦”网络课程改编。

【案例启示】

1. 财务人员应做到与时俱进，终身学习，关注国内外会计准则的差异。

2. 比较中、美、国际股份支付准则的差异，体会我国股份支付准则的优越性，增强“四个自信”。

模块三 所得税会计

第八章　所得税会计实务

第八章

所得税会计实务

本章根据《企业会计准则第 18 号——所得税》和《企业会计准则第 18 号——所得税》应用指南编写，主要介绍所得税会计的含义、资产负债表债务法的原理、资产与负债的账面价值和计税基础、可抵扣暂时性差异和应纳税暂时性差异、递延所得税资产和递延所得税负债以及所得税费用的确认和计量等内容。

本章知识框架如下：

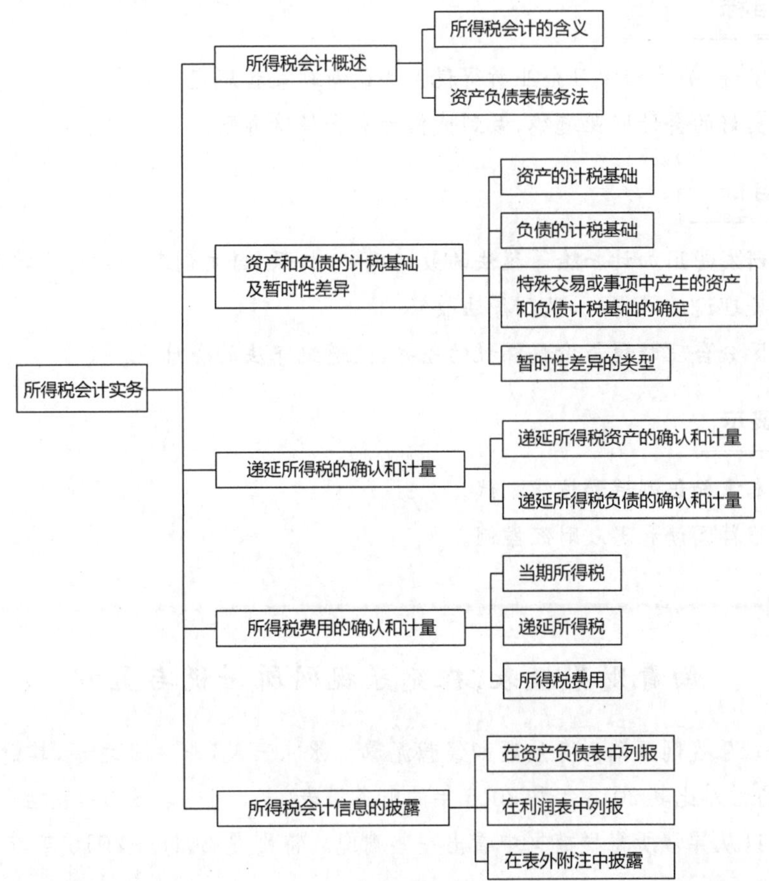

学习目标与成果展示

知识目标

❶ 阐述资产负债表债务法的含义。

❷ 掌握资产负债表债务法下资产和负债的账面价值与计税基础。

❸ 判断资产负债表债务法下暂时性差异的类型并计算其金额。

❹ 熟悉递延所得税负债和递延所得税资产的会计处理原理并应用。

❺ 熟悉所得税费用的会计处理原理并应用。

❻ 阐述所得税的附注披露内容。

能力目标

❶ 能够准确判断、计算、分析并处理所得税会计相关案例。

❷ 能够准确填写企业所得税纳税申报表。

素质目标

❶ 与时俱进，关注和学习企业所得税税法最新政策和规定。

❷ 具有良好的会计职业道德，做到诚信为本和坚持准则。

思政目标

❶ 关注研发费用加计扣除等税法的最新规定，加强“自主创新”和“自主学习”。

❷ 谨慎处理递延所得税，做到德法兼修。

❸ 正确区分合理避税与偷税漏税的差异，做遵纪守法的会计人。

成果展示

❶ 完成本章知识测试和技能测试。

❷ 自学推荐阅读和思政财经案例。

引导案例

细看财务报表，探究乐视网所得税与盈亏

众所周知，乐视网深陷财务质疑和经营泥潭。冰冻三尺，非一日之寒，其财务报表有何征兆？本文通过对比其2015年和2016年的财务报表(表8-1～表8-5)，包括合并报表和母公司报表，可以从异常所得税数据中看出一些端倪。特别是2015—2016年其所得税费用

数据持续为负数，即使2015年度合并利润总额为正时也是如此。此外，被报表使用者最为看重的指标“合并归属于母公司所有者的净利润”持续为正，即使2016年度合并净利润出现亏损时，该指标仍稳定在5亿元以上的水平。乐视网的这种“安排”使经营情况看上去没有那么糟糕。

表8-1　　合并利润表数据摘要　　单位：亿元

项目	2016年度	2015年度
利润总额	—3.29	0.74
所得税费用	—1.07	—1.43
净利润	—2.22	2.17
归属于母公司所有者净利润	5.55	5.73

表8-2　　母公司利润表数据摘要　　单位：亿元

项目	2016年度	2015年度
利润总额	1.56	6.95
所得税费用	0.84	0.73
净利润	10.72	6.22

表8-3　　合并资产负债表数据摘要　　单位：亿元

项目	2016年度	2015年度
递延所得税资产	7.63	5.07
递延所得税负债	0.03	0.01
应交所得税	1.72	1.75

表8-4　　母公司资产负债表数据摘要　　单位：亿元

项目	2016年度	2015年度
递延所税资产	0.53	0.27
递延所得税负债	0.03	0.01
应交所得税	6.39 (无企业所得税附注)	4.00 (无企业所得税附注)

表8-5　　递延所得税资产构成情况　　单位：元

项目	期末余额		期初余额	
	可抵扣暂时性差异	递延所得税资产	可抵扣暂时性差异	递延所得税资产
内部交易未实现利润	16 973 742.93	25 361 061.44	188 929 607.36	47 232 401.84
可抵扣亏损	2 602 199 425.40	650 549 856.36	1 696 948 005.00	424 237 001.25

（续表）

项目	期末余额		期初余额	
	可抵扣暂时性差异	递延所得税资产	可抵扣暂时性差异	递延所得税资产
坏账准备	463 494 431.03	78 612 500.65	204 414 434.86	33 878 127.25
存货跌价准备	29 844 291.01	7 461 072.75	3 300 877.24	825 219.31
无形资产减值准备	5 023 702.04	753 555.31	5 164 022.99	788 635.54
融资租赁摊销利息	4 035 837.37	605 375.60	1 933 794.55	290 069.18
合计	3 273 671 429.78	763 343 422.11	2 100 690 742.00	507 251 454.37

参考资料来源：根据《中国会计报》2018 年 1 月 12 日第 15 版文章《细看财务报表，探究乐视网所得税与盈亏》改编。

思考：为什么乐视网的所得税费用为负？所得税费用为负的企业还需要交纳企业所得税吗？什么是可抵扣暂时性差异？什么是递延所得税资产？递延所得税如何影响所得税费用？

第一节　所得税会计概述

一、所得税会计的含义

所得税会计是研究如何处理利润总额与应纳税所得额以及资产负债账面价值与计税基础之间差异的会计理论与方法的总称。

二、资产负债表债务法

（一）资产负债表债务法的含义

资产负债表债务法是指从资产负债表出发，通过比较资产负债表上列示的资产、负债按照会计准则规定确定的账面价值与按照税法规定确定的计税基础，对于两者之间的差异，区别为可抵扣暂时性差异与应纳税暂时性差异，确认相关的递延所得税资产和递延所得税负债，并在此基础上确定每一个会计期间利润表中所得税费用的一种方法。

（二）资产负债表债务法下所得税会计核算的一般程序

（1）按照相关会计准则，确定资产负债表中除了递延所得税资产和递延所得税负债以外的资产和负债项目的账面价值。

（2）按照企业会计准则中对于资产和负债计税基础的确定方法，以适用的税收法规为基础，确定资产负债表中有关资产、负债项目的计税基础。

（3）比较资产、负债的账面价值与其计税基础，对于两者之间存在差异的，分析其性质，除特殊情况外，分别确定为应纳税暂时性差异和可抵扣暂时性差异。

(4) 根据应纳税暂时性差异和可抵扣暂时性差异以及适用的税率，确定资产负债表日递延所得税负债和递延所得税资产的应有金额，并与期初递延所得税负债和递延所得税资产的余额相比，确定当期应予进一步确认的递延所得税资产和递延所得税负债金额或应予转销的金额，构成利润表中所得税费用的递延所得税。

(5) 将利润表中的所得税费用分为当期应交所得税和递延所得税两部分。

第二节　资产和负债的计税基础及暂时性差异

一、资产的计税基础

(一) 资产计税基础的含义

资产的计税基础是指企业在收回资产账面价值过程中，计算应纳税所得额时按照税法规定可以自应税经济利益中抵扣的金额，即某一项资产在未来期间计税时按照税法规定可以在税前扣除的金额。

(二) 资产计税基础的确定

资产在初始确认时，计税基础一般为取得时的成本。

资产的计税基础＝该资产未来期间可税前列支的金额

资产取得时的计税基础＝该资产初始确认时的成本(账面价值)

在资产持续持有的过程中，其计税基础是指资产的取得成本减去以前期间和当期按照税法规定已经在税前扣除金额后剩余的金额。

资产的计税基础＝该资产的成本－该资产以前已在税前列支的金额

＝该项资产未来可在税前列支的金额

1. 固定资产

以各种方式取得的固定资产的计税基础一般为其在取得时的账面价值。固定资产在持有期间进行后续计量时，由于会计准则和税法规定的折旧方法、折旧年限以及固定资产减值准备的计提等处理的不同，其账面价值和计税基础会存在差异。

固定资产的账面价值＝原值－累计折旧(会计准则)－减值准备

固定资产的计税基础＝原值－累计折旧(税法)

【例 8-1】　深广公司某项环保设备，原价为 1 000 万元，使用年限为 10 年，会计处理时按照直线法计提折旧，税收处理允许加速折旧，公司在计税时对该项资产按双倍余额递减法计提折旧，净残值为 0 元。计提了 2 年的折旧后，会计期末，公司对该项固定资产计提了 80 万元的固定资产减值准备。请分别计算深广公司该项设备会计期末的账面价值和计税基础。

解析：

固定资产的账面价值＝1 000－1 000÷10×2－80＝720（万元）

固定资产的计税基础＝1 000－1 000×20％－800×20％＝640（万元）

2. 无形资产

除了内部研究开发形成的无形资产，其他方式取得的无形资产，初始确认时其账面价值和计税基础一般不存在差异。对于内部研究开发形成的无形资产，其成本为开发阶段符合资本化条件以后至达到预定用途前发生的支出。税法规定，企业为开发新技术、新产品、新工艺发生的研究开发费用，形成无形资产的，按照无形资产成本的175％摊销。①

无形资产的账面价值＝原值

无形资产的计税基础＝原值×175％

无形资产在后续计量时，由于会计准则和税法规定的摊销年限和减值准备的计提等处理不同，其账面价值和计税基础会存在差异。税法规定，企业取得的无形资产的成本应在一定期限内摊销，合同、法律未明确规定摊销期限的，应按不少于10年的期限摊销。企业会计准则规定，无形资产应根据其使用寿命情况分为使用寿命有限的无形资产与使用寿命不确定的无形资产，对于使用寿命不确定的无形资产，不要求摊销，而应在会计期末进行减值测试。

使用寿命有限的无形资产的账面价值与计税基础的计算公式为：

无形资产的账面价值＝原值－累计摊销（会计）－减值准备

无形资产的计税基础＝原值－累计摊销（税法）

使用寿命不确定的无形资产的账面价值与计税基础的计算公式为：

无形资产的账面价值＝原值－减值准备

无形资产的计税基础＝原值－累计摊销（税法）

【例8-2】 2020年，深广公司为开发新技术、新产品、新工艺发生的研究开发支出为1 000万元，其中资本化形成无形资产的为600万元。请分别计算深广公司无形资产的账面价值和计税基础。

解析：

2020年的研究开发支出中，按照会计准则规定应予以费用化的金额为400万元，形成无形资产的成本为600万元，即期末形成无形资产的账面价值为600万元。

对于按照会计准则规定形成无形资产的部分，税法规定将无形资产成本的175％作为计算未来期间摊销额的基础，即该项无形资产在初始确认时的计税基础为1 050万元（600×175％）。

---

① 根据财政部、国家税务总局和科技部发布的《关于提高研究开发费用税前加计扣除比例的通知》文件，上述加计扣除比例适用的期间为2018年1月1日至2020年12月31日。

3. 以公允价值计量的金融资产

以公允价值计量的金融资产主要包括以公允价值计量且其变动计入当期损益的金融资产和以公允价值计量且其变动计入其他综合收益的金融资产两类。两者账面价值和计税基础的确定原理基本相同。

以公允价值计量且其变动计入当期损益的金融资产的账面价值和计税基础的计算公式为：

交易性金融资产的账面价值＝该资产会计期末的公允价值

交易性金融资产的计税基础＝该资产初始取得成本(不含交易费用)

以公允价值计量且其变动计入其他综合收益的金融资产的账面价值和计税基础计算公式为：

其他权益工具投资的账面价值＝该资产会计期末的公允价值

其他权益工具投资的计税基础＝该资产初始取得成本(含交易费用)

其他债权投资的账面价值＝该资产会计期末的公允价值

其他债权投资的计税基础＝“其他债权投资”账户除“公允价值变动”明细外的余额

【例8-3】 深广公司支付800万元取得一项以公允价值计量且其变动计入当期损益的金融资产，当期期末市价为860万元。税法规定，资产在持有期间公允价值变动不计入当期应纳税所得额，待处置时一并计算应计入应纳税所得额。请分别计算深广公司当期期末该项交易性金融资产的账面价值和计税基础。

解析：

交易性金融资产的账面价值＝860(万元)

交易性金融资产的计税基础＝800(万元)

4. 投资性房地产

企业持有的投资性房地产进行后续计量时，会计准则规定有两种模式，一种是成本模式，另一种是公允价值模式。

成本模式下的计算公式为：

投资性房地产的账面价值＝初始成本－投资性房地产累计折旧(或累计摊销)(会计)－减值准备

投资性房地产的计税基础＝初始成本－投资性房地产累计折旧(或累计摊销)(税法)

公允价值模式下的计算公式为：

投资性房地产的账面价值＝该资产会计期末的公允价值

投资性房地产的计税基础＝初始成本－投资性房地产累计折旧(或累计摊销)(税法)

【例8-4】 深广公司于2019年12月取得一办公楼，成本为3 000万元，公司将该办公楼全部出租，作为投资性房地产核算，公司对该项投资性房地产采用公允价值模式进行后续计量。2020年12月31日，该办公楼公允价值变动收益为500万元。假设税法规定该办公楼的折旧年限为30年，按直线法计提折旧，不考虑残值，自投入使用的次月开始计提折旧。请分别计算 2020 年 12 月 31 日深广公司该项投资性房地产的账面价值和计税基础。

解析：

投资性房地产的账面价值＝3 000＋500＝3 500（万元）

投资性房地产的计税基础＝3 000－3 000÷30＝2 900（万元）

5. 存货

根据会计准则，资产负债表日存货应该按照成本与可变现净值孰低计价，对可变现净值低于成本的部分计提存货跌价准备。但税法规定存货成本应在税前扣除，不认可存货在持有期间计提的减值准备，即存货的计税基础等于其成本。

存货的账面价值＝成本－减值准备

存货的计税基础＝成本

【例 8-5】 深广公司购入一批原材料，成本为 2 000 万元，当年计提存货跌价准备 600 万元。请分别计算深广公司当年期末存货的账面价值和计税基础。

解析：

存货的账面价值＝2 000－600＝1 400（万元）

存货的计税基础＝2 000（万元）

6. 应收账款

根据会计准则，应收账款的账面价值为扣除坏账准备后的金额。税法规定，不符合国家财政、税务部门规定的各项资产减值准备不允许税前扣除。因此，其计税基础应该是其账面余额。

应收账款的账面价值＝账户余额－坏账准备

应收账款的计税基础＝账户余额

【例 8-6】 2020 年 12 月 31 日，深广公司应收账款账面余额为 500 万元，坏账准备账面余额为 50 万元。请分别计算深广公司 2020 年期末应收账款的账面价值和计税基础。

解析：

应收账款的账面价值＝500－50＝450（万元）

应收账款的计税基础＝500（万元）

二、负债的计税基础

（一）负债计税基础的含义

负债的计税基础是指负债的账面价值减去未来期间计算应纳税所得额时按照税法规定可抵扣的金额。

（二）负债计税基础的确定

负债的确认与偿还一般既不会影响企业的损益，也不会影响应纳税所得额，未来期间计算应纳税所得额时按照税法规定可予以抵扣的金额为 0。因此，其计税基础与账面价值相等。但是，在某些情况下，负债的确认可能会影响企业的损益，进而影响不同期间的应纳税所得额，使其计税基础与账面价值产生差额。

负债的计税基础＝账面价值－未来期间按照税法规定可予税前扣除的金额

1. 预计负债

按照《企业会计准则第13号——或有事项》的规定，企业应将预计提供售后服务发生的支出满足有关确认条件时，在销售当期确认为费用，同时确认预计负债。但税法规定，销售产品有关的支出可于实际发生时税前扣除。由于该类事项产生的预计负债在期末的计税基础为其账面价值与未来期间可税前扣除的金额之间的差额，其计税金额为0。

因销售商品提供售后服务等原因确认的预计负债账面价值与计税金额的计算公式为：

预计负债的账面价值＝账户余额
预计负债的计税金额＝0

因关联方担保等其他事项确认的预计负债账面价值与计税金额的计算公式为：

预计负债的账面价值＝账户余额
预计负债的计税金额＝账户余额

【例8-7】 2020年，深广公司因销售产品承诺3年的保修服务，在当年利润表中确认了500万元的销售费用，同时确认为预计负债，当年未发生任何保修支出。按税法的规定，与产品售后服务有关的费用在实际发生时允许税前扣除。请分别计算深广公司2020年期末预计负债的账面价值和计税金额。

解析：

预计负债的账面价值＝500(万元)
预计负债的计税金额＝500－500＝0

2. 合同负债

合同负债计入当期应纳税所得额的(如房地产开发企业)，计税金额为0。

合同负债未计入当期应纳税所得额的，计税金额与账面价值相等。

【例8-8】 2020年12月31日，深广公司因销售商品收到客户预付的款项为500万元。

1. 预收的款项计入当期应纳税所得额

由于预收的款项已计入当期应纳税所得额，深广公司在以后年度减少合同负债确认收入时，按照税前会计利润计算应纳税所得额时应将其扣除。

合同负债的账面价值＝500(万元)

合同负债的计税基础＝账面价值－可从未来经济利益中扣除的金额＝500－500＝0

2. 预收的款项不计入当期应纳税所得额

合同负债的账面价值＝500(万元)

合同负债的计税基础＝账面价值－可从未来经济利益中扣除的金额＝500－0＝500(万元)

3. 应付职工薪酬

企业会计准则规定，企业为获得职工提供的服务给予各种形式的报酬以及其他相关支出均应作为企业的成本费用，在未支付之前确认为负债。税法允许企业对合理的职工薪酬进行税前扣除，但税法如果规定了税前扣除标准的，企业会计准则规定计入成本费用支出的金额超过规定标准部分应进行纳税调整。因超过部分在发生当期不允在税前扣除，在以后期间也不允许税前扣除，即该部分差额对未来期间计税不产生影响，所产生应付职工薪酬的账面价值等于计税基础。

【例8-9】 深广公司于2020年12月计入成本费用的职工工资总额为4 000万元，按税法的规定，该工资支出中允许税前扣除的金额为3 000万元。请分别计算深广公司2020年期末应付职工薪酬的账面价值和计税基础。

解析：

应付职工薪酬的账面价值＝4 000（万元）

应付职工薪酬的计税基础＝4 000－0＝4 000（万元）

4. 递延收益

对于确认为递延收益的政府补助，按税法的规定，该政府补助为免税收入，并不构成收到当期的应纳税所得额，未来期间会计上确认为收益时，也同样不作为应纳税所得额，不会产生递延所得税影响。

对于确认为递延收益的政府补助，按税法的规定，其应作为收到当期的应纳税所得额计缴企业所得税，该递延收益的计税金额为0。资产负债表日，该递延收益的账面价值与其计税基础之间将产生可抵扣暂时性差异。

5. 其他负债

其他负债，如企业应交的罚款和滞纳金等，在尚未支付之前按照会计规定应确认为费用，同时作为负债反映。但税法规定行政性的罚款和滞纳金不得税前扣除，其计税基础为账面价值减去未来期间计税时可予税前扣除的金额之间的差额，即计税基础等于账面价值。

【例8-10】 2020年12月，深广公司因违反有关环保法规的规定接到环保部门的通知，要求其支付罚款200万元，至2020年12月31日，该罚款尚未支付，形成其他应付款。税法规定，企业因违反国家法律、法规规定交纳的罚款、滞纳金不允许税前扣除。请分别计算深广公司2020年期末其他应付款的账面价值和计税基础。

解析：

其他应付款的账面价值＝200（万元）

其他应付款的计税基础＝200－0＝200（万元）

三、特殊交易或事项中产生的资产和负债计税基础的确定

除了企业在正常生产经营活动过程中取得的资产和负债，某些特殊交易中产生的资产、负债，其计税基础的确定应遵从税法规定，如企业在合并过程中取得的资产、负债计税

基础的确定。

对于以控股合并方式完成的非同一控制下企业合并，购买方取得的被购买方可辨认资产在购买方的合并报表中按照购买日的公允价值确认和计量，但这些资产的计税基础未发生变化。由于通常情况下资产的公允价值大于其计税基础，上述差异大多为应纳税暂时性差异，应按照会计准则的规定确认递延所得税负债。

对于以吸收合并方式进行的同一控制下企业合并，在合并不满足税法规定的免税条件时，合并方取得的被合并方资产的计税基础应调整为该等资产的公允价值，与会计上按照同一控制下企业合并原则确认的账面价值之间存在差异。由于通常情况下资产的账面价值小于按照公允价值确定的新的计税基础，上述差异为可抵扣暂时性差异，应按照会计准则的规定确认递延所得税资产。

对于与企业合并相关，因合并中取得可辨认资产、负债的账面价值与计税基础不同产生的暂时性差异的所得税影响，在控股合并的情况下，应于合并财务报表中确认。购买方或合并方的个别财务报表中产生差异可能源于相关长期股权投资的入账价值与计税基础，一般在长期股权投资初始确认时，企业应当确认相关的递延所得税影响。

四、暂时性差异的类型

暂时性差异是指资产、负债的账面价值与其计税基础不同产生的差额。

暂时性差异＝资产或负债账面价值－资产或负债的计税基础

根据暂时性差异对未来期间应纳税所得额的影响，其可以分为可抵扣暂时性差异和应纳税暂时性差异两类。

（一）可抵扣暂时性差异

可抵扣暂时性差异是指在确定未来收回资产或清偿负债期间的应纳税所得额时，将导致产生可抵扣金额的暂时性差异。该差异在未来期间转回时会减少转回期间的应纳税所得额和未来期间的应交所得税。在可抵扣暂时性差异产生当期，符合确认条件时，企业应当确认相关的递延所得税资产。

可抵扣暂时性差异一般产生于以下两种情况。

（1）资产的账面价值小于其计税基础，如[例 8-2]、[例 8-5]和[例 8-6]中资产产生的暂时性差异属于可抵扣暂时性差异。

（2）负债的账面价值大于其计税基础，如[例 8-7]和[例 8-8]中负债产生的暂时性差异属于可抵扣暂时性差异。

（二）应纳税暂时性差异

应纳税暂时性差异是指在确定未来收回资产或清偿负债期间的应纳税所得额时，将导致产生应税金额的暂时性差异，即在未来期间不考虑该事项影响的应纳税所得额的基础上，因为该暂时性差异的转回，转回期间的应纳税所得额和应交所得税将会的增加。由于应纳税暂时性差异在产生时实质上形成了企业的一项负债，其产生当期企业应当确认相关的递延所得税负债。

应纳税暂时性差异通常产生于以下两种情况。

(1) 资产的账面价值大于其计税基础，如[例 8-1]、[例 8-3]和[例 8-4]中资产产生的暂时性差异属于应纳税暂时性差异。

(2) 负债的账面价值小于其计税基础。

应纳税暂时性差异对应纳税所得额的影响是：差异发生(增加)时会导致应纳税所得额减少，差异转回(减少)时会导致应纳税所得额增加。

常见的产生应纳税暂时性差异的资产包括使用寿命不确定的无形资产、公允价值大于取得成本的金融资产、投资性房地产等。

(三) 特殊项目产生的暂时性差异

1. 未作为资产和负债确认的项目产生的暂时性差异

根据相关规定，企业发生的符合条件的广告费和业务宣传费支出，除另有规定外，不超过当年销售收入 15%的部分准予从应纳税所得额中扣除；超过部分准予在以后纳税年度结转扣除。该类费用在发生时按照会计准则的规定全部计入当期损益，不形成资产负债表中的资产，但按照税法的规定可以确定其计税基础，两者之间的差异为可抵扣暂时性差异。

2. 可抵扣亏损及税款抵减产生的暂时性差异

按照税法的规定可以结转以后年度的未弥补亏损及税款抵减，虽不是因资产、负债的账面价值与计税基础不同产生的，但与可抵扣暂时性差异具有同样的作用，均能够减少未来期间的应纳税所得额，进而减少未来期间的应交所得税，会计处理上视同可抵扣暂时性差异，在符合条件的情况下，企业应确认与其相关的递延所得税资产。

第三节 递延所得税的确认和计量

企业在计算确定可抵扣暂时性差异与应纳税暂时性差异后，应当按照所得税会计准则规定的原则确认相关的递延所得税资产和递延所得税负债。

一、递延所得税资产的确认和计量

(一) 确认递延所得税资产的情况

企业在确认递延所得税资产时，应当以预期收回该资产期间适用的所得税税率为基础计算确定。无论相关的可抵扣暂时性差异转回期间如何，递延所得税资产均不要求折现。其计算公式如下：

递延所得税资产余额＝可抵扣暂时性差异余额×转回期间适用的所得税税率

当期确认的递延所得税资产＝期末递延所得税资产余额－期初递延所得税资产余额

（二）不确认递延所得税资产的情况

在某些情况下，企业发生的某项交易或事项不属于企业合并，并且交易发生时既不影响会计利润也不影响应纳税所得额，且该项交易中产生的资产、负债的初始确认金额与其计税基础不同，产生可抵扣暂时性差异的，所得税会计准则规定在交易或事项发生时企业可不确认相应的递延所得税资产。

（三）递延所得税资产核算举例

【例 8-11】　2019 年，深广公司因销售产品承诺提供 3 年的保修服务，在当年利润表中确认了 500 万元的销售费用，同时确认为预计负债，当年未发生任何保修支出。按照税法的规定，与产品售后服务相关的费用在实际发生时允许税前扣除。深广公司适用的所得税税率为 25%，假定可抵扣暂时性差异期初无余额。

解析：

（1）与预计负债相关的账务处理。

借：销售费用	5 000 000	
贷：预计负债		5 000 000

（2）与递延所得税资产相关的账务处理。

如果深广公司当年实现利润总额为 1 200 万元，则 2019 年的应交所得税、递延所得税的金额为：

应纳税所得额＝1 200＋500＝1 700（万元）

应交所得税＝1 700×25%＝425（万元）

因预计负债产生的可抵扣暂时性差异＝500－0＝500（万元）

递延所得税资产的期末余额及本期发生额＝500×25%＝125（万元）

借：所得税费用	4 250 000	
贷：应交税费——应交所得税		4 250 000
借：递延所得税资产	1 250 000	
贷：所得税费用		1 250 000

合并会计分录为：

借：所得税费用	3 000 000	
递延所得税资产	1 250 000	
贷：应交税费——应交所得税		4 250 000

【例 8-12】　承[例 8-11]，深广公司在 2020 年实际发生产品质量保修费用 500 万元，当年计提的产品质量保修费用的预计负债为 100 万元。按照税法的规定，与产品售后服务相关的费用在实际发生时允许税前扣除。

解析：

（1）与预计负债相关的账务处理。

借：预计负债	5 000 000	
贷：银行存款		5 000 000

借：销售费用　　1 000 000

　贷：预计负债　　1 000 000

(2) 与递延所得税资产相关的账务处理。

如果深广公司当年实现利润总额为 1 200 万元，则其在 2020 年的应交所得税、递延所得税的金额为：

应纳税所得额＝1 200－500＋100＝800(万元)

应交所得税＝800×25%＝200(万元)

借：所得税费用　　2 000 000

　贷：应交税费——应交所得税　　2 000 000

因预计负债产生的可抵扣暂时性差异＝100－0＝100(万元)

递延所得税资产的期末余额＝100×25%＝25(万元)

递延所得税资产期初余额为 125 万元，本期发生额为－100 万元(25－125)，即冲减 100 万元。

借：所得税费用　　1 000 000

　贷：递延所得税资产　　1 000 000

合并会计分录为：

借：所得税费用　　3 000 000

　贷：应交税费——应交所得税　　2 000 000

　　　递延所得税资产　　1 000 000

二、递延所得税负债的确认和计量

(一) 确认递延所得税负债的情况

除了企业会计准则中明确规定可不确认递延所得税负债的情况，企业对于所有的应纳税暂时性差异均应确认相关的递延所得税负债。除了与直接计入所有者权益的交易或事项以及企业合并中取得资产、负债相关的事项，企业在确认递延所得税负债的同时，应增加利润表中的所得税费用。递延所得税负债应以相关应纳税暂时性差异转回期间按照税法规定适用的所得税税率计量。无论应纳税暂时性差异的转回期间如何，相关的递延所得税负债均不要求折现。

递延所得税负债的计算公式如下：

递延所得税负债余额＝应纳税暂时性差异余额×转回期间适用的所得税税率

当期确认的递延所得税负债＝期末递延所得税负债余额－期初递延所得税负债余额

(二) 不确认递延所得税负债的情况

(1) 商誉的初始确认。

(2) 对于除企业合并以外的其他交易或事项，如果该项交易或事项发生时既不影响会计利润，也不影响应纳税所得额，则所产生的资产、负债的初始确认金额与其计税基础不同，形成应纳税暂时性差异的，企业在交易或事项发生时可不确认相应的递延所得税负债。

(3) 与子公司、联营企业、合营企业投资等相关的应纳税暂时性差异，一般应确认相应的递延所得税负债，但同时满足以下两个条件的除外，一是投资企业能够控制暂时性差异转回的时间，二是该暂时性差异在可预见的未来很可能不会转回。

(三) 递延所得税负债核算举例

【例 8-13】 深广公司于 2018 年 12 月 31 日购入一台管理用设备，取得成本为 1 500 万元，会计上采用年限平均法计提折旧，该设备的预计使用年限为 5 年，预计净残值为 0，因该资产长年处于强震动状态，计税时按年数总和法计提折旧，预计使用年限及净残值与会计估计相同。深广公司适用的所得税税率为 25%。假定该企业不存在其他会计与税收处理的差异。

要求：编制深广公司 2019 年 12 月 31 日和 2020 年 12 月 31 日与所得税有关的会计分录。

解析：

(1) 2019 年 12 月 31 日，深广公司的账务处理。

资产的账面价值＝1 500－1 500÷5×1＝1 200(万元)

资产的计税基础＝1 500－1 500×5÷15＝1 000(万元)

递延所得税负债的期末余额及本期发生额＝(1 200－1 000)×25%＝50(万元)

借：所得税费用　　500 000

　　贷：递延所得税负债　　500 000

(2) 2020 年 12 月 31 日，深广公司的账务处理。

资产的账面价值＝1 500－1 500÷5×2＝900(万元)

资产的计税基础＝1 500－1 500×5÷15－1 500×4÷15＝600(万元)

递延所得税负债的期末余额＝(900－600)×25%＝75(万元)

递延所得税负债的本期发生额＝75－50＝25(万元)

借：所得税费用　　250 000

　　贷：递延所得税负债　　250 000

第四节　所得税费用的确认和计量

所得税会计的主要目的是确定当期所得税以及利润表中的所得税费用。在按照资产负债表债务法核算所得税的情况下，利润表中确认的所得税费用或收益由当期所得税和递延所得税两部分组成。

一、当期所得税

当期所得税是指企业按照税法规定针对当期发生的交易或者事项，计算确定的应向国家交纳的所得税金额，即当期应交所得税。

应纳税所得额＝利润总额±纳税调整项目

＝利润总额＋会计确认为费用但计税时不允许税前扣除的费用

－会计确认为收益而税法规定不征税的收益＋会计未确认为收益而税法要求确认的收益

－会计未确认为费用而税法允许在税前扣除的费用±其他需要调整因素

当期所得税＝应纳税所得额×适用的所得税税率

二、递延所得税

递延所得税是指按照所得税会计准则规定当期应予以确认的递延所得税资产和递延所得税负债的合称。其金额是递延所得税资产和递延所得税负债当期发生额的综合结果，但不包括计入所有者权益的交易或事项的所得税影响金额。

当期递延所得税＝（递延所得税负债的期末余额－递延所得税负债的期初余额）－（递延所得税资产的期末余额－递延所得税资产的期初余额）

三、所得税费用

企业在计算确定当期所得税及递延所得税以后，利润表中应予以确认的所得税费用为两者之和。其计算公式如下：

所得税费用＝当期所得税＋当期递延所得税

＝当期所得税＋当期确认的递延所得税负债－当期确认的递延所得税资产

【例 8-14】 2020 年，深广公司按会计准则规定确定的会计利润为 1 000 万元，资产负债表中有关资产、负债的账面价值与其计税基础如表 8-6 所示，除所列项目外，其他资产、负债项目不存在会计和税法的差异。假定递延所得税资产及递延所得税负债不存在期初余额，企业所得税税率为 25%。请计算 2020 年深广公司应纳税所得额、应交所得税、应确认的递延所得税资产及递延所得税负债和 2020 年利润表中的所得税费用，并进行相应的账务处理。

表 8-6　　深广公司 2020 年年末各资产负债项目账面价值、计税基础及其差异表

单位：万元

项目	账面价值	计税基础	应纳税暂时性差异	可抵扣暂时性差异
存货	1 600	1 800		200
固定资产	740	640	100	
交易性金融资产	220	160	60	
预计负债	100	0		100
合计			160	300

解析：

深广公司可抵扣暂时性差异的期末余额＝200＋100＝300(万元)

应纳税暂时性差异的期末余额＝100＋60＝160(万元)

应纳税所得额＝1 000＋300－160＝1 140(万元)

当期应交所得税＝1 140×25％＝285(元)

当期应确认递延所得税资产＝(300－0)×25％＝75(万元)

当期应确认递延所得税负债＝(160－0)×25％＝40(万元)

深广公司利润表中的所得税费用＝当期应交所得税＋递延所得税负债增加－递延所得税资产增加＝285＋40－75＝250(万元)

账务处理如下：

借：所得税费用	2 500 000	
递延所得税资产	750 000	
贷：应交税费——应交所得税		2 850 000
递延所得税负债		400 000

第五节　所得税会计信息的披露

所得税会计信息的披露包括在表内列报和在表外附注中披露，其中在表内列报包括在资产负债表中列报和在利润表中列报。

一、在资产负债表中列报

应交税费(应交所得税)作为流动负债列示，递延所得税资产和递延所得税负债一般应当分别作为非流动资产和非流动负债在资产负债表中单独列示。

二、在利润表中列报

所得税费用在利润表中单独列报。

三、在表外附注中披露

对于所得税的核算结果，企业除了在资产负债表和利润表中列示，还应当在表外附注中披露与所得税有关的下列信息。

(1) 所得税费用(收益)的主要组成部分。

(2) 所得税费用(收益)与会计利润关系的说明。

(3) 未确认递延所得税资产的可抵扣暂时性差异和可抵扣亏损的金额(如果存在到期日，还应披露到期日)。

(4) 对每一类暂时性差异和可抵扣亏损，在列报期间确认的递延所得税资产或递延所得税负债的金额,以及确认递延所得税资产的依据。

(5) 未确认递延所得税负债的,与对子公司、联营企业及合营企业投资相关的暂时性差异金额。

本章小结

所得税会计是企业所得税税法与企业会计准则相互影响、相互作用的结果。由于会计利润与应纳税所得额之间差异的处理方法持有不同的观点,从而产生了不同的所得税会计处理方法。本章重点介绍了资产负债表债务法的原理,所得税会计的一般程序,资产和负债的计税基础与暂时性差异的计算、递延所得税资产和递延所得税负债以及所得税费用的确认和计量。

在资产负债表债务法中,资产与负债的账面价值与计税基础的差额形成了暂时性差异。暂时性差异又分为应纳税暂时性差异和可抵扣暂时性差异。应纳税暂时性差异通常产生于以下情况:资产的账面价值大于其计税基础;负债的账面价值小于其计税基础。可抵扣暂时性差异通常产生于以下情况:资产的账面价值小于其计税基础;负债的账面价值大于其计税基础。

除特殊情况外,企业应当确认所有应纳税暂时性差异产生的递延所得税负债。除直接计入所有者权益的交易或事项以及企业合并外,企业在确认递延所得税负债的同时,应增加利润表中的所得税费用。其计算公式为:

$$\text{递延所得税负债余额}=\text{应纳税暂时性差异余额}\times\text{适用所得税税率}$$

企业应当以很可能取得用来抵扣可抵扣暂时性差异的应纳税所得额为限,确认由可抵扣暂时性差异产生的递延所得税资产。同递延所得税负债的计量原则相一致,企业在确认递延所得税资产时,应估计相关可抵扣暂时性差异的转回期间,采用转回期间适用的所得税税率为基础计算确定。其计算公式为:

$$\text{递延所得税资产余额}=\text{可抵扣暂时性差异余额}\times\text{适用所得税税率}$$

根据应纳税所得额计算的当期所得税和根据暂时性差异确认的递延所得税,共同组成了利润表中的所得税费用。

递延所得税资产和递延所得税负债的当期发生额(不包括计入所有者权益的交易或事项的所得税影响)之间的关系用公式表示为:

$$\begin{matrix}\text{递延所得税费用}\\\text{(或收益)}\end{matrix}=\begin{matrix}\text{当期递延所得税}\\\text{负债的增加}\end{matrix}+\begin{matrix}\text{当期递延所得}\\\text{税资产的减少}\end{matrix}-\begin{matrix}\text{当期递延所得税}\\\text{负债的减少}\end{matrix}-\begin{matrix}\text{当期递延所得}\\\text{税资产的增加}\end{matrix}$$

所得税费用等于当期所得税与递延所得税费用(收益)之和。

重要名词中英文对照

企业所得税 corporate income tax

资产负债表债务法 debt method based on balance sheet

计税基础 basis of taxation

暂时性差异 temporary differences

应纳税额暂时性差异 taxable temporary differences

可抵扣暂时性差异 deductible temporary differences

递延所得税资产 deferred tax assets

递延所得税负债 deferred tax liabilities

所得税费用 income tax expense

商誉 goodwill

其他综合收益 other consolidated income

励志阅读

8-1　Our Deepest Fear

知识测试

一、单选题

1. 下列各项中，企业在计算应纳税所得额时应当纳税调减的是(　　)。

A. 计提固定资产减值准备

B. 行政性罚款支出

C. 发生的业务招待费税法上不允许扣除部分

D. 确认国债利息收入

2. 下列各种情形中，会产生可抵扣暂时性差异的是(　　)。

A. 负债的账面价值大于其计税基础　　B. 资产的账面价值等于其计税基础

C. 负债的账面价值小于其计税基础　　D. 资产的账面价值大于其计税基础

3. 下列项目中，不会产生暂时性差异的是(　　)。

A. 会计上固定资产的账面价值与其计税基础不一致

B. 确认国债利息收入同时确认的资产

C. 以公允价值计量且其变动计入当期损益的金融资产确认公允价值变动

D. 存货计提存货跌价准备

4. 甲公司 2020 年税前会计利润为 310 万元，某项固定资产税法按平均年限法计提折旧 90 万元，会计按年数总和法计提折旧 180 万元，所得税税率为 25%。甲公司 2020 年应交所得税为(　　)万元。

A. 100　　B. 55　　C. 77.5　　D. 400

5. 甲公司于 2020 年年初以 2 100 万元取得一项投资性房地产，采用公允价值模式计量。2020 年年末该项投资性房地产的公允价值为 2 400 万元。税法规定该投资性房地产按照

30年计提折旧，假设不计残值。2020年年末该项投资性房地产的计税基础和账面价值分别为（　　）万元。

A. 2 030，2 030　　B. 2 100，2 030　　C. 2 030，2 400　　D. 2 400，2 100

6. 甲公司于2020年1月1日用银行存款1 000万元购入3年期到期时一次还本付息国债，作为债权投资（原为持有至到期投资）。该国债面值为1 000万元，票面利率为4.2%，实际利率为4.2%。假定国债利息免交所得税。2020年12月31日，该国债的计税基础为（　　）万元。

A. 0　　B. 958　　C. 1 042　　D. 1 000

7. 甲公司2019年为研制新产品、新技术发生研发支出共计1 000万元，其中资本化形成无形资产的为600万元。税法规定企业为开发新技术、新产品、新工艺发生的研究开发费用，未形成无形资产计入当期损益的，在按照规定据实扣除的基础上，按照研究开发费用的75%加计扣除；形成无形资产的，按照无形资产成本的175%摊销。甲公司在2020年1月开始对该无形资产进行摊销。假定税法和会计准则均规定该无形资产按10年摊销，则2020年年末产生的暂时性差异为（　　）。

A. 0　　B. 应纳税暂时性差异675万元

C. 可抵扣暂时性差异675万元　　D. 可抵扣暂时性差异405万元

8. 下列项目中，不属于可抵扣暂时性差异的是（　　）。

A. 固定资产按照税法规定采用加速折旧方法，而会计采用年限平均法计提折旧

B. 计提存货跌价准备

C. 计提产品保修费用

D. 计提无形资产减值准备

9. 下列事项中，按照会计准则应确认相应的递延所得税负债的是（　　）。

A. 其他权益工具投资产生的应纳税暂时性差异

B. 商誉的初始确认

C. 发生的既不影响会计利润，也不影响应纳税所得额的事项，产生的可抵扣暂时性差异

D. 发生的既不影响会计利润，也不影响应纳税所得额的事项，形成的应纳税暂时性差异

10. 甲公司于2018年12月26日购入一台不需安装的设备，原价为3 000万元，预计净残值为0元。税法规定的折旧年限为5年，按直线法计提折旧。会计准则规定按照3年计提折旧，按直线法计提折旧。2021年1月1日，公司所得税税率由25%降为15%。甲公司预计将来会产生足够的会计利润，且除该事项外，无其他纳税调整事项。甲公司采用资产负债表债务法进行所得税会计处理。甲公司2020年年末资产负债表中"递延所得税资产"账户的金额为（　　）万元。

A. 12　　B. 60　　C. 192　　D. 120

二、多选题

1. 关于所得税的下列说法中，正确的有（　　）。

A. 资产的账面价值大于其计税基础产生应纳税暂时性差异

B. 企业应将所有可抵扣暂时性差异确认为递延所得税资产

C. 本期递延所得税负债发生额不一定会影响本期所得税费用

D. 本期递延所得税资产发生额不一定会影响本期所得税费用

2. 下列表述中，正确的有(　　)。

A. 资产负债表日，有确凿证据表明未来期间很可能获得足够的应纳税所得额用来抵扣可抵扣暂时性差异的，应当确认以前期间未确认的递延所得税资产

B. 企业取得的其他权益工具投资因公允价值下降应确认递延所得税负债

C. 递延所得税资产的确认应以未来期间可能抵扣的应纳税所得额为限

D. 与直接计入所有者权益的交易或事项相关的可抵扣暂时性差异，相应的递延所得税资产应计入所有者权益

3. 下列项目中，可能使本期所得税费用减少的有(　　)。

A. 本期递延所得税负债贷方发生额

B. 本期递延所得税负债借方发生额

C. 本期递延所得税资产贷方发生额

D. 本期递延所得税资产借方发生额

4. 下列各种情形中，会产生应纳税暂时性差异的有(　　)。

A. 可抵扣亏损

B. 资产的账面价值大于其计税基础

C. 负债的账面价值小于其计税基础

D. 资产的账面价值小于其计税基础

5. 下列有关计税基础的表述中，正确的有(　　)。

A. 应付职工薪酬不会产生暂时性差异

B. 资产的计税基础＝资产的账面价值－以前期间已税前列支的金额

C. 资产的计税基础＝资产的成本－以前期间已税前列支的金额

D. 负债的计税基础＝账面价值－以前期间已税前列支的金额

三、判断题

1. 在资产负债表债务法下，期末递延所得税资产或递延所得税负债的余额等于期末所有暂时性差异与现行税率的乘积。(　　)

2. 按照现行准则规定，企业利润表的所得税费用等于当期应纳税所得额乘以所得税税率。(　　)

3. 企业应当对递延所得税资产和递延所得税负债进行折现。(　　)

4. 企业合并中产生的商誉，其账面价值与计税基础不同形成的应纳税暂时性差异，不应确认递延所得税负债。(　　)

5. 企业内部研发形成的无形资产，在初始确认时账面价值和计税基础之间存在差异，企业应确认相应的递延所得税。(　　)

四、综合题

1. 甲公司2020年度实现的利润总额为2 000万元，所得税采用资产负债表债务法核算，适用的所得税税率为25%，递延所得税资产和递延所得税负债期初无余额。甲公司2020年度与所得税有关的经济业务如下：

(1) 2019年12月购入管理用固定资产，原价为300万元，预计净残值为15万元，预计使用年限为10年，按双倍余额递减法计提折旧，税法规定按年限平均法计提折旧，折旧年限与预计净残值和会计规定相一致。

(2) 2020年1月1日，甲公司支付价款120万元购入一项专利技术，企业根据各方面情况判断，无法合理预计其为企业带来的经济利益的期限，将其视为使用寿命不确定的无形资产。假定税法规定此专利技术摊销年限为10年，采用直线法摊销，无残值。2020年12月31日，该无形资产的可收回金额为90万元，甲公司对该项无形资产计提减值。

(3) 2020年甲公司因销售产品承诺免费的保修服务，未构成单项履约义务，按照或有事项处理。甲公司年末预计负债账面余额为80万元，当年度未发生任何保修支出，按照税法规定，与产品售后服务有关的费用在实际支付时抵扣。

(4) 2020年8月4日甲公司购入一项以公允价值计量且其变动计入其他综合收益的金融资产(债务工具)，取得成本为900万元，2020年12月31日该项以公允价值计量且其变动计入其他综合收益的金融资产(债务工具)公允价值为1 020万元，假定税法规定，以公允价值计量且其变动计入其他综合收益的金融资产(债务工具)持有期间公允价值变动金额不计入应纳税所得额，待出售时一并计入应纳税所得额。

假定不考虑其他因素。

要求：

(1) 计算甲公司2020年应纳税所得额和应交所得税金额。

(2) 计算甲公司2020年12月31日递延所得税资产和递延所得税负债余额。

(3) 计算甲公司2020年所得税费用金额并编制与所得税相关的会计分录。

技能测试

项目三　企业所得税纳税申报实验

一、实验目的与要求

目的：使用excel软件模拟税务系统进行纳税申报，使学生熟练掌握一般企业按季度预交年度汇算清缴方式下的企业所得税纳税申报表的填写，并掌握企业所得税相关的账务处理。

要求：学生根据万万没想到卷烟公司2019年度发生的经济业务计算当年企业所得税的应纳税所得额和应交所得税，并完成相关账务处理和利润表填制，然后填报季度预交纳税申报表和年度纳税申报表主表及主要附表。学生以小组为单位，根据角色分工进行交叉稽核，并完善相关签章，最后完成过程考核记录表。

二、企业信息

（一）基本信息

企业名称：万万没想到卷烟公司

企业性质：股份有限公司

法定代表人：王大锤

企业地址及电话：河北省涿州市桃园路163号，8213567

开户银行及账号：工商银行桃园分理处，0309200401100702321

统一社会信用代码：130500002320304725

主管税务机关：河北省涿州市国家税务局

（二）其他信息

该公司企业所得税每季度按实际利润额（假定实际利润额根据利润表中利润总额金额确定）预交，纳税年度终了后4个月汇算清缴。

该公司固定资产和无形资产的预计残值均为0。企业适用的企业所得税税率为25%。

该公司没有分支机构，属于独立的法人实体。

三、2019年企业各季度的情况

1. 第一季度

（1）取得销售收入3 540 000元。

（2）发生销售成本1 800 000元。

（3）本季度实际利润额1 096 738元。

2. 第二季度

（1）取得销售收入4 425 000元。

（2）发生销售成本1 762 500元。

（3）本季度实际利润额2 019 238元。

3. 第三季度

（1）取得销售收入3 186 000元。

（2）发生销售成本1 583 600元。

（3）本季度实际利润额959 138元。

4. 第四季度

（1）取得销售收入3 717 000元。

（2）发生销售成本1 805 612元。

（3）本季度实际利润额1 268 126元。其中：全年取得销售收入为12 744 000元，发生的成本为6 097 112元；提供劳务收入为578 200元，发生的成本为256 200元；让渡资产使用权收入为500 000元，发生的成本为180 000元；材料销售收入为1 008 000元，发生的成本为408 400元；包装物出租收入为37 800元，发生的成本为10 000元；处置固定资产净收益为18 600元；捐赠收入为80 000元；固定资产盘亏为8 000元（作为非常损失，会计处理计入营业外支出，假定税法不允许税前扣除）；支付税收滞纳金102 152元。

2019 年企业各季度从业人员和资产总额情况如表 8-7 所示。

表 8-7　　2019 年各季度从业人员和资产总额情况表

季　度	季初从业人数(人)	季末从业人数(人)	季初资产总额(万元)	季末资产总额(万元)
第一季度	520	531	6 210	6 337
第二季度	531	530	6 337	6 582
第三季度	530	532	6 582	6 391
第四季度	532	530	6 391	6 149

四、2021 年企业发生业务的情况

(1) 发生销售费用 46 000 元。

(2) 发生管理费用 26 500 元。

(3) 发生财务费用 8 200 元。

(4) 取得营业外收入 80 000 元,资产处置损益(净收益)18 600 元,发生营业外支出 110 152元,工资费用税收金额为 1 842 704 元,账载金额为 2 199 600 元,职工工会经费税收金额为 36 854.08 元,账载金额为 43 992 元,职工福利费税收金额为 257 978.56 元,账载金额为 87 984 元,教育经费税收金额为 147 416.32 元,账载金额为 156 338.72 元(职工教育经费前期无未抵扣金额)。

(5) 住房公积金税收和账载金额为 92 148 元。

(6) 发生各类基本社会保障性交款账载金额为 162 688.8 元,税收金额为 144 804 元。

(7) 收到国债利息收入 3 200 元。

(8) 安置残疾人员所支付的工资 10 586 元(税法规定可加计扣除)。

(9) 安置国家鼓励的其他就业人员所支付的工资 3 000 元(税法规定可加计扣除)。

(10) 企业购置用于节能节水和安全生产专用设备的费用分别是 250 000 元和 500 000 元(税法规定可按设备投资额的 10%抵免所得税额)。

(11) 以公允价值计量且其变动计入当期损益的金融资产期初账载金额为 120 000 元,计税基础为 100 000 元,期末账载金额为 135 000 元(见表 8-8)。

表 8-8　　交易性金融资产各季度末的公允价值明细表

单位：元

时　　间	公允价值	时　　间	公允价值
第一季度末	125 000	第三季度末	132 000
第二季度末	130 000	第四季度末	135 000

(12) 本年度广告费和业务宣传费支出为 753 200 元,其中不允许扣除的广告费和业务宣传费支出为 32 000 元(假定前期无未抵扣金额)。本年度业务招待费税收金额为 74 340 元,账载金额为 65 000 元。

(13) 固定资产账面原值为1 265万元。其中：房屋建筑物为600万元，其计税基础为500万元，折旧年限都是70年；机器生产设备为400万元，计税基础为360万元，折旧年限都是10年；生产有关的工具为50万元，折旧年限为8年，计税基础为40万元，折旧年限为6年；运输工具为65万元，折旧年限为8年，计税基础为52万元，折旧年限为6年；电子设备为150万元，折旧年限为5年，计税基础为135万元，税法折旧年限为3年。

(14) 无形资产专利权账面原值为90万元，计税基础为80万元，摊销年限都为12年。

(15) 期初的坏账准备为25 000元，本期转回坏账准备10 000元，本期计提20 000元。

(16) 本期计提固定资产减值1 000元，期初无余额。

(17) 发生税金及附加为2 487 996元。

五、实验要求

(1) 计算该企业2019年应交纳的企业所得税税额。

(2) 计算2019年各季度确认的递延所得税、所得税费用(假定按季度核算递延所得税)，并编制季度预交和年度汇算清缴企业所得税相关的记账凭证。

2019年年初资产负债表中部分项目明细如表8-9所示。

表8-9　　2019年年初资产负债表部分项目明细表

单位：元

项　目	账面价值	计税基础	可抵扣暂时性差异	应纳税暂时性差异
交易性金融资产	120 000.00	100 000.00		20 000.00
应收账款	225 000.00	250 000.00	25 000.00	
固定资产	11 720 535.71	9 835 238.09		1 885 297.62
无形资产	825 000.00	733 333.33		91 666.67
合计	12 890 535.71	10 918 571.42	25 000.00	1 996 964.29

(3) 填制企业2019年度利润表和企业所得税纳税申报表。

六、作业提交

(1) 以小组为单位提交一份excel版纳税申报表，含利润表和记账凭证等，文件命名为“万万没想到卷烟公司纳税申报表(小组名称)”，表格格式见附件1。

(2) 以小组为单位提交一份word版“全过程考核记录表”，文件命名为“高级财务会计项目三全过程考核记录表(小组名称)”，里面包括小组分工、实验完成进度安排、遇到的问题及解决方案以及实验小结等内容，表格格式同项目一附件2。

附件1：项目三相关表格

8-2 项目三相关表格

推荐阅读

1. 王军.上市公司利用所得税会计准则进行盈余管理研究——以DT国际公司为例[J].财务管理研究,2021(10):12-17.

2. 刘诗琴,唐好.企业递延所得税会计信息质量研究——基于水井坊的案例分析[J].中国注册会计师,2019(08):123-125.

3. 刘沙沙.僵尸企业递延所得税资产畸高的盈余管理研究[J].财会通讯,2022(04):124-128.

8-3 第8章推荐阅读1

8-4 第8章推荐阅读2

8-5 第8章推荐阅读3

思政财经案例

改革开放40年,企业所得税巨变

中国改革开放40年,企业所得税征收标准发生巨大变化。改革开放前,国家对国营企业一度没有征收企业所得税,只让其上交利润,而且国家从集体企业征收上来的税额也很少。改革开放后,随着经济的壮大和企业所得税法的完善,2017年征收企业所得税为32 111万元,占同期税收收入总额比例为22.24%。征收的依据从法规上升到内外资企业统一适用的企业所得税法。防止税基侵蚀和利润转移的措施更加完备。

一、改革开放前的企业所得税(1949—1978年)

1949年,首届全国税务会议通过统一全国税收政策的基本方案,其中包括对企业所得征税的办法。1950年,政务院发布《全国税政实施要则》,规定全国设置14种税收,涉及对所得征税的有工商业税(所得税部分)、存款利息所得税和薪资报酬所得税。工商业税(所得税部分)自1950年起开征,征税对象是私营企业、集体企业和个体工商户的应税所得。国营企业因政府有关部门直接参与经营和管理,其财务核算制度与一般企业差异较大,实行利润上交制度,不交纳所得税。这种制度设计适应了当时中国高度集中的计划经济管理体制的需要。

1958年和1973年两次重大的税制改革,核心是简化税制,其中的工商业税(所得税部分)主要还是对集体企业征收,国营企业只征一道工商税,不征所得税。这个阶段税收收入占财政收入的比重约占50%左右,国营企业上交的利润仍是国家财政收入主要来源之一。在税收收入中,国内销售环节征收的货物税和劳务税是主体收入,占税收总额的70%以上,工商企业上交的所得税占税收总额的比重较小。

二、改革开放初期的企业所得税(1978—1990年)

从1978年开始,随着对内改革、对外开放政策的实行,我国出现了多种经济成分、多种经营方式。原有的单一税收制度因税种过少，难以适应新形势，也不利于对外开放政策的执行。集体商业和个体工商业户的税负偏重，不利于多种经济成分公平竞争。1980 年 9 月，五届全国人大三次会议通过《中华人民共和国中外合资经营企业所得税法》并公布施行。企业所得税税率确定为 30%，另按应纳所得税额附征 10%的地方所得税。1981 年 12 月，五届全国人大四次会议通过《中华人民共和国外国企业所得税法》，实行 20%～40%的五级超额累进税率，另按应纳税的所得额附征 10%的地方所得税。上述改革标志着与中国社会主义有计划的市场经济体制相适应的所得税制度体系逐步完善。

同时，通过两步"利改税"所确立的国营企业所得税突破了对国营企业不征收所得税的禁区。1983 年实行第一步"利改税"，即将实行了三十多年的国营企业向国家上交利润改为交纳企业所得税。次年实施第二步"利改税"，1984 年 9 月，国务院颁布《中华人民共和国国营企业所得税条例（草案）》和《国营企业调节税征收办法》，国营企业所得税的纳税人为实行独立核算的国营企业，国营大中型企业实行 55%的税率，国营小型企业按 10%～55%的八级超额累进税率，并对国营大中型企业征收国营企业调节税，税率由财税部门商企业主管部门核定，税后利润原则上归企业支配。两步"利改税"基本理顺了国家与企业的利润分配关系，用法律的形式将国家与企业的分配关系固定下来，扩大了企业自主权，增强了企业活力，也使国家财政收入有了稳定增长。

1985 年 4 月，为统一不同行业集体企业所得税征收标准，适应国民经济新的发展形势，国务院颁布《中华人民共和国集体企业所得税暂行条例》。集体企业所得税成为一个独立的税种，实行 10%～55%的八级超额累进税率。

随着以雇佣劳动为主、从事商品生产经营的私营企业的发展，1988 年 4 月，《中华人民共和国宪法》肯定了私营经济的合法地位。为了引导私营经济的健康发展，国务院于 1988 年6 月发布《中华人民共和国私营企业所得税暂行条例》，对私营企业所得税实行 35%的比例税率。

三、内外资有别的企业所得税（1991—2007 年）

为适应中国建立社会主义市场经济体制的新形势，我国先后完成了外资企业所得税的统一和内资企业所得税的统一。1991 年 4 月，七届全国人大将《中华人民共和国中外合资经营企业所得税法》与《中华人民共和国外国企业所得税法》合并，制定《中华人民共和国外商投资企业和外国企业所得税法》，同年 7 月 1 日起施行。外商投资企业和外国企业所得税适用于外资企业，征税对象是外商投资企业和外国企业的生产经营所得和其他所得。企业基本上实行成本费用税前据实扣除，实行 30%的比例税率，另按应纳税所得额征收 3%的地方所得税，综合税率为 33%。为加大吸引外商投资的力度，国家实施了一系列税收优惠政策，包括生产性外商投资企业享受企业所得税"两免三减半"，投资港口码头和能源类的外资企业享受企业所得税"五免五减半"，对设在经济特区、经济技术开发区等地区的生产性外资企业实行 15%和 24%低税率等。

1993 年 12 月 13 日，国务院将《中华人民共和国国营企业所得税条例（草案）》《国营企业调节税征收办法》《中华人民共和国集体企业所得税暂行条例》和《中华人民共和国私营企业所得税暂行条例》整合为《中华人民共和国企业所得税暂行条例》，自 1994 年 1 月 1 日起施行。企业所得税适用于内资企业，纳税人为中国境内的国有企业、集体企业、私营企业、联营企业、股份制企业和其他组织。征税对象为纳税人来源于中国境内、境外的生产经营所得和其他所得。企业在工资性支出、公益性捐赠、广告费、职工教育经费、职工福利费和职工工会经费等方面实行限额内或标准内税前扣除。法定税率为 33%，年应纳税所得额在 3 万元以下的适用 18%的税率，年应纳税所得额为 10 万～3 万元的适用 27%的照顾性税率。

上述改革标志着中国的所得税制度改革向着法治化、科学化和规范化的方向迈出了重要的一步，也形成两套企业所得税制并存的格局。两套税制在税制要素，包括纳税人、扣除项目、优惠政策等方面都存在差异。

四、内外资统一的企业所得税（2008 年至今）

如前所述，2008 年 1 月 1 日以前，我国的企业所得税按内资、外资企业分别立法。内外资有别的企业所得税制度在一定程度上导致了税负不公，进而出现有的企业假冒外资企业以获取税收优惠等问题。2007 年 3 月 16 日，十届全国人大五次会议通过《中华人民共和国企业所得税法》，同年 11 月 28 日国务院第 197 次常务会议通过《中华人民共和国企业所得税法实施条例》，均从次年 1 月 1 日起施行。它平衡了内、外资企业的所得税负担，完善了所得税扣除、优惠等政策，规范了征收管理。标志着我国税制现代化建设迈出重大步伐，具有划时代的意义。

《企业所得税法》规定：对内外资企业实施统一的企业所得税法和税率、统一的税前扣除办法和标准、统一的税收优惠政策；对符合条件的小型微利企业实行 20%的优惠税率，对国家需要重点扶持的高新技术企业实行 15%的优惠税率，扩大对创业投资企业以及企业投资于环保、节能节水、安全生产等方面的税收优惠；增加企业从事环境保护项目的所得和符合条件的技术转让所得可享受减免税优惠等方面的内容；保留原税法对农、林、牧、渔业，基础设施投资的税收优惠政策，对原税法中劳服企业、福利企业、资源综合利用企业的直接减免税政策采取替代性优惠政策。

企业（公司）所得税最容易引起税基侵蚀和利润转移，世界各国对此十分关注。2013 年 9 月，二十国集团圣彼得堡峰会领导人声明：跨境逃税避税侵蚀公共财政和民众对税收系统公平性的信任。各国承诺采取措施改善规则，以避免避税、恶意操作及恶意税收规划。中国作为 G20 成员、OECD 观察员以及《多边税收征管互助公约》《实施税收协定相关措施以防止税基侵蚀和利润转移（BEPS）的多边公约》签约国，理应更多地遵守和关注国际反避税规则。

为了更好在实现国家（地区）间经济合作、行政合作和法律协调，中国政府与其他国家

(地区)签订协定(安排)。截至2018年12月2日,我国正式签署107个避免双重征税协定,100个协定生效。

参考资料来源：根据微信公众号“黄德荣话税”文章《改革开放40年,企业所得税巨变》改编。

【案例启示】

1. 财务人员应该做到与时俱进,终身学习,随时关注国家法律法规的发展变化,从而提高专业技能。

2. 关注改革开放以来我国企业所得税法律的发展历史,关注我国改革开放取得的重大成绩,增强家国情怀,增强“四个自信”。

模块四　企业合并财务报表

第九章　企业合并

第十章　合并财务报表

第九章

企业合并

本章根据《企业会计准则第20号——企业合并》和《企业会计准则第20号——企业合并》应用指南编写，主要介绍企业合并的含义和类型、同一控制下企业合并和非同一控制下企业合并的会计处理以及控制合并方式下合并日合并财务报表的编制。

本章知识框架如下：

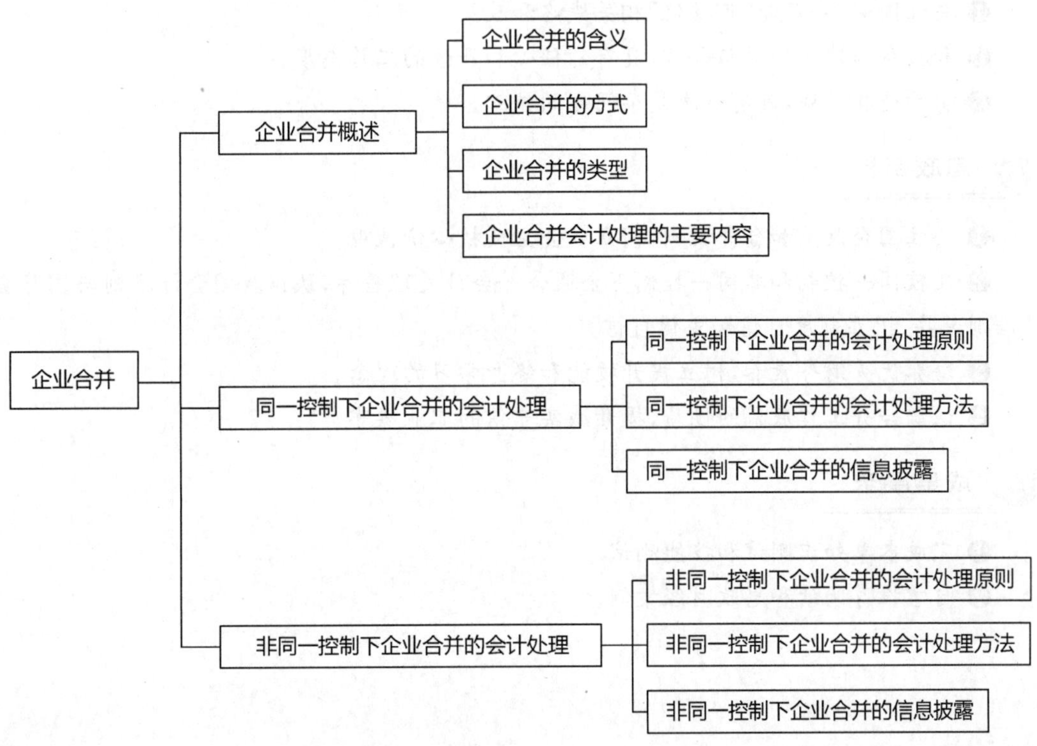

学习目标与成果展示

知识目标

❶ 描述企业合并的含义。

❷ 罗列企业合并的方式及类型。

❸ 熟悉非同一控制下与同一控制下企业合并的会计处理原理并应用。

❹ 阐述企业合并的附注披露内容。

能力目标

❶ 能够准确计算不同合并类型下合并方的合并成本。

❷ 能够准确判断并处理非同一控制下与同一控制下企业合并业务(或事项)。

❸ 能够正确编制控股合并下购买日(合并日)的合并报表。

素质目标

❶ 关注国家“去产能,市场化”相关战略和政策。

❷ 积极参与团队沟通与合作,具有责任心和严谨的工作态度。

❸ 勇于迎接挑战,具有解决复杂问题的信心。

思政目标

❶ 关注国企改革和合并案例,树立社会主义核心价值观。

❷ 比较同一控制和非同一控制下企业合并会计处理差异,认识我国会计准则与国际会计准则差异,树立制度自信和文化自信。

❸ 培养优秀财务素养,树立提升技能和终身学习的理念。

❹ 认识合并工作底稿的性质,提升诚实守信的职业操守。

成果展示

❶ 完成本章知识测试和技能测试。

❷ 自学推荐阅读和思政财经案例。

引导案例

关于对北京旋极信息技术股份有限公司采取责令改正行政监管措施的决定

北京旋极信息技术股份有限公司：

你公司2018年年度报告中，对当年收购北京联合信标测试技术有限公司(以下简称联合信标)100%股权交易事项未按照同一控制企业合并处理，会计处理存在错误。同时，联合信标与公司成本费用核算混淆不清，不能与其收入准确对应，该问题亦导致2018年公司收购联合信标股权事项中，对其股权评估所引用的财务数据公允性、准确性支持证据不足，联合信标2018年对公司的业绩承诺无法准确测算。

公司上述行为违反了《上市公司信息披露管理办法》第二条的规定。根据《上市公司信息披露管理办法》第五十九条的规定，现对公司采取责令改正行政监管措施，要求公司对前述2018年收购联合信标100%股权事项相关会计差错进行更正；对联合信标财务核算进行重新梳理，确保其业绩承诺完成情况真实、有效。

如果对本监督管理措施不服，可以在收到本决定书之日起60日内向中国证券监督管理委员会提出行政复议申请，也可以在收到本决定书之日起6个月内向有管辖权的人民法院提起诉讼。

中国证监会北京监管局

2020年2月4日

参考资料来源：摘自中国证券监督管理委员会北京监管局公告。

思考：什么是企业合并？案例中提到的同一控制下企业合并指的是什么？企业如何针对合并业务进行会计处理？企业合并对合并方的财务状况、经营成果和现金流量会产生哪些影响？

第一节 企业合并概述

一、企业合并的含义

企业合并是指将两个或者两个以上单独的企业(主体)合并形成一个报告主体的交易或事项。

理解企业合并的含义，需注意以下两点：①合并的企业必须构成业务；②交易前后对标业务的控制权应当转移。

二、企业合并的方式

企业合并的方式多种多样，按合并前后的法律形式不同，企业合并的方式可以分为吸收合并、新设合并和控股合并。企业合并的表现形式及结论见表9-1。

表 9-1　　企业合并的表现形式及结论

表现形式	结论
A+B=A	吸收合并完成后,合并方继续存续,被合并方则丧失其主体地位
A+B=C	新设合并完成后,合并双方均丧失主体地位,由新设立的企业从事生产经营活动
A+B=A+B	控股合并完成后,合并双方以相对独立的形式继续从事生产经营活动

经典案例

中国南车吸收合并中国北车

2015 年 5 月 20 日,中国证监会、商务部同意中国南车股份有限公司吸收合并中国北车股份有限公司,中国北车摘牌,不再作为法人主体独立存在,正式退出资本市场。中国南车吸收合并中国北车的直接导火索是海外的恶性竞争,两者互相压价导致两败俱伤,而合并能够降低企业成本,在一定程度上提高企业的研发水平,增加企业的营业利润,从而提高企业的品牌影响力。

新设合并成立中交集团

2005 年 12 月 08 日,根据国务院国资委(2005)703 号《关于中国港湾建设(集团)总公司与中国路桥(集团)总公司重组的通知》,中国交通建设集团(简称中交集团)在国家工商行政管理总局注册成立,同时注销中国港湾建设(集团)总公司与中国路桥(集团)总公司的法人资格。中交集团是经批准新设合并而成的国有独资企业,总资产近 730 亿元。

58 同城收购赶集网

2015 年 4 月 17 日,58 同城发布公告,正式宣布战略入股赶集网。58 同城以现金加股票的方式获得赶集网 43.2%的股份,其中包括 3 400 万股普通股及 4.122 亿美元现金,合并后两家公司将保持双方品牌独立性,网站及团队均继续保持独立发展与运营。

三、企业合并的类型

依据我国《企业会计准则第 20 号——企业合并》的规定,以合并双方在合并前后是否受同一方控制为标准,企业合并分为同一控制下的企业合并与非同一控制下的企业合并。

1. 同一控制下的企业合并

同一控制下的企业合并是指参与合并的双方在合并前后均受同一方或相同的多方最终控制且该控制并非暂时性的合并(一般大于 1 年)。同一控制下的企业合并,在合并日取得对其他参与合并企业控制权的一方为合并方,参与合并的其他企业为被合并方。合并日是指合并方实际取得对被合并方控制权的日期。

2. 非同一控制下的企业合并

非同一控制下的企业合并是指参与合并的双方在合并前后不受同一方或相同的多方

最终控制的合并。非同一控制下的企业合并，在购买日取得对其他参与合并企业控制权的一方为购买方，参与合并的其他企业为被购买方。购买日是指购买方实际取得对被购买方控制权的日期。

特别提示

判断某企业合并是否属于同一控制下的企业合并，应当把握以下四点。

1. 能够对参与合并各方在合并前后均实施最终控制的一方通常指企业集团的母公司。

2. 能够对参与合并的企业在合并前后均实施最终控制的相同多方是指根据合同或协议约定，拥有最终决定参与合并企业的财务和经营政策并从中获取利益的投资者群体。

3. 实施控制的时间性要求是指参与合并各方在最终控制方的控制时间一般在1年以上(含1年)，企业合并后所形成的报告主体在最终控制方的控制时间也应达到1年以上(含1年)。

4. 对于企业之间的合并是否属于同一控制下的企业合并，应综合构成企业合并交易的各方面情况，按照实质重于形式的原则进行判断。

四、企业合并会计处理的主要内容

无论是同一控制下的企业合并还是非同一控制下的企业合并，都涉及合并方在合并日对企业合并业务的确认与计量以及合并日合并财务报表的编制。

企业合并会计处理主要包括以下五项内容。

(1) 合并方在合并日(购买日)取得的资产、负债或净资产的计量。

(2) 合并方付出的合并对价的计量。

(3) 合并方付出的合并对价与取得被合并方净资产二者差异的处理。

(4) 合并方支付的合并费用的计量。

(5) 控股合并下合并日(购买日)合并报表的编制。

第二节　同一控制下企业合并的会计处理

一、同一控制下企业合并的会计处理原则

对于同一控制下的企业合并，合并方应遵循以下原则进行会计处理。

第一，合并方在企业合并中取得的资产和负债，应该按照合并日被合并方的账面价值进行计量，合并中不产生新的资产和负债。

第二，合并方取得的净资产账面价值与支付的合并对价账面价值(或发行股份总额)的差额，应当调整资本公积(资本溢价或股本溢价)；资本公积(资本溢价或股本溢价)不足冲

减的,应调整留存收益(盈余公积和未分配利润)。

第三,合并方为进行合并发生的各项直接相关费用,包括为进行企业合并而支付的审计费用、评估费用、法律服务费用等,应当于发生时计入当期损益;为企业合并发行的债券或承担其他债务支付的手续费、佣金等,应当计入所发行债券及其他债务的初始计量金额;企业合并中发行权益性证券发生的手续费、佣金等费用,应当抵减资本公积(资本溢价或股本溢价),资本公积(资本溢价或股本溢价)不足冲减的,应冲减留存收益。

第四,在吸收合并(新设合并)下,合并方应以合并方账面"资本公积(资本溢价或股本溢价)"贷方余额为限,将被合并方在企业合并前实现的留存收益自"资本公积(资本溢价或股本溢价)"转入"盈余公积"和"未分配利润"。在控股合并下,参与合并各方在合并以前期间实现的留存收益应体现为合并财务报表中的留存收益。

二、同一控制下企业合并的会计处理方法

(一) 同一控制下控股合并的会计处理方法

对于同一控制下的控股合并,合并方取得的长期股权投资,应按照合并日享有的被合并方在最终控制方合并财务报表中净资产账面价值的份额计量;合并方支付的合并对价,应按照账面价值进行结转,以发行权益性证券作为合并对价的,按面值总额计量;合并方取得的净资产的账面价值与所支付合并对价之间的差额,应当调整资本公积(资本溢价或股本溢价),资本公积(资本溢价或股本溢价)不足冲减的,应调整减少留存收益。

对于与合并有关的费用,合并方应分三种情况进行处理。

(1) 属于与合并直接相关的费用、税金(如审计费用、评估费用、法律服务费用等)计入管理费用。

(2) 发行权益性证券支付的手续费、佣金等计入资本公积(资本溢价或股本溢价),资本公积(资本溢价或股本溢价)不足冲减的,调整减少留存收益。

(3) 属于发行债务性证券支付的手续费、佣金等计入应付债券初始确认金额,构成其入账价值的组成部分。

具体账务处理如下:

借:长期股权投资(合并日被合并方在最终控制方合并报表中所有者权益账面价值×合并方持股比例)
　贷:银行存款(以现金支付合并对价)
　　固定资产清理等(作为合并对价支付的非现金资产的账面价值)
　　应付债券——面值(发行债券的面值)
　　应付债券——利息调整(发行债券的溢价-债券发行费用)(如为折价,则记借方)
　　股本(发行股票的面值)
　贷(或借):资本公积——股本溢价(差额)

借:管理费用(发生的企业合并的直接相关费用)
　贷:银行存款(以现金支付的直接相关费用等)

借：资本公积——股本溢价（发行股票支付的手续费佣金等）

贷：银行存款（以现金支付发行股票的手续费佣金等）

【例 9-1】 2020 年 6 月 30 日，深广公司向其母公司大海公司发行 1 000 万股普通股（每股面值为 1 元，市价为 4.34 元），取得大海公司拥有的大鱼公司 100%的股权，并于当日起能够对大鱼公司实施控制。合并后，大鱼公司仍维持其独立的法人地位继续经营。2020 年6 月 30 日，大鱼公司净资产的账面价值为 4 002 万元。假定深广公司和大鱼公司在企业合并前采用的会计政策相同。合并日，深广公司与大鱼公司的净资产价值资料如表 9-2所示。

表 9-2 深广公司和大鱼公司的净资产价值资料

2020 年 6 月 30 日 单位：万元

项 目	深广公司	大鱼公司
货币资金（银行存款）	2 000	
存货（库存商品）	2 000	1 500
固定资产	5 400	2 600
应付账款	45	98
股本	3 000	1 000
资本公积（股本溢价）	2 000	600
盈余公积	2 000	2 000
未分配利润	2 355	402

大鱼公司在合并后维持其法人资格继续经营，合并日，深广公司在其账簿及个别财务报表中应确认对大鱼公司的长期股权投资，其成本为合并日享有大鱼公司账面净资产的份额。

深广公司在合并日的账务处理为：

深广公司取得的长期股权投资的入账价值=4 002×100%=4 002（万元）

借：长期股权投资——大鱼公司 40 020 000

贷：股本 10 000 000

资本公积——股本溢价 30 020 000

【例 9-2】 承[例 9-1]，假设深广公司以支付现金 4 005 万元作为对价进行合并，其他条件不变。

深广公司在合并日的账务处理为：

深广公司取得的长期股权投资的入账价值=4 002×100%=4 002（万元）

借：长期股权投资——大鱼公司 40 020 000

资本公积——股本溢价 30 000

贷：银行存款 40 050 000

【例 9-3】 假定深广公司为合并支付审计费用、评估费用、法律服务费用等各项直接相关费用共 50 万元，发行股票手续费为 100 万元。

深广公司在合并日关于相关费用的账务处理为：

借：管理费用　　500 000

　　资本公积——股本溢价　　1 000 000

　　贷：银行存款　　1 500 000

（二）同一控制下吸收合并和新设合并的会计处理方法

对于同一控制下的吸收合并、新设合并，合并方取得的资产、负债，应按照合并日被合并方有关的资产、负债的账面价值计量；合并方支付的合并对价，应按照账面价值进行结转，以发行权益性证券作为合并对价的，按面值总额计量；合并方取得的资产、负债与所支付合并对价之间的差额，应当调整资本公积（资本溢价或股本溢价），资本公积不足冲减的，调整减少留存收益；与合并有关的费用处理，与同一控制下控股合并的处理相同。同时，合并方应该将被合并方在企业合并前实现的留存收益自“资本公积（资本溢价或股本溢价）”转入“盈余公积”和“未分配利润”，以合并方账面“资本公积（资本溢价或股本溢价）”贷方余额为限。

（1）以支付现金、非现金资产作为合并对价的，合并方应作如下会计处理：

借：有关资产（取得被合并方资产的账面价值）

　　贷：有关负债（承担被合并方负债的账面价值）

　　　　银行存款（以现金支付合并对价）

　　　　固定资产清理等（作为合并对价支付的非现金资产的账面价值）

　　　　资本公积——股本溢价（取得净资产的入账价值大于支付对价的差额）

借：管理费用（发生的企业合并的直接相关费用）

　　贷：银行存款（以现金支付的直接相关费用等）

（2）以发行债券作为合并对价的，合并方应作如下会计处理：

借：有关资产（取得被合并方资产的账面价值）

　　贷：有关负债（承担被合并方负债的账面价值）

　　　　应付债券——面值（发行债券的面值）

　　　　应付债券——利息调整（发行债券的溢价减去债券发行费用；如为折价，则记借方）

　　　　银行存款（支付的债券发行费用）

　　　　资本公积——股本溢价（取得净资产的入账价值大于支付对价的差额）

（3）以发行权益性证券作为合并对价的，合并方应作如下会计处理：

借：有关资产（取得被合并方资产的账面价值）

　　贷：有关负债（承担被合并方负债的账面价值）

　　　　股本（发行股票的面值）

　　　　资本公积——股本溢价（发行股票的公允价值与面值的差额）

借：资本公积——股本溢价（发行股票支付的手续费佣金等）

　　贷：银行存款（以现金支付发行股票的手续费佣金等）

(4) 将被合并方在企业合并前实现的留存收益自“资本公积(资本溢价或股本溢价)”转入“盈余公积”和“未分配利润”时,合并方应作如下会计处理:

借:资本公积(以合并方账面“资本公积—股本溢价”的贷方余额为限)
　贷:盈余公积(被合并方合并前的盈余公积)
　　利润分配——未分配利润(被合并方合并前的未分配利润)

【例 9-4】 承[例 9-1],假设深广公司向其母公司大海公司发行 1 000 万股普通股(每股面值为 1 元,市价为 4.34 元)吸收合并大鱼公司,其他条件不变。

深广公司在合并日的账务处理为:

	借方	贷方
借:库存商品	15 000 000	
固定资产	26 000 000	
贷:应付账款		980 000
股本		10 000 000
资本公积——股本溢价		30 020 000

此时,深广公司“资本公积——股本溢价”账户余额=2 000+3 002=5 002(万元)

因此,深广公司可以全额确认大鱼公司合并前的留存收益。

	借方	贷方
借:资本公积——股本溢价	24 020 000	
贷:盈余公积		20 000 000
利润分配——未分配利润		4 020 000

根据[例 9-1]和[例 9-4],按照 100%控股合并和吸收合并两种情况分别进行合并日合并方的账务处理,结果如表 9-3 所示。

表 9-3 深广公司合并日确认合并事项的账务处理

2020 年 6 月 30 日 单位:元

同一控制下控股合并		同一控制下吸收合并	
借:长期股权投资——大鱼公司		借:库存商品	15 000 000
	40 020 000	固定资产	26 000 000
贷:股本	10 000 000	贷:应付账款	980 000
资本公积——股本溢价	30 020 000	股本	10 000 000
		资本公积——股本溢价	30 020 000
		借:资本公积——股本溢价	24 020 000
		贷:盈余公积	20 000 000
		利润分配——未分配利润	4 020 000

由此可见,无论是控股合并还是吸收合并,深广公司通过控股合并取得净资产(长期股权投资)及通过吸收合并取得资产(存货、固定资产等)、承担负债(应付账款)的价值均为 4 002万元,大于支付的合并对价股本 1 000 万元,所以最终确认了 3 002 万元的资本公积(股本溢价)。另外,在吸收合并下,合并方继承了被合并方的留存收益,所以合并后合并方

的留存收益增加，且资本公积减少相应金额。在控股合并下，合并方的个别报表未体现上述留存收益，但是会在合并财务报表中体现，下文将具体进行介绍。

（三）同一控制下取得子公司合并日合并财务报表的编制

同一控制下企业合并形成母子公司关系，即在控股合并的情况，合并方一般在合并日编制合并财务报表，其合并日需要编制的合并财务报表一般包括合并资产负债表、合并利润表及合并现金流量表。合并方（母公司）在将子公司股权登记入账，编制合并日合并资产负债表时，需将子公司的长期股权投资与子公司所有者权益中母公司所拥有的份额相抵销。

抵销分录如下：

借：股本（合并日被合并方在最终控制方合并报表中所有者权益账面价值）
　　资本公积（同上）
　　盈余公积（同上）
　　未分配利润（同上）
　　贷：长期股权投资（合并日被合并方在最终控制方合并报表中所有者权益账面价值×合并方持股比例）
　　　　少数股东权益（合并日被合并方在最终控制方合并报表中所有者权益账面价值×少数股东持股比例）

1. 合并资产负债表

被合并方的有关资产、负债应以其账面价值并入合并财务报表（若被合并方采用的会计政策与合并方不一致，应按规定进行调整，并以调整后的账面价值计量）。合并方与被合并方在合并日及以前期间发生的交易，应作为内部交易进行抵销（本教材第十章合并财务报表将对内部交易的抵销进行具体介绍）。

被合并方在企业合并前实现的留存收益中归属于合并方的部分，应自合并方的资本公积转入留存收益，具体分以下两种情况进行调整。

一是合并方账面资本公积（资本溢价或股本溢价）贷方余额大于或等于被合并方在合并前实现的留存收益中归属于合并方的部分，在合并资产负债表中，应将被合并方在合并前实现的留存收益中归属于合并方的部分自“资本公积”转入“盈余公积”和“未分配利润”。调整分录如下：

借：资本公积（被合并方合并前实现的留存收益×合并方持股比例）
　　贷：盈余公积（被合并方合并前的盈余公积×合并方持股比例）
　　　　未分配利润（被合并方合并前的未分配利润×合并方持股比例）

二是合并方账面资本公积（资本溢价或股本溢价）贷方余额小于被合并方在合并前实现的留存收益中归属合并方的部分，在合并资产负债表中，应以合并方资本公积（资本溢价或股本溢价）的贷方余额为限，将被合并方在企业合并前实现的留存收益中归属于合并方的部分自“资本公积”转入“盈余公积”和“未分配利润”。

借：资本公积（合并方账面“资本公积——股本溢价”的贷方余额）
　　贷：盈余公积
　　　　未分配利润

被合并方在合并前实现的留存收益在资产负债表中未予全额恢复的，合并方应当在会计报表附注中对这一情况进行说明。

2. 合并利润表

合并方在编制合并日的合并利润表时，应包含合并方及被合并方自合并当期期初至合并日实现的净利润。双方在当期所发生的交易，应当按照合并财务报表的有关原则进行抵销。

合并方在合并利润表中的“净利润”项下应单列“其中：被合并方的合并前实现的净利润”项目，反映该项企业合并导致的被合并方在合并当期带入的损益情况。

3. 合并现金流量表

合并方在编制合并日的合并现金流量表时，应包含合并方及被合并方自合并当期期初至合并日产生的现金流量。涉及双方当期发生内部交易产生的现金流量，应按照合并财务报表的有关原则进行抵销。

【例 9-5】 承［例 9-1］，假设不考虑深广公司为合并支付的审计费用、评估费用、法律服务费用等各项直接相关费用和发行股票手续费等费用。深广公司与大鱼公司采用的会计政策一致。

深广公司在合并日的账务处理为：

借：长期股权投资——大鱼公司	40 020 000	
贷：股本		10 000 000
资本公积——股本溢价		30 020 000

经过上述处理后，深广公司股本余额变为 4 000 万元(3 000＋1 000)，资本公积余额变为 5 002 万元(2 000＋3 002)。深广公司资本公积余额大于大鱼公司在合并前实现留存收益归属于深广公司的部分 2 402 万元［(2 000＋402)×100%］，因此，深广公司在编制合并财务报表时，应将大鱼公司在合并前实现留存收益归属于深广公司的 2 402 万元相应转入“盈余公积”和“未分配利润”。

合并日，深广公司在合并工作底稿中应编制如下抵销和调整分录：

借：股本	10 000 000	
资本公积	6 000 000	
盈余公积	20 000 000	
未分配利润	4 020 000	
贷：长期股权投资		40 020 000
借：资本公积	24 020 000	
贷：盈余公积		20 000 000
未分配利润		4 020 000

合并日,深广公司合并工作底稿如表9-4所示,合并资产负债表如表9-5所示。

表9-4 合并工作底稿

编制单位:深广公司 2020年6月30日 单位:万元

项目	深广公司	大鱼公司	汇总数	调整和抵销分录		少数股东权益	合并数
				借方	贷方		
货币资金	2 000		2 000				2 000
存货	2 000	1 500	3 500				3 500
长期股权投资	4 002		4 002		4 002		0
固定资产	5 400	2 600	8 000				8 000
资产总计	13 402	4 100	17,502		4 002		13 500
应付账款	45	98	143				143
负债合计	45	98	143				143
股本	4 000	1 000	5 000	1 000			4 000
资本公积	5 002	600	5 602	3 002			2 600
盈余公积	2 000	2 000	4 000	2 000	2 000		4 000
未分配利润	2 355	402	2 757	402	402		2 757
归属于母公司的所有者权益合计	13 357	4 002	17 359	6 402	2 402		13 357
少数股东权益							
所有者权益合计	13 357	4 002	17 359	6 402	2 402		13 357
负债及所有者权益总计	13 402	4 100	17 502	6 402	2 402		13 500

表9-5 合并资产负债表(简表)

编制单位:深广公司 2020年6月30日 单位:万元

项目	期末余额	项目	期末余额
货币资金	2 000	短期借款	
应收票据		应付票据	
应收账款		应付账款	143
其他应收款		应付职工薪酬	
存货	3 500	应交税费	
流动资产合计	5 500	其他应付款	
长期股权投资	0	流动负债合计	143
固定资产	8 000	负债合计	143

（续表）

项　　目	期末余额	项　　目	期末余额
无形资产		股本	4 000
非流动资产合计	8 000	资本公积	2 600
		盈余公积	4 000
		未分配利润	2 750
		归属于母公司的所有者权益合计	13 357
		少数股东权益	
		所有者权益合计	13 357
资产总计	13 500	负债及所有者权益总计	13 500

三、同一控制下企业合并的信息披露

对于同一控制下的企业合并，合并方应当在合并当期报表附注中披露下列有关信息。

(1) 参与合并企业的基本情况。

(2) 属于同一控制下企业合并的判断依据。

(3) 合并日的确定依据。

(4) 以支付现金、转让非现金资产以及承担债务作为合并对价的，所支付对价在合并日的账面价值；以发行权益性证券作为合并对价的，合并中发行权益性证券的数量及定价原则，以及参与合并各方交换有表决权股份的比例。

(5) 被合并方的资产、负债在上一会计期间资产负债表日及合并日的账面价值；被合并方自合并当期期初至合并日的收入、净利润、现金流量等情况。

(6) 合并合同或协议约定将承担被合并方或有负债的情况。

(7) 被合并方采用的会计政策与合并方不一致所作调整情况的说明。

(8) 合并后已处置被合并方资产、负债的账面价值、处置价格等。

第三节　非同一控制下企业合并的会计处理

一、非同一控制下企业合并的会计处理原则

对于非同一控制下的企业合并，购买方应该遵循以下原则进行会计处理。

1. 以公允价值作为取得的净资产的入账价值

非同一控制下的吸收合并和新设合并时，购买方将取得的资产、负债按其公允价值入账。

非同一控制下的控股合并时，购买方将取得的长期股权投资按照购买日确定的合并成

本进行入账。合并成本是指购买方在购买日为取得对被购买方的控制权而付出的资产、发生或承担的负债以及发行的权益性证券的公允价值。

2. 对合并成本与取得的被购买方可辨认净资产或股权的公允价值份额之间差额的处理

第一，将合并成本大于取得的可辨认净资产或股权的公允价值份额，确认为合并商誉。非同一控制下的吸收合并和新设合并，购买方购买日的账务处理中能够单独确认商誉，从而在合并后存续的企业个别财务报表中单独列示。对于非同一控制下的控股合并，因购买日作为长期股权投资入账价值的合并成本中已经包含商誉价值，在合并日购买方的个别财务报表中并未单独列报，而是包含在长期股权投资项目中，而合并日合并财务报表中才需要单独列报合并商誉。

第二，将合并成本小于取得的被购买方可辨认净资产或股权的公允价值份额的差额，计入当期损益（营业外收入）。

二、非同一控制下企业合并的会计处理方法

（一）非同一控制下控股合并的会计处理方法

对于非同一控制下控股合并取得的长期股权投资，合并方应在购买日按企业合并成本借记“长期股权投资”账户，按付出的合并对价的账面价值贷记有关资产或借记有关负债，按其差额贷记“资产处置损益”“投资收益”等账户，或借记“资产处置损益”“投资收益”等账户。企业合并成本中包含的应自被投资单位收取的已宣告但尚未发放的现金股利或利润，应作为应收股利进行核算。

为形成非同一控制下的控股合并，合并对价为非货币性资产时，投出资产的公允价值与其账面价值的差额应分为不同资产进行会计处理（与出售资产影响损益的会计处理相同）。

（1）投出资产为固定资产或无形资产的，其差额计入资产处置损益。

（2）投出资产为存货的，按其公允价值确认主营业务收入或其他业务收入，按其账面价值结转主营业务成本或其他业务成本，若存货计提跌价准备的，应将存货跌价准备一并结转。

（3）投出资产为以公允价值计量的金融资产的，其公允价值与账面价值的差额计入投资收益或留存收益。金融资产持有期间公允价值变动形成的其他综合收益，应一并转入投资收益或留存收益。

【例 9-6】 承[例 9-1]，假设深广公司和大鱼公司不是同一集团内的两家子公司。深广公司为合并支付的审计费用、评估费用、法律服务费用等各项直接相关费用共计 50 万元，发行股票手续费为 100 万元。

深广公司购买日的账务处理为：

借：长期股权投资——大鱼公司	43 400 000	
贷：股本		10 000 000
资本公积——股本溢价		33 400 000

借：管理费用　　500 000
　资本公积——股本溢价　　1 000 000
　贷：银行存款　　1 500 000

【例 9-7】 承[例 9-1]，假设深广公司和大鱼公司不是同一集团内的两家子公司。深广公司以一项土地使用权、一项专利技术和部分现金作为合并对价，取得大鱼公司 100％的股权，并于当日起对大鱼公司实施控制，不考虑相关税费。购买日，深广公司支付的有关资产的账面价值与公允价值资料如表 9-6 所示。

表 9-6　　深广公司支付的有关资产的账面价值与公允价值资料

2020 年 6 月 30 日　　单位：万元

项目	账面价值	公允价值
土地使用权	原值 2 000 累计摊销 200	2 600
专利技术	原值 1 300 累计摊销 300	1 300
银行存款	200	200
合计	3 000	4 100

深广公司在购买日的账务处理为：

长期股权投资的入账价值＝2 600＋1 300＋200＝4 100(万元)

借：长期股权投资——大鱼公司　　41 000 000
　累计摊销　　5 000 000
　贷：无形资产　　33 000 000
　　银行存款　　2 000 000
　　资产处置损益　　11 000 000

【例 9-8】 承[例 9-1]，假设深广公司和大鱼公司不是同一集团内的两家子公司。深广公司以一批存货作为合并对价，取得大鱼公司 100％的股权，并于当日起对大鱼公司实施控制。该批存货的公允价值为 3 504 万元，增值税税额为 45.552 万元，账面成本为 2 504 万元。深广公司和大鱼公司均为增值税一般纳税人，适用增值税税率为 13％。假定不考虑其他相关税费。

深广公司在购买日的账务处理为：

长期股权投资的入账价值＝35 040 000＋4 555 200＝39 595 200(元)

借：长期股权投资——大鱼公司　　39 595 200
　贷：主营业务收入　　35 040 000
　　应交税费——应交增值税(销项税额)　　4 555 200

借：主营业务成本　　25 040 000
　　贷：库存商品　　25 040 000

【例 9-9】 承[例 9-1]，假设深广公司和大鱼公司不是同一集团内的两家子公司。深广公司以一项以公允价值计量且其变动计入当期损益的金融资产作为合并对价，取得大鱼公司 100%的股权，并于当日起对大鱼公司实施控制。购买日，该金融资产的账面价值为 4 000万元(其中成本为 4 200 万元，公允价值变动为－200 万元)，公允价值为 4 100 万元。假定不考虑相关税费。

深广公司在购买日的账务处理为：

长期股权投资的入账价值＝4 100(万元)

借：长期股权投资——大鱼公司　　41 000 000
　　交易性金融资产——公允价值变动　　2 000 000
　　贷：交易性金融资产——成本　　42 000 000
　　　　投资收益　　1 000 000

(二) 非同一控制下吸收合并和新设合并的会计处理方法

对于非同一控制下吸收、新设合并取得的资产和承担的负债，购买方应在购买日按其公允价值借记相关资产账户，贷记相关负债账户。作为合并对价投出的非货币性资产公允价值与其账面价值的差额，应分为不同资产进行会计处理(与出售资产影响损益的会计处理相同)。企业合并成本与所取得的被购买方可辨认净资产公允价值的差额，视情况分别确认为商誉或营业外收入。

(1) 以支付现金、非现金资产和发行权益性证券作为合并对价，合并成本大于所取得的被购买方可辨认净资产公允价值的账务处理如下：

借：有关资产(取得被合并方资产的公允价值)
　　商誉(合并成本大于所取得的可辨认净资产公允价值的差额)
　　贷：有关负债(承担被合并方负债的公允价值)
　　　　银行存款(以现金支付合并对价)
　　　　固定资产清理等(作为合并对价支付的非现金资产的账面价值)
　　　　资产处置损益(固定资产、无形资产等账面价值与其公允价值的差额)
　　　　应交税费——应交增值税(销项税额)(转让资产应交的增值税)
　　　　股本(作为对价发行股票的面值)
　　　　资本公积——股本溢价(发行股票的公允价值——面值)

借：管理费用(发生的企业合并的直接相关费用)
　　贷：银行存款(以现金支付的直接相关费用等)

借：资本公积——股本溢价(发行股票支付的手续费佣金等)
　　贷：银行存款(以现金支付发行股票的手续费佣金等)

(2) 以支付现金、非现金资产和发行权益性证券作为合并对价，合并成本小于所取得的被购买方可辨认净资产公允价值的账务处理如下：

借：有关资产（取得被合并方资产的公允价值）
　　贷：有关负债（承担被合并方负债的公允价值）
　　　　银行存款（以现金支付合并对价）
　　　　固定资产清理等（作为合并对价支付的非现金资产的账面价值）
　　　　资产处置损益（固定资产、无形资产等账面价值与其公允价值的差额）
　　　　应交税费——应交增值税（销项税额）（转让资产应交的增值税）
　　　　股本（作为对价发行股票的面值）
　　　　资本公积——股本溢价（发行股票的公允价值——面值）
　　　　营业外收入（合并成本小于所取得的可辨认净资产公允价值的差额）

借：管理费用（发生的企业合并的直接相关费用）
　　贷：银行存款（以现金支付的直接相关费用等）

借：资本公积——股本溢价（发行股票支付的手续费佣金等）
　　贷：银行存款（以现金支付发行股票的手续费佣金等）

【例 9-10】 承[例 9-1]，假设深广公司和大鱼公司不是同一集团内的两家子公司。大鱼公司所有项目公允价值与账面价值均相等。深广公司发行 1 000 万股普通股（每股面值为 1 元，市价为 4.34 元）吸收合并大鱼公司。

深广公司在购买日的账务处理如下：

深广公司在购买日合并成本大于取得的大鱼公司可辨认净资产公允价值的差额应确认为商誉，金额为 4.34×1 000－4 002×100%＝338（万元）

借：库存商品	15 000 000	
固定资产	26 000 000	
商誉	3 380 000	
贷：应付账款		980 000
股本		10 000 000
资本公积——股本溢价		33 400 000

【例 9-11】 承[例 9-1]，假设深广公司和大鱼公司不是同一集团内的两家子公司。大鱼公司除固定资产外的所有项目公允价值与账面价值均相等，固定资产的公允价值为 3 600 万元。深广公司发行 1 000 万股普通股（每股面值为 1 元，市价为 4.34 元）吸收合并大鱼公司。

深广公司在购买日的账务处理如下：

深广公司在购买日合并成本小于取得的大鱼公司可辨认净资产公允价值的差额＝5 002×100%－4.34×1 000＝662（万元）

借：库存商品　　15 000 000
　　固定资产　　36 000 000
　　贷：应付账款　　980 000
　　　　股本　　10 000 000
　　　　资本公积——股本溢价　　33 400 000
　　　　营业外收入　　6 620 000

根据[例 9-6]和[例 9-10]，按照被合并企业所有项目公允价值与账面价值相等的情况分别进行购买日合并方的账务处理，结果如表 9-7 所示。

表 9-7　　深广公司购买日确认合并事项的账务处理

2020 年 6 月 30 日　　单位：元

非同一控制下控股合并	非同一控制下吸收合并
借：长期股权投资——大鱼公司　43 400 000 　贷：股本　10 000 000 　　资本公积——股本溢价　33 400 000	借：库存商品　15 000 000 　固定资产　26 000 000 　商誉　3 380 000 　贷：应付账款　980 000 　　股本　10 000 000 　　资本公积——股本溢价　33 400 000

由此可见，作为被购买方，大鱼公司的可辨认净资产公允价值为 4 002 万元。非同一控制下的控股合并时，深广公司付出的对价即合并成本为 4 340 万元，大于大鱼公司的可辨认净资产公允价值 4 002 万元，本应确认为商誉，但是由于按照合并成本计量的长期股权投资已经包含了此部分价值，所以个别报表中不再单独确认商誉。非同一控制下的吸收合并时，深广公司付出的对价为 4 340 万元，大于大鱼公司的可辨认净资产公允价值 4 002 万元，取得的资产、负债按照其公允价值 4 002 万元计量，所以多出来的部分单独确认为商誉。

（三）非同一控制下取得子公司购买日合并财务报表的编制

非同一控制下企业合并形成母子公司关系的，购买方在购买日只需要编制合并财务报表。其合并财务报表的具体编制可按如下步骤进行。

第一步，将购买方与被购买方个别财务报表各项目的数字过入合并工作底稿，并进行加总。

第二步，编制调整分录。根据现行会计准则，非同一控制下企业合并取得子公司，母公司编制购买日的合并财务报表时，因企业合并取得子公司的各项可辨认资产、负债及所有者权益应当以公允价值在合并财务报表中列示。因此，母公司在编制购买日的合并财务报表时，就必须按照购买日子公司资产、负债的公允价值对其财务报表进行调整，将子公司在财务报表中的资产、负债的账面价值调整为公允价值。也就是说，在合并工作底稿中，母公司应编制如下调整分录[①]：

借：存货（公允价值大于账面价值的差额）
　　固定资产（公允价值大于账面价值的差额）
　　无形资产（公允价值大于账面价值的差额）
　　投资性房地产（公允价值大于账面价值的差额）
　　贷：资本公积（如果相关资产、负债的公允价值小于账面价值则做相反分录）

第三步，编制抵销分录，即将购买方与被购买方之间的内部交易成事项予以抵销。

借：股本（被购买方股本的账面数）
　　资本公积（被购买方经调整后的资本公积数）
　　其他综合收益（被购买方其他综合收益的账面数）
　　盈余公积（被购买方盈余公积的账面数）
　　未分配利润（被购买方未分配利润的账面数）
　　商誉（合并成本－被购买方可辨认净资产公允价值×购买方持股比例，正商誉）
　　贷：长期股权投资（确定的合并成本）
　　　　少数股东权益（被购买方可辨认净资产公允价值×少数股权比例）
　　　　营业外收入（负商誉）

第四步，将合并工作底稿中各项目的合并数过入合并资产负债表中。

需要注意的是，在合并资产负债表中，购买方在合并中取得的被购买方各项可辨认资产、负债应以其在购买日的公允价值计量。长期股权投资的成本大于合并中取得的被购买方可辨认净资产公允价值份额的差额，体现为合并资产负债表中的商誉；长期股权投资的成本小于合并中取得的被购买方可辨认净资产公允价值份额的差额，应计入营业外收入。因购买日不需要编制合并利润表，该差额体现在合并资产负债表上，应调整合并资产负债表的盈余公积和未分配利润。

【例 9-12】　承[例 9-6]，假设不考虑深广公司为合并支付的审计费用、评估费用、法律服务费用等各项直接相关费用和发行股票手续费等费用。假定大鱼公司所有项目公允价

---

①　此处没有考虑所得税的会计处理。从合并报表角度而言，由于资产和负债均按照公允价值计价，因此存货、固定资产、无形资产和投资性房地产等资产的账面价值等于公允价值，但是根据我国税法的相关规定，纳税时是母子公司分别纳税，因此子公司的相关资产的账面价值应该为个别报表数，不是公允价值，这样就会产生应纳税（或可抵扣）暂时性差异。考虑所得税影响，还应确认递延所得税负债（或资产）。此时，其会计处理为：

借：存货
　　固定资产
　　无形资产
　　投资性房地产
　　贷：资本公积
　　　　递延所得税负债

相应的，在抵销母公司长期股权投资和子公司的所有者权益时，商誉也会增加相应的金额。本教材参考一般教材的做法，本章此处不考虑所得税的影响。在第十章“合并财务报表”中，涉及相关内容时也不考虑所得税的影响。

值与账面价值均相等，深广公司与大鱼公司采用的会计政策一致。

深广公司在购买日的账务处理：

借：长期股权投资—大鱼公司　　43 400 000

　贷：股本　　10 000 000

　　资本公积——股本溢价　　33 400 000

在合并工作底稿中，由于大鱼公司净资产账面价值与公允价值相等，深广公司无须编制调整分录。

在合并工作底稿中，深广公司应编制如下抵销分录：

深广公司在合并中产生商誉金额＝4 340－4 002×100%＝338(万元)

借：股本　　10 000 000

　资本公积　　6 000 000

　盈余公积　　20 000 000

　未分配利润　　4 020 000

　商誉　　3 380 000

　贷：长期股权投资　　43 400 000

购买日，深广公司的合并工作底稿如表 9-8 所示，合并资产负债表如表 9-9 所示。

表 9-8　　合并工作底稿

编制单位：深广公司　　2020 年 6 月 30 日　　单位：万元

项目	深广公司	大鱼公司	汇总数	抵销分录		少数股东权益	合并数
				借方	贷方		
货币资金	2 000		2 000				2 000
存货	2 000	1 500	3 500				3 500
长期股权投资	4 340		4 340		4 340	0	0
固定资产	5 400	2 600	8 000				8 000
商誉				338			338
资产总计	13 740	4 100	17 840	338	4 340	0	13 838
应付账款	45	98	143				143
负债合计	45	98	143				143
股本	4 000	1 000	5 000	1 000			4 000
资本公积	5 340	600	5 940	600			5 340
盈余公积	2 000	2 000	4 000	2 000			2 000
未分配利润	2 355	402	2 757	402			2 355

（续表）

项目	深广公司	大鱼公司	汇总数	抵销分录		少数股东权益	合并数
				借方	贷方		
归属于母公司的股东权益合计	13 695	4 002	17 697	4 002			13 695
少数股东权益							
所有者权益合计	13 695	4 002	17 697	4 002			13 695
负债及所有者权益总计	13 740	4 100	17 840	4 002			13 838

表 9-9　　合并资产负债表（简表）

编制单位：深广公司　　2020 年 6 月 30 日　　单位：万元

项目	期末余额	项目	期末余额
货币资金	2 000	短期借款	
应收票据		应付票据	
应收账款		应付账款	143
其他应收款		应付职工薪酬	
存货	3 500	应交税费	
流动资产合计	5 500	其他应付款	
长期股权投资	0	流动负债合计	143
固定资产	8 000	负债合计	143
无形资产		股本	4 000
商誉	338	资本公积	5 340
非流动资产合计	8 000	盈余公积	2 000
		未分配利润	2 355
		归属于母公司的所有者权益合计	13 695
		少数股东权益	
		所有者权益合计	13 695
资产总计	13 838	负债及所有者权益总计	13 838

三、非同一控制下企业合并的信息披露

非同一控制下的企业合并，购买方应当在购买当期报表附注中披露下列有关信息。

（1）参与合并企业的基本情况。

(2) 购买日的确定依据。

(3) 合并成本的构成及其账面价值、公允价值,以及公允价值的确定方法。

(4) 被购买方各项可辨认资产、负债在上一会计期间资产负债表日及购买日的账面价值和公允价值。

(5) 合并合同或协议约定将承担被购买方或有负债的情况。

(6) 商誉的金额及其确定方法。

(7) 因合并成本小于合并中取得的被购买方可辨认净资产公允价值的份额计入当期损益的金额。

(8) 合并后已处置或拟处置被购买方资产、负债的账面价值、处置价格等。

本章小结

企业合并是指将两个或者两个以上单独的企业合并形成一个报告主体的交易或事项。

按合并前后的法律形式不同,企业合并的方式可以分为吸收合并、新设合并和控股合并。按合并双方在合并前后是否受同一方控制为标准,企业合并分为同一控制下企业合并和非同一控制下企业合并。

对于同一控制下企业合并,合并方应遵循"一体化存续"原则,按照账面价值进行相关的会计处理。合并方在合并中取得的被合并方的各项资产、负债应维持其原账面价值不变。合并中不产生新的商誉,但被合并方在企业合并前账面上原已确认的商誉应作为合并中取得的资产确认。同一控制下企业合并过程中发生的各项直接相关费用,应于发生时计入管理费用;以发行债券或权益性证券作为合并对价的,相关佣金手续费应计入负债或者冲减资本公积、留存收益等。

同一控制下的企业合并形成母子公司关系的,合并方一般应在合并日编制合并财务报表。合并财务报表一般包括合并资产负债表、合并利润表及合并现金流量表等。在编制合并财务报表前,合并方需要统一母公司和子公司的会计政策和会计期间。合并方首先设置合并工作底稿,将母公司和子公司的个别财务报表项目数字过入合并工作底稿,并进行汇总;然后编制调整分录和抵销分录,最后将合并工作底稿中各项目的合并数过入合并财务报表。

对于非同一控制下企业合并,购买方应遵循"市场化交易"原则,按照公允价值进行相关的会计处理。企业合并成本大于合并中取得的被购买方可辨认净资产公允价值份额的差额,应确认为商誉。企业合并成本小于合并中取得的被购买方可辨认净资产公允价值份额的差额,应计入合并后的当期损益(营业外收入)。对于非同一控制下的控股合并,购买方一般应于购买日编制合并资产负债表。

重要名词中英文对照

企业合并 business combination

吸收合并 merger

新设合并 consolidation

控股合并 acquisition of majority interest

同一控制下的企业合并 business combination under the same control

非同一控制下的企业合并 business combination not under the same control

合并日 combining date

购买日 acquisition date

合并资产负债表 consolidated financial position statement

合并利润表 consolidated comprehensive income statement

励志阅读

9-1 有些事不需要解释

知识测试

一、单选题

1. 依据企业会计准则的规定，下列有关企业合并的表述中，不正确的是（　　）。

A. 企业合并是将两个或两个以上单独的企业合并形成一个报告主体的交易或事项

B. 受同一母公司控制的两个企业之间进行的合并，属于同一控制下的企业合并

C. 同一控制下的控股合并发生当期，合并方于期末编制合并利润表时应包括被合并方自合并当期期初至期末的净利润

D. 同一控制下的企业合并中，合并成本是购买方为取得对被购买方的控制权支付对价的公允价值及各项直接相关费用之和

2. 同一控制下的企业合并形成母子公司关系的，合并方应在合并日编制合并财务报表，如合并方账面资本公积（资本溢价或股本溢价）贷方余额大于被合并方在合并前实现的留存收益中归属于合并方的部分，在合并资产负债表中，应对被合并方在合并前实现的留存收益中归属于合并方的部分（　　）。

A. 自“资本公积”转入“盈余公积”和“未分配利润”

B. 自“盈余公积”转入“未分配利润”

C. 不作调整

D. 自“盈余公积”和“未分配利润”转入“资本公积”

3. A公司和B公司分别为M公司控制下的两家子公司。A公司于2020年4月10日自B公司处取得C公司80%的股权，合并后C公司仍维持独立法人资格继续经营。为进行此项企业合并，A公司发行了700万股本公司普通股（每股面值为1元）作为对价。C公司合并当日的所有者权益账面价值总额为3 000万元，公允价值为3 500万元。A公司应确认

的“资本公积——股本溢价”贷方金额为(　　)万元。

A. 2 100　　B. 2 300　　C. 700　　D. 1 700

4. 对于非同一控制下企业合并，购买方在对企业合并成本进行分配、确认合并中取得可辨认资产和负债时，不应予以考虑的项目是(　　)。

A. 公允价值能够可靠计量的无形资产　　B. 递延所得税资产

C. 固定资产　　D. 应付账款

5. 按照我国企业会计准则的规定，对于非同一控制下企业合并，购买方在购买日一般应编制(　　)。

A. 合并现金流量表　　B. 合并资产负债表

C. 合并所有者权益变动表　　D. 合并利润表

6. 对于非同一控制下的控股合并，合并方在编制合并财务报表时对取得的被合并方的可辨认资产、负债应(　　)。

A. 以其公允价值计量

B. 资产以其在被合并方的原账面价值计量，负债以公允价值计量

C. 包括被合并方在合并之前已经确认的商誉和递延所得税项目

D. 以其在被合并方的原账面价值计量

7. 甲公司为增值税一般纳税人，适用的增值税税率为13%，2020 年 1 月 1 日，甲公司以增发的 500 万股普通股(每股市价为 4 元)和一批存货作为对价，从乙公司处取得 A 公司80%的股权，能够对 A 公司实施控制。该批存货的成本为 80 万元，公允价值(等于计税价格)为 100 万元。合并合同规定，如果 A 公司未来两年的平均净利润增长率超过 10%，则甲公司应另向乙公司支付 200 万元的合并对价。当日，甲公司预计 A 公司未来两年的平均净利润增长率很可能将超过 10%。A 公司可辨认净资产账面价值和公允价值均为 2 000 万元。甲公司与乙公司不具有关联方关系。甲公司购买 A 公司 80%股权的合并成本为(　　)万元。

A. 1 913　　B. 2 313　　C. 2 113　　D. 2 100

8. 2019 年 12 月 1 日，甲公司以银行存款 400 万元和一台大型设备对 A 公司进行投资，取得 A 公司 60%的普通股份。该设备的账面原价为 6 000 万元，公允价值为 5 600 万元，已计提累计折旧 600 万元，已计提减值准备 200 万元。同日，A 公司所有者权益账面价值为 8 000 万元，可辨认净资产公允价值为 9 000 万元。甲公司与 A 公司不存在任何关联方关系，假定不考虑增值税等相关税费。甲公司在 2019 年 12 月 1 日应确认的合并成本是(　　)万元。

A. 4 800　　B. 6 000　　C. 5 600　　D. 5 400

二、多选题

1. 对于以发行债券方式进行的企业合并与发行债券相关的佣金、手续费的处理，下列各项中正确的说法有(　　)。

A. 债券发行费用应计入管理费用

B. 债券发行费用应增加合并成本

C. 债券如为溢价发行的，该部分费用应减少溢价的金额

D. 债券如为折价发行的，该部分费用应增加折价的金额

2. 下列各项中，属于企业合并准则所界定的企业合并的有（　　）。

A. 甲公司以其资产作为出资投入B公司，取得对B公司的控制权，交易事项发生后B公司仍维持其独立法人资格继续经营

B. 甲公司支付对价取得C公司的净资产，交易事项发生后C公司失去法人资格

C. 甲公司购买D公司40%的股权，对D公司的生产经营决策具有重大影响

D. 甲公司通过发行债券自A公司原股东处取得A公司的全部股权，交易事项发生后A公司仍维持其独立法人资格持续经营

3. 按照我国企业会计准则的规定，对于同一控制下企业合并，购买方在购买日应编制的报表有（　　）。

A. 合并现金流量表　　B. 合并利润表

C. 合并所有者权益变动表　　D. 合并资产负债表

4. 对于非同一控制下的企业合并，企业合并成本包括（　　）。

A. 购买方为进行企业合并发行的权益性证券在购买日的公允价值

B. 企业合并中发生的各项直接相关费用

C. 购买方为进行企业合并付出的非现金资产的公允价值

D. 购买方为进行企业合并支付的现金

5. 非同一控制下企业合并中发生的与企业合并直接相关的费用包括（　　）。

A. 为进行合并而发生的咨询费、审计费用

B. 为进行合并而发生的法律服务费用

C. 为进行企业合并发行的权益性证券相关的手续费、佣金

D. 为进行企业合并发行的债券相关的手续费、佣金

6. 按照我国企业会计准则的规定，以下关于非同一控制下企业合并的说法中，正确的有（　　）。

A. 非同一控制下企业合并，不确认新的商誉

B. 非同一控制下企业合并，需确认新的商誉

C. 非同一控制下企业合并，不确认被合并方原有商誉

D. 非同一控制下企业合并，需确认被合并方原有商誉

7. 关于非同一控制下企业合并，下列表述中正确的有（　　）。

A. 通过多次交换交易分步实现的企业合并，应当以购买日之前所持被购买方的股权投资的账面价值与购买日新增投资成本之和，作为个别报表中该项投资的初始投资成本

B. 吸收合并的情况下，合并方应将取得的被合并方各项可辨认资产、负债等反映在个别财务报表中

C. 合并成本小于合并中取得的被购买方可辨认净资产公允价值份额的差额，应计入资本公积

D. 分步实现的企业合并中，购买日是指购买方最终取得对被购买方控制权的日期

三、判断题

1. 同一控制下的企业合并是指参与合并的企业在合并前后均受同一方或相同的多方最终控制且该控制可以是暂时性的。 （ ）

2. 同一控制下的企业合并，合并方支付的合并对价与取得的被合并方净资产账面价值之间的差额，一般不确认新的商誉，对被合并方在合并前账面上原已确认的商誉也不确认。 （ ）

3. 对于同一控制下的控股合并，在合并财务报表中，应将被合并方在合并日以前期间实现的留存收益自资本公积转入留存收益。 （ ）

4. 对于非同一控制下控股合并，其合并成本大于合并中取得的被购买方可辨认净资产公允价值份额的部分，购买方应在其账簿及个别财务报表中确认为商誉。 （ ）

5. 非同一控制下的企业合并中，购买方在企业合并中取得的被购买方在其财务报表中未确认的无形资产，在其公允价值能够可靠计量情况下应单独予以确认。 （ ）

6. 在非同一控制下吸收合并的情况下，企业合并成本小于合并中取得的被购买方可辨认净资产公允价值的差额，应计入购买方合并利润表中。 （ ）

技能测试

如果你是大海公司的财务经理王振，现有大海公司合并长江公司交易，请根据要求完成相关账务处理并编制合并财务报表。具体交易如下：2019 年 6 月 30 日，大海公司以定向增发普通股的方式，购买取得长江公司 80%的股权，大海公司当日资产负债表和长江公司当日资产负债表及估值确认的资产负债表数据如表 9-10 所示。大海公司定向增发普通股股票 2 500 万股（每股面值为 1 元，每股市价为 5.6 元）。

表 9-10　　资产负债表（简表）

2019 年 6 月 30 日　　单位：万元

资产	大海公司（账面价值）（已记账）	长江公司		负债和所有者权益	大海公司（账面价值）	长江公司	
		账面价值	公允价值			账面价值	公允价值
货币资金	2 000	200	200	短期借款	5 000	2 000	2 000
应收账款	8 000	800	800	应付账款	3 000	1 000	1 000
存货	10 000	4 000	5 000	其他应付款	2 000	1 000	1 000
长期股权投资	20 000	1 000	1 500	负债合计	10 000	4 000	4 000
固定资产	15 000	8 000	9 500	股本	22 500	6 000	
无形资产	4 000	1 000	2 000	资本公积	16 500	2 000	

（续表）

资产	大海公司（账面价值）（已记账）	长江公司		负债和所有者权益	大海公司（账面价值）	长江公司	
		账面价值	公允价值			账面价值	公允价值
商誉				盈余公积	1 000	300	
				未分配利润	9 000	2 700	
				股东权益合计	49 000	11 000	15 000
资产总计	59 000	15 000	19 000	负债和股东权益总计	59 000	15 000	19 000

假定：

(1) 大海公司和长江公司属于非同一控制下的企业合并。

(2) 大海公司与长江公司在合并前未发生任何交易。

(3) 不考虑所得税、不考虑大海公司增发该普通股股票所发生的审计以及发行等相关费用。

要求：

(1) 编制大海公司取得长江公司80%股权投资的会计分录。

(2) 编制购买日调整长江公司资产、负债的分录。

(3) 计算购买日合并商誉和购买日少数股东权益。

(4) 编制购买日大海公司长期股权投资和长江公司所有者权益的抵销分录。

(5) 编制大海公司购买日的合并资产负债表工作底稿和合并资产负债表，格式分别如表9-11和9-12所示。

表9-11　　合并工作底稿

编制单位：大海公司　　2019年6月30日　　单位：万元

项　目	大海公司	长江公司	汇总数	调整分录和抵销分录		少数股东权益	合并金额
				借方	贷方		
货币资金							
应收账款							
存货							
长期股权投资							
固定资产							
无形资产							
商誉							
资产总计							

（续表）

项　目	大海公司	长江公司	汇总数	调整分录和抵销分录		少数股东权益	合并金额
				借方	贷方		
短期借款							
应付账款							
其他应付款							
负债合计							
股本							
资本公积							
盈余公积							
未分配利润							
归属于母公司所有者权益合计							
少数股东权益							
所有者权益合计							
负债和所有者权益总计							

表 9-12　　**合并资产负债表**

会合 01 表

编制单位：大海公司　　2019 年 06 月 30 日　　单位：万元

资产	期末余额	上年年末余额	负债和所有者权益（或股东权益）	期末余额	上年年末余额
流动资产：			流动负债：		
货币资金			短期借款		
交易性金融资产			交易性金融负债		
衍生金融资产			衍生金融负债		
应收票据			应付票据		
应收账款			应付账款		
应收款项融资			预收款项		
预付款项			应付职工薪酬		
其他应收款			应交税费		
存货			合同负债		

（续表）

资产	期末余额	上年年末余额	负债和所有者权益（或股东权益）	期末余额	上年年末余额
合同资产			其他应付款		
持有待售资产			持有待售负债		
一年内到期的非流动资产			一年内到期的非流动负债		
其他流动资产			其他流动负债		
流动资产合计			流动负债合计		
非流动资产：			非流动负债：		
债权投资			长期借款		
其他债权投资			应付债券		
长期应收款			其中：优先股		
长期股权投资			永续债		
其他权益工具投资			租赁负债		
其他非流动金融资产			长期应付款		
投资性房地产			预计负债		
固定资产			递延收益		
在建工程			递延所得税负债		
生产性生物资产			其他非流动负债		
油气资产			非流动负债合计		
使用权资产			负债合计		
无形资产			所有者权益（或股东权益）：		
开发支出			实收资本（或股本）		
商誉			其他权益工具		
长期待摊费用			其中：优先股		
递延所得税资产			永续债		
其他非流动资产			资本公积		
非流动资产合计			减：库存股		
			其他综合收益		

（续表）

资产	期末余额	上年年末余额	负债和所有者权益（或股东权益）	期末余额	上年年末余额
			专项储备		
			盈余公积		
			未分配利润		
			归属于母公司的所有者权益（或股东权益）合计		
			少数股东权益		
			所有者权益合计		
资产总计			负债和所有者权益（或股东权益）总计		

请根据上述要求完成技能测试并进行技能评价，填写技能评价表，格式如表 9-13 所示。

表 9-13　　技能评价表

考核内容标准	实施评价	
	自我评价	同学互评
判断分析能力（30 分）		
会计处理能力（30 分）		
团队合作能力（20 分）		
会计职业道德（20 分）		
合计		

推荐阅读

1. 施鸿.基于财务战略矩阵的企业合并财务评价[J].财会通讯，2020(02)：117-120.
2. 傅宏宇，崔婧，杜凯.合并商誉计量的理论冲突与经济后果[J].财会月刊，2019(03)：62-72.
3. 谢德仁.商誉这颗“雷”：减值还是摊销？[J].会计之友，2019(04)：2-5.

9-2　第 9 章推荐阅读 1

9-3　第 9 章推荐阅读 2

9-4　第 9 章推荐阅读 3

思政财经案例

美团收购摩拜原因揭露：没有优秀的财务有多可怕？

2018 年 4 月 3 日，摩拜股东大会在北京东三环边上的嘉里中心举行，凌晨，摩拜股东大会投票结束，摩拜终被美团“拿下”。我们熟悉的摩拜单车换了主人，胡玮炜的创始团队成员正式退出摩拜。

美团以 35％的美团股权、65％的现金收购摩拜单车，其中 3.2 亿美元作为未来流动性补充，A、B 轮投资人及创始团队以获得 7.5 亿美元现金出局。

一、财务指标不达标谁都可能被出局

虽然自成立以来频繁融资，但摩拜在资金方面仍旧紧张，财务状况不甚乐观。最近它的财务报表被曝光。我们从摩拜 2017 年 12 月份损益表中可以看出，当月摩拜收入仅为 1.1 亿元人民币，去掉 5.65 亿元销售成本、1.46 亿元管理支出以及 0.8 亿元减值损失，最后净利润为亏损 6.81 亿元人民币。一家某领域的巨头企业，一直没办法盈利，在这种持续亏损的情况下，股东自然会逐渐失去耐心，进而放弃了支持。很多股东只想套现离场，离开这场往里扔钱但看不到盈利希望的共享单车战事。股东们不是慈善家，他们要的是投资回报，相比继续往里扔钱，不如套现或换点儿美团的股份更实际。

但其实说到底，无数单车倒下的原因无非只有一个：没钱。

共享单车走到今天，现金流运转就显得至关重要。曾有人对比较活跃的几款共享单车进行了押金退款速度测试，评测员采用的押金支付方式都是较为通用的微信支付和支付宝支付，但是结果却非常出人意料，多数单车公司均能在 1～2 分钟内实现退款，而 ofo 公司的退押金时间最长，用时 29 分钟。而这半小时的退款时间，或许正是 ofo 公司的“自我保护”时间，如果像其他单车一样，自动进行押金退款，万一出现用户大规模退押金的问题，公司的现金流可能会断裂，公司将面临倒闭。对于前期需要大量铺量的共享单车来说，手上拿到的钱直接决定了能够占领多大的市场份额。加上前期为了扩张市场，各家纷纷推出免费政策，共享单车企业前期靠资本输血才能存活。

二、成也融资，败也融资

巨额的融资，可以给企业带来高速发展，也可能导致企业贪腐。早在之前，某实名社交平台曾有 ofo 公司的前员工爆料称：ofo 公司内部贪腐现象严重。马云曾说：“创业者光有激情和创新是不够的，还需要很好的体系、制度、团队以及良好的盈利模式。”共享单车攻城战的烧钱之巨大、竞争之激烈，市场饱和的声音屡起，但时刻都有拿到资本的新人入场。因此，共享单车企业间的竞争只怕更残酷。

三、成本漏洞应防微杜渐

业内人士说做共享单车不容易：“现在投放一辆车的成本非常高，第一是车辆造价，第二是物流成本，第三是运营成本，还不包括行政后勤的费用。”

共享单车也陆续爆出员工钻成本漏洞的空子。以 ofo 公司为例，ofo 公司运维团队的修车、摆车师傅都由运营部门独立负责招聘和结算工资。根据各大招聘网站显示，运营师傅的月薪在 4 000～6 000 元左右，主要工作内容是找车、搬车(工时朝九晚九，每周工作 6 天)。那么，漏洞就来了，因为公司既没有成本和预算的概念，也没有有效的财务监督制度，运营部门多报几个人，几万元就会进入口袋，上级部门也不太容易追究。

四、内部控制上的问题

技术上的缺陷可以不断弥补，但是如果一家企业内部控制存在问题，不仅会使企业资产流失，还会使企业内部的道德底线遭到践踏，更会使企业的声誉遭受极大的损失。内部控制本身并不能产生现金流入，反而是企业的一种成本，所以很多管理者对内部控制不重视，没有内部控制意识。这些现金充足的创业公司，通过不断地烧钱来抢占市场份额，挤走竞争对手。在这些创业公司扩张的同时，由于内部控制存在问题，贪腐问题就会大量出现。如果内部控制不能杜绝贪腐现象，那么企业的道德约束将从下到上一点点腐烂、瓦解、崩溃，企业也就像吸食毒品的人，很难再恢复到健康的机体。

五、小结

当线上流量红利消失，所有的企业都在寻找新的流量，有一部分企业在尝试从流量中挖掘出深层的价值，从而找寻到更加丰富的盈利模式。作为“互联网＋财税”智能时代的财务人员，我们只有更深刻地理解商业模式的价值，才能帮助自己在工作中找到定位和未来的职业规划，才能更好地规划公司和产品的发展。

参考资料来源：根据“第一会计网”微信公众号文章《美团收购摩拜原因揭露：没有优秀的财务有多可怕?》改编。

【案例启示】

学习美团收购摩拜案例，认识优秀财务人员素养的重要性，树立提升技能和终身学习的理念。

第十章

合并财务报表

本章根据《企业会计准则第33号——合并财务报表》和《企业会计准则第33号——合并财务报表》应用指南编写，主要介绍合并财务报表的概念和基本理论、合并范围的确定、合并财务报表的编制程序、合并财务报表编制的调整分录与抵销分录以及合并财务报表附注的相关内容。

本章知识框架如下：

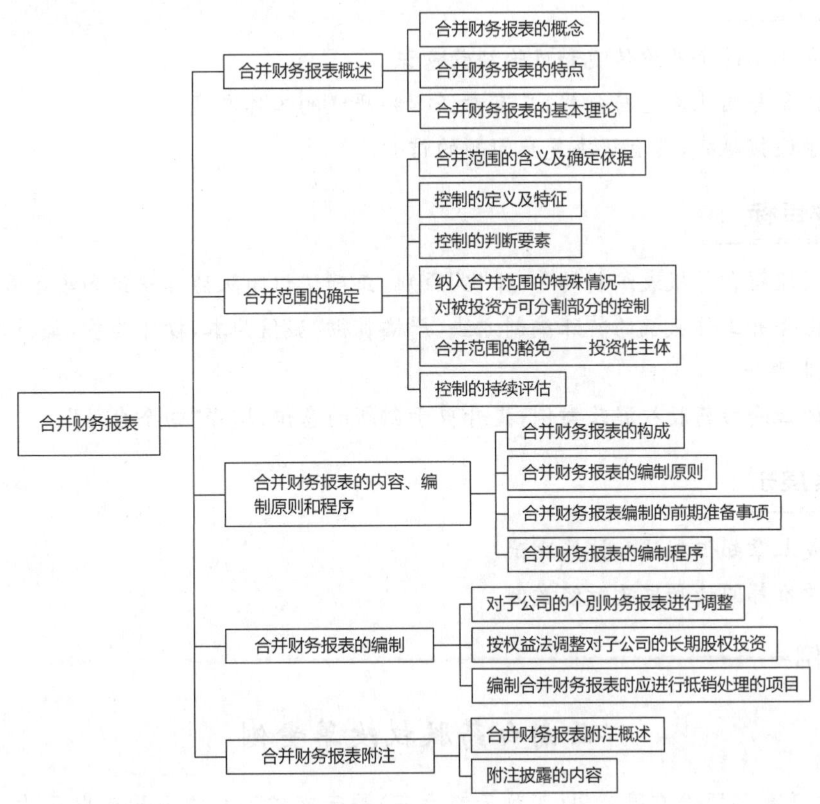

学习目标与成果展示

知识目标

❶ 描述合并财务报表的概念，判断合并的范围，列举合并财务报表的组成部分。

❷ 阐述合并财务报表的编制流程。

❸ 熟悉内部股权交易的调整和抵销分录的编制原理并应用。

❹ 熟悉内部购销交易抵销分录的编制原理并应用。

❺ 熟悉内部债权与债务抵销分录的编制原理并应用。

能力目标

❶ 能够准确判断并处理企业合并中合并方个别报表事项。

❷ 能够正确编制合并日及日后合并财务报表调整分录和抵销分录。

❸ 能够正确编制合并工作底稿并出具合并财务报表。

素质目标

❶ 树立正确的企业价值观和风险经营意识。

❷ 积极参与团队沟通与合作，具有责任心和严谨的工作态度。

❸ 勇于迎接挑战，具有解决复杂问题的信心。

思政目标

❶ 深刻理解合并报表编制的"一体化"原则，正确认识团队协作意识和集体责任感。

❷ 强化合并工作底稿的特殊编制方法，严格贯彻"诚信为本，操守为重，坚持准则，不做假账"的职业操守。

❸ 解读云南白药股权混改案例，提升勇于创新的意识，增强"四个自信"。

成果展示

❶ 完成本章知识测试和技能测试。

❷ 自学推荐阅读和思政财经案例。

引导案例

云南白药股权改革案例

云南白药集团股份有限公司（简称云南白药）是云南省盈利能力最为出众的上市国企，云南白药 2014—2016 年的年均净利润超过 20 亿元。优秀的管理层、正确的战略使得云南白药早已成为云南省国企当之无愧的标杆。

一、白药控股混合所有制改革

2016年7月19日，云南白药接到控股股东云南白药控股有限公司(简称白药控股)的通知，称公司实际控制人云南省国有资产监督管理委员会(简称云南省国资委)正在筹划与白药控股相关的重大事项，以推进白药控股开展混合所有制改革(简称混改)相关工作。混改在白药控股层面进行，以新股东增资为主，引入新股东后，云南省国资委与新股东将各自持有白药控股50%股权，不影响白药控股持有上市公司的股份比例，亦不影响白药控股的控股股东地位。同时，本次改革坚持市场导向，白药控股高管由董事会选聘。2016年11月15日，该方案获云南省国资委核准。2016年12月16日，新华都实业集团股份有限公司(简称新华都)临时股东大会审议通过新华都作为增资方出资253.7亿元取得白药控股50%股权的事项。2016年12月27日，白药控股召开总裁办公会审议通过混改事项。2016年12月28日，云南省国资委、新华都及白药控股签署了合作协议。通过此次混合所有制改革，白药控股将引入长期战略合作伙伴，建立更为灵活的机制和更加市场化的治理结构，从而更好地适应市场竞争，为长期可持续发展奠定良好的制度基础。同时，白药控股通过引入资金可实现规模扩张，发展增量业务。本次改革有利于白药控股在此次医药行业转型的窗口期抓住机遇、赢得先机。

在新华都和云南省国资委共同控制白药控股的背景下，白药控股进一步推动了混合所有制改革。2017年6月，白药控股审议通过江苏鱼跃科技发展有限公司(简称江苏鱼跃)作为增资方取得白药控股10%股权的事项。江苏鱼跃是持有多家企业股权的控股型投资平台，在国内设有数十家全资、控股子公司及孙公司，是中国医疗影像和家用医疗领域的龙头民营企业。江苏鱼跃对白药控股单方面进行增资，在本次交易完成后，云南省国资委、新华都和江苏鱼跃分别持有白药控股45%、45%、10%的股权。本次引入鱼跃的估值按照上一轮新华都增资时的估值，江苏鱼跃拟向白药控股增资约56.38亿元。董事会层面，白药控股董事会将由5名董事组成，其中云南省国资委、新华都各提名两名董事，江苏鱼跃提名一名董事。从资本力量对比来看，江苏鱼跃的入局使白药控股整体上的民营资本大于国资力量。2017年11月27日，云南白药又进一步实施了高管薪酬改革方案。至此，云南白药的混合所有制改革基本完成。

二、云南白药吸收合并白药控股

2018年，云南白药吸收合并白药控股。云南白药通过发行股份的方式对白药控股实施吸收合并。云南白药为吸收合并方，白药控股为被吸收合并方。本次吸收合并完成后，云南白药为存续方，承继及承接白药控股的全部资产、负债、合同及其他一切权利与义务，白药控股注销法人资格。同时，白药控股持有的上市公司股份也被注销，云南省国资委、新华都及江苏鱼跃成为上市公司的股东。

参考资料来源：根据云南白药官网资料改编。

思考：改革后云南白药的第一大股东是谁？是否有实际控制人？新华都是否能将云南白药纳入合并范围？云南白药的合并财务报表如何编制？

第一节 合并财务报表概述

一、合并财务报表的概念

合并财务报表是指将母公司和子公司组成的企业集团视为一个会计主体，以母公司和子公司单独编制的个别财务报表为基础，通过对个别财务报表的调整和母公司与子公司、子公司与子公司之间所发生的内部交易的抵销，由母公司编制的综合反映企业集团整体财务状况、经营成果和现金流量的财务报表。

合并财务报表可以弥补母公司个别财务报表的不足，为会计信息使用者提供更为全面的决策有用的会计信息。编制合并财务报表主要是为了满足母公司的股东、债权人、管理者和有关政府管理机关等有关方面对会计信息的需要。

二、合并财务报表的特点

（一）与个别财务报表的不同点

以企业集团为会计主体，由母公司编制合并财务报表，与以母公司和子公司各自为会计主体编制的个别财务报表主要有以下几点不同：①反映的对象不同；②编制单位不同；③编制基础不同；④编制方法不同；⑤用途不同。

（二）与汇总财务报表的不同点

汇总财务报表是指由上级行政管理部门根据所属企业报送的个别财务报表进行加总编制的财务报表。合并财务报表与汇总财务报表主要有以下几点不同：①编报的目的不同；②确定编报范围的依据不同；③编制方法不同。

三、合并财务报表的基本理论

合并财务报表的基本理论是指认识合并财务报表的观点或角度，即如何看待由母公司、子公司组成的企业集团及其内部联系。目前，国际上编制合并财务报表的基本理论主要有所有权理论、实体理论和母公司理论三种。

（一）所有权理论

所有权理论也称业主权理论，其核心思想是在编制合并财务报表时既不强调企业集团中存在的法定控制关系，也不强调企业集团的各成员企业所构成的经济实体，而是强调编制合并财务报表的企业对另一企业的经济活动和财务决策具有重大影响的所有权。

1. 所有权理论的要点

所有权理论认为，母子公司之间的关系是拥有和被拥有的关系，编制合并财务报表的目的是向母公司股东报告其所拥有的资源，合并财务报表只是为了满足母公司股东的信息需求，而不是为了满足子公司少数股东的信息需求。

所有权理论认为，应采用比例合并法编制合并财务报表，即母公司编制合并财务报表时，对于子公司的资产和负债，只按母公司所持有股权的份额计入合并资产负债表；对于子公司的收入、费用和利润，也只按母公司所持有股权的份额计入合并利润表。

2. 所有权理论的缺陷

所有权理论的缺陷在于，它强调的是在编制合并财务报表时对母公司按比例拥有的部分进行合并，而不是对实际控制的全部进行合并，这显然违背了控制的实质，忽略了控股合并产生的控制杠杆作用。

【例 10-1】 假设A公司从非关联方取得B公司80%的股权，并能对B公司实施控制，属于非同一控制下的企业合并。购买日，B公司存货的账面价值为100万元，公允价值为200万元。根据所有权理论，请问B公司的存货反映在购买日合并资产负债表中的金额是多少？

解析：

对于B公司的存货资产，按照属于母公司A的比例，其80%的部分按公允价值反映，则：

$$200 \times 80\% = 160(\text{万元})$$

(二) 实体理论

实体理论也称主体理论，是一种站在由母公司和子公司组成的经济主体的角度来看待母公司与子公司间控股关系的合并理论，它源自权益理论中的主体观念。

1. 实体理论的要点

实体理论认为，母子公司之间的关系是控制和被控制的关系，而不是拥有和被拥有的关系，其强调的是企业集团中所有成员构成的经济实体。编制合并财务报表的目的是反映合并主体所控制的资源，从而满足控股股东(母公司)和所有股东的信息需求。实体理论认为，少数股权股东与控股股东一样，都是企业集团这一会计主体的股东，共同享有的企业集团的净利润。因此，合并财务报表应该反映所有股东的情况，应满足所有股东的信息需求。

实体理论认为，母公司编制合并财务报表时应采用完全合并法，即不论是否为全资子公司，子公司的各项资产、负债、收入和费用都应全部合并到合并财务报表中。对于非全资子公司，其净资产(即所有者权益)应区分为控股股东权益与少数股东权益，但少数股东权益与控股股东权益一样，也属于合并主体所有者权益的一部分。少数股东所享有的子公司净利润的份额也包含在合并净利润中。

2. 实体理论的缺陷

实体理论存在的缺陷在于商誉的计算具有推定性质。依据实体理论，子公司的整体价值等于母公司付出的代价除以母公司所拥有的股权比例，合并商誉则是子公司的整体价值与子公司可辨认净资产的公允价值之间的差额，属于全体股东。这种假定少数股东和控股股东一样会支付同样的价格来获得股权的做法，不符合客观实际。因为子公司的少数股东对子公司没有控制权，一般不会付出与母公司同样的购买价格。此外，由于少数股东拥有子公司的少数股权，对子公司没有控制权，他们一般不太关心企业集团的合并报表。

【例 10-2】 承[例 10-1],根据实体理论,请问B公司的存货反映在购买日合并资产负债表中的金额是多少?

解析:

对于B公司的存货资产,属于少数股东部分的存货计价与母公司一样,都采用公允价值,则:

$$200\times80\%+200\times20\%=200(\text{万元})$$

(三) 母公司理论

母公司理论是一种站在母公司股东的角度来看待母公司、子公司之间控股关系的合并理论。它是将合并财务报表视为母公司个别财务报表编制范围的扩大和延伸,是将母公司个别财务报表上总括反映的对子公司的投资情况进行细化。母公司理论认为合并报表是为母公司的股东和债权人服务的,主要是为了展示母公司股东所拥有的资产、负债和净资产。

1. 母公司理论的要点

母公司理论采纳了所有权理论关于合并报表编制目的的看法,认为合并财务报表主要是为了满足母公司股东的信息需求而非子公司少数股东的信息需求,是为母公司现在和未来(潜在)的股东编制的,强调的是满足母公司股东的信息需求。

在母公司理论下,确定合并范围的依据是“控制观”,它采用实质控制的观点来确定合并范围,认为应将所有由母公司控制的企业都纳入合并范围。

母公司理论认为,编制合并财务报表时应采用完全合并法、对子公司的资产、负债、收入和费用予以全面合并,但对非全资子公司的少数股东权益和少数股东损益予以单独反映,即在合并资产负债表中,将少数股东权益视为企业集团的负债,在负债与所有者权益之间单独列报;在合并利润表中,将少数股东享有的净利润份额视为企业集团的费用,单独列报。

2. 母公司理论的缺陷

(1) 对子公司的资产和负债会出现双重计价,即对子公司资产、负债中属于母公司的部分按购买日的价格计价,而对子公司资产、负债中属于少数股东的部分按子公司账面价值计价。

(2) 将少数股东权益视为负债列示于负债和所有者权益之间,这会使合并财务报表使用者产生困惑,也会产生诸如资产负债率、净资产比率、股东权益报酬率等比率计算时少数股东权益如何界定的问题。

【例 10-3】 承[例 10-1],根据母公司理论,请问B公司的存货反映在购买日合并资产负债表中的金额是多少?

解析:

对于子公司B的存货资产,属于母公司A的80%部分按公允价值反映,而属于少数股东的20%部分按照账面价值反映。则:

$$200\times80\%+100\times20\%=180(\text{万元})$$

需要注意的是，在会计实务中，母公司编制合并财务报表时，并不是单纯运用上述的某一种合并理论，而是将不同的合并理论结合起来运用。我国的会计实务主要采用的是实体理论，对于合并财务报表中的合并商誉确定采用的是母公司理论。

第二节　合并范围的确定

一、合并范围的含义及确定依据

合并财务报表的合并范围是指纳入合并财务报表编报公司的范围，即明确哪些被投资单位应当包括在合并财务报表编报范围之内，哪些被投资单位应当排除在合并财务报表编报范围之外。我国《企业会计准则第 33 号——合并财务报表》规定，合并财务报表的合并范围应当以控制为基础加以确定。

二、控制的定义及特征

1. 控制的定义

控制是指投资方拥有对被投资方的权力，通过参与被投资方的相关活动而享有可变回报，并且有能力运用对被投资方的权力影响其回报金额。

2. 控制的特征

从上述控制的定义可以看出控制具有如下基本特征：①控制的主体是唯一的，即对被投资方的财务和经营政策等相关活动具有决定权；②控制的内容是另一个企业的财务和经营政策等相关活动，且一般是通过表决权来实现的；③控制的性质是一种法定权力，是通过公司章程或协议、投资者之间的协议授予的权力；④控制的目的是获取经济利益(享有可变回报)，包括增加经济利益、维持经济利益、保护经济利益或者降低所分担的损失等。

三、控制的判断要素

根据上述定义，控制包含三项基本要素，如果投资方具备以下所有的要素，则视为投资方能够控制被投资方：一是投资方拥有对被投资方的权力；二是通过参与被投资方的相关活动而享有可变回报；三是有能力运用其对被投资方的权力影响其回报金额。

投资方在判断是否控制被投资方时，应综合考虑所有的事实和情况，当投资方同时具备上述三项要素时，投资方才能控制被投资方。

(一) 投资方拥有对被投资方的权力

投资方享有现时权利使其目前有能力主导被投资方的相关活动，而不论其是否实际行使该权利，都视为投资方拥有对被投资方的权力。

在确定投资方对被投资方是否拥有权力时应从以下两个方面进行判断。首先，评估被投资方的设立目的和设计，以识别被投资方的哪些活动是相关活动、相关活动的决策机制、被投资方相关活动的主导方以及其决策机制。相关活动是指对被投资方的回报产生重大影响的活动。这些活动一般可能包括但不限于下述活动：商品或劳务的销售和购买；金融资产的管理；资产的购买和处置；研究与开发活动；确定资本结构和获取融资。企业对相关活动的决策一般由企业章程及协议中约定的权力机构（例如股东会、董事会）来进行。其次，确定投资方拥有的与被投资方相关的权力。通常情况下，当被投资方从事一系列对其回报产生显著影响的经营及财务活动，且需要就这些活动连续地进行实质性决策时，表决权等类似权利本身或者其他安排将赋予投资方权力。

1. 实质性权利和保护性权利

1）实质性权利

投资方在判断是否拥有对被投资方的权力时，应当仅考虑与被投资方相关的实质性权利，包括自身所享有的实质性权利以及其他方所享有的实质性权利。

实质性权利是指持有人在对相关活动进行决策时实际可执行的权利。判断一项权利是否为实质性权利，应当综合考虑所有相关因素，包括权利持有人行使该项权利是否存在财务、价格、条款、机制、信息、运营、法律法规等方面的障碍，当权利由多方持有或者行权需要多方同意时是否存在实际可行的机制使这些权利持有人在其愿意的情况下能够一致行权，以及权利持有人是否可从行权中获利等。实质性权利通常是指当前可执行的权利，但在某些情况下当前不可行使的权利也可能是实质性权利。

2）保护性权利

保护性权利是指仅为了保护权利持有人利益却不能赋予持有人对相关活动决策权的权利，通常包括应由股东大会（或股东会，下同）行使的修改公司章程，增加或减少注册资本，发行公司债券，公司合并、分立、解散或变更公司形式等事项持有的表决权。仅享有保护性权利的投资方不拥有对被投资方的权力。

2. 投资方拥有对被投资方权力的情形

1）直接控制

投资方持有被投资方半数以上表决权的，视为对被投资方拥有直接控制权。通常情况下，当被投资方的相关活动由持有半数以上表决权的投资方决定，或者主导被投资方相关活动的管理层多数成员由持有半数以上表决权的投资方聘任时，无论该表决权是否行使，持有被投资方过半数表决权的投资方都拥有对被投资方的权力。但下述两种情况除外：①存在其他安排赋予被投资方的其他投资方拥有对被投资方的权力；②投资方拥有的表决权不是实质性权利。

例如，深广公司和红星公司分别持有大鱼公司 60%和 40%的普通股股票。在股东会议上，每股普通股持有人享有一票表决权。若不存在其他因素，大鱼公司的相关活动由持有大鱼公司半数以上表决权的一方主导。因此，深广公司拥有对大鱼公司的权力（如图 10-1 所示）。

投资方持有被投资方半数以上表决权的情况通常包括如下三种：①投资方直接持有被投资方半数以上的表决权；②投资方间接持有被投资方半数以上的表决权；③投资方以直接和间接方式合计持有被投资方半数以上的表决权。

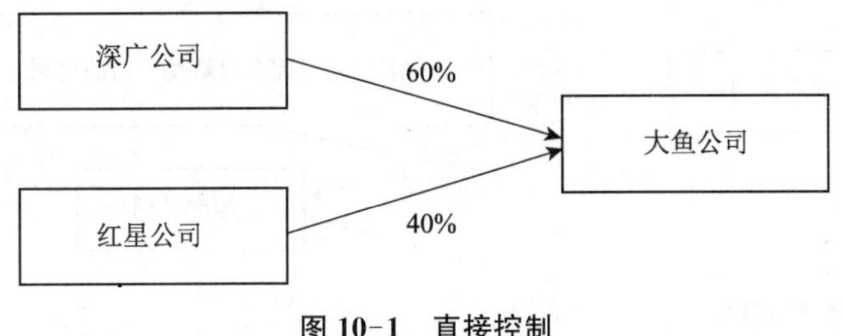

图 10-1　直接控制

2）间接控制

间接控制是指投资方自己持有的表决权虽然只有半数或以下，但通过与其他表决权持有人之间的协议使其可以持有足以主导被投资方相关活动的表决权，从而拥有对被投资方的权力。

例如，深广公司、红星公司和长江公司分别持有海棠公司 35%、35%和 30%的普通股股票。海棠公司的相关活动由股东会议半数以上表决权主导。在股东会议上，每股普通股持有人享有一票表决权。深广公司与红星公司签订协议，红星公司持有海棠公司 35%的表决权委托深广公司管理，假定不存在其他因素，则深广公司拥有对海棠公司的权力（如图 10-2 所示）。

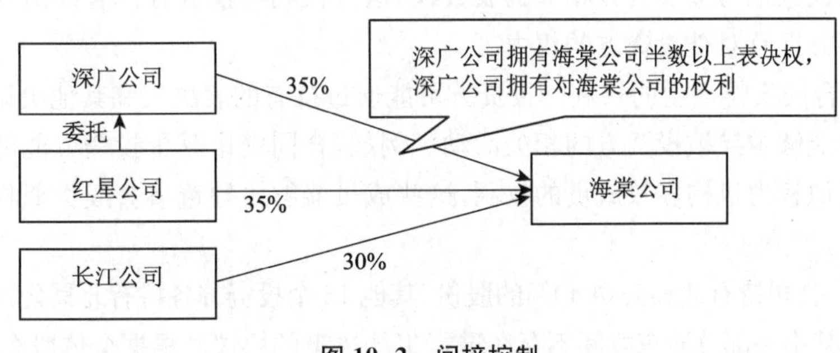

图 10-2　间接控制

3）综合控制

持有半数或半数以下表决权的投资方，应综合考虑下列事实和情况，以判断其持有的表决权与相关事实和情况相结合是否使投资方拥有对被投资方的权力。

（1）投资方持有的表决权份额相对于其他投资方持有的表决权份额的大小，以及其他投资方持有表决权的分散程度。投资方持有的绝对表决权比例或相对于其他投资方持有的表决权比例越高，其现时能够主导被投资方相关活动的可能性越大。此外，为否决投资方意见而需要联合的其他投资方越多，投资方现时能够主导被投资方相关活动的可能性越大。

例如，深广公司持有鲲鹏公司 49%的股份，剩余股份由数千位分散小股东持有，所有小股东单独持有的股份均未超过 1%，且他们之间或其中一部分股东均未达成进行集体决策的协议。因此，深广公司拥有对鲲鹏公司的权力（如图 10-3 所示）。

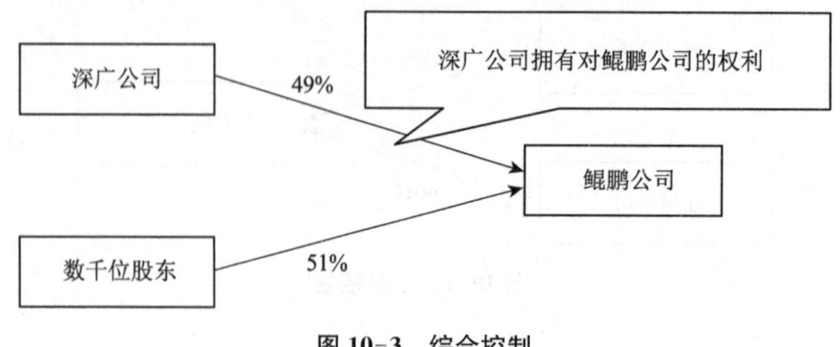

图 10-3　综合控制

本例中，深广公司虽然持有鲲鹏公司的股份不足 50%，但是，根据其他股东持有股份的相对规模及其分散程度，以及其他股东之间未达成集体决策协议等情况，可以判断深广公司拥有对鲲鹏公司的权力。

（2）投资方和其他投资方持有的潜在表决权。潜在表决权是指获得被投资方表决权的权利，如可转换工具、可执行认股权证、远期股权购买合同或其他期权所产生的权利。确定潜在表决权是否赋予其持有者权力时，需要考虑以下三方面因素：一是潜在表决权工具的设立目的和设计，以及投资方涉入被投资方其他方式的目的和设计；二是潜在表决权是否为实质性权利，判断控制权仅考虑满足实质性权利要求的潜在表决权；三是投资方是否持有其他表决权或其他与被投资方相关的表决权，这些权利与投资方持有的潜在表决权结合后是否使投资方拥有对被投资方的权力。

（3）其他合同安排产生的权利。投资方可能通过持有的表决权和其他决策权相结合的方式使其当前能够主导被投资方的相关活动。例如，合同安排赋予投资方能够聘任被投资方董事会或类似权力机构多数成员的权利，这些成员能够主导董事会或类似权力机构对相关活动的决策。

例如，深广公司持有北冥公司 40%的股份，其他 12 个投资方各持有北冥公司 5%的股份，且它们之间或其中一部分股东之间不存在进行集体决策的协议。根据全体股东协议，深广公司有权聘任或解聘董事会多数成员，董事会主导北冥公司的相关活动。

本例中，深广公司持有的北冥公司股份不足 50%，且其他 12 个投资方各持有北冥公司 5%的股份，根据深广公司自身持有股份的绝对规模和其他股东的相对规模，难以得出深广公司对北冥公司拥有权力。但是，全体股东协议授予深广公司聘任或解聘董事会多数成员的权利，以及其他股东之间不存在集体决策的协议，因此，深广公司拥有对北冥公司的权力。

（4）其他相关事实或情况。如果根据上述所列因素尚不足以判断投资方是否控制被投资方，应综合考虑投资方享有的权利、被投资方以往表决权行使情况及下列事实或情况进行判断。

第一，投资方是否能够任命或批准被投资方的关键管理人员，这些关键管理人员是否能够主导被投资方的相关活动。

第二，投资方是否能够出于自身利益决定或者否决被投资方的重大交易。

第三，投资方是否能够控制被投资方董事会等类似权力机构成员的任命程序，或者从其他表决权持有人手中获得代理投票权。

第四，投资方与被投资方的关键管理人员或董事会等类似权力机构中的多数成员是否存在关联关系例如，被投资方首席执行官与投资方首席执行官是否为同一人。

第五，投资方与被投资方之间是否存在特殊关系。在评价投资方是否拥有对被投资方的权力时，应当适当考虑这种特殊关系的影响，这种特殊关系可能为投资方享有权力提供了证据。特殊关系通常包括：被投资方的关建管理人员是投资方的现任或前任职工；被投资方的经营活动依赖于投资方；被投资方重大的活动有投资方参与其中或者是以投资方的名义进行；投资方自被投资方承担可变回报的风险（或享有可变回报的收益）的程度远超过其持有的表决权或其他类似权利的比例等。

4）投资方拥有多数表决权但没有控制权

当其他投资方现时有权力能够主导被投资方的相关活动，且其他投资方不是投资方的代理人时，投资方就不拥有对被投资方的权力。当表决权不是实质性权利时，即使投资方持有被投资方多数表决权，也不拥有对被投方的权力。例如，被投资方相关活动被政府、法院、管理人、接管人、清算人或监管人等其他方主导时，投资方虽然持有多数表决权，但也不可能主导被投资方的相关活动。

5）权力来自表决权之外的其他权利

投资方对被投资方的权力通常来自表决权，但有时，投资方对一些主体的权力不是来自表决权，而是来自一项或多项合同安排。例如，证券化产品、资产支持融资工具、部分投资基金等结构化主体。

结构化主体是指在确定其控制方时没有将表决权或类似权利作为决定因素而设计的主体。主导该主体相关活动的依据通常是合同安排或其他安排形式。

（二）因参与被投资方的相关活动而享有可变回报

判断投资方是否控制被投资方的第二项基本要素是，投资方因参与被投资方的相关活动而享有可变回报。可变回报是指不固定的并可能随被投资方业绩变动的回报。投资方在判断其享有被投资方的回报是否变动以及如何变动时，应当根据合同安排的实质，而不是法律形式。

（1）股利、被投资方经济利益的其他分配（如被投资方发行的债务工具产生的利息）以及投资方对被投资方投资的价值变动。

（2）因向被投资方的资产或负债提供服务而得到的报酬、因提供信用支持或流动性支持收取的费用或承担的损失、被投资方清算时在其剩余净资产中所享有的权益、税务利益以及因涉入被投资方而获得的未来流动性。

（3）其他利益持有方无法得到的回报。

（三）有能力运用对被投资方的权力影响其回报金额

判断控制的第三项基本要素是，投资方有能力运用对被投资方的权力影响其回报金额。

拥有决策权的投资方在判断是否控制被投资方时，需要考虑其决策行为是以主要责任人（实际决策人，其权力是为自己行使的）的身份进行的还是以代理人（其权力是代其他方行使的）的身份进行的。代理人代表主要责任人行动并服务于该主要责任人的利益。主要责任人可能将其对被投资方的某些或全部决策权授予代理人，但在代理人代表主要责任人行使决策权时，代理人并不对被投资方拥有权力。此时，代理人的决策权应被视为由主要责任人直接持有，而不属于代理人。

四、纳入合并范围的特殊情况——对被投资方可分割部分的控制

投资方通常应当对是否控制被投资方进行整体判断。但在少数情况下，如果有确凿证据表明同时满足下列条件并且符合相关法律规定的，投资方应当将被投资方的一部分视为被投资方的可分割部分，进而判断是否控制该可分割部分：①该部分的资产是偿付该部分负债或该部分其他权益的唯一来源，不能用于偿还该部分以外的被投资方的其他负债；②除与该部分相关的各方外，其他方不享有与该部分资产相关的权利，也不享有与该部分资产剩余现金流量相关的权利。

由此可见，该部分的所有资产、负债及相关权益均与被投资方的其他部分相隔离，即该部分的资产所产生的回报不能由该部分以外其他部分使用，该部分的负债也不能用该部分以外的其他资产偿还。

如果被投资方的一部分资产和负债及相关权益满足上述条件，构成可分割部分，则投资方应当基于控制的判断标准确定其是否能够控制该可分割部分。如果投资方能够控制该可分割部分，则应将该可分割部分纳入合并范围。而其他方在考虑是否控制并合被投资方时，应仅对被投资方的剩余部分进行控制及合并的评估，该可分割部分应排除在外。

五、合并范围的豁免——投资性主体

（一）豁免规定

母公司应当将其全部子公司（包括母公司所控制的被投资单位可分割部分、结构化主体）纳入合并范围。如果母公司是投资性主体，则其只应将那些为投资性主体的投资活动提供相关服务的子公司纳入合并范围，对其他子公司不应予以合并，应按照公允价值计量且其变动计入当期损益。

一个投资性主体的母公司如果其本身不是投资性主体，其应当将其控制的全部主体纳入合并财务报表范围，包括投资性主体以及通过投资性主体间接控制的主体。

（二）投资性主体的定义及特征

1. 投资性主体的定义

当母公司同时满足以下三个条件时，则该母公司为投资性主体。一是该公司以向投资方提供投资管理服务为目的，从一个或多个投资者获取资金。二是该公司的唯一经营目的

是通过资本增值、投资收益或两者兼有而让投资者获得回报。三是该公司按照公允价值对几乎所有投资的业绩进行计量和评价。

2. 投资性主体的特征

投资性主体通常应当具备下列四个特征：一是拥有一个以上投资；二是拥有一个以上投资者；三是投资者不是该主体的关联方；四是该主体的所有者权益以股权或类似权益的形式存在。

（三）投资性主体转换的处理

1. 母公司由非投资性主体转变为投资性主体

当母公司由非投资性主体转变为投资性主体时，除将为其投资活动提供相关服务的子公司纳入合并财务报表范围编制合并财务报表外，企业集团自转变日起对其他子公司不应予以合并，其会计处理应参照部分处置子公司股权但不丧失控制权的处理原则：终止确认与其他子公司相关资产（包括商誉）及负债的账面价值，以及其他子公司相关少数股东权益（包括属于少数股东其他综合收益）的账面价值，并按照对该子公司的投资在转变日的公允价值确认一项以公允价值计量且其变动计入当期损益的金融资产，同时将对该子公司的投资在转变日的公允价值为处置价款，其与当日合并财务报表中该子公司净资产（资产、负债及相关商誉之和，扣除少数股东权益）的账面价值之间的差额，调整资本公积（资本溢价或股本溢价），资本公积不足冲减的，调整留存收益。

2. 母公司由投资性主体转变为非投资性主体

当母公司由投资性主体转变为非投资性主体时，企业集团应将原未纳入合并财务报表范围的子公司于转变日纳入合并财务报表范围，将转变日视为购买日，原未纳入合并财务报表范围的子公司于转变日的公允价值视为购买的交易对价，按照非同一控制下企业合并的会计处理方法进行会计处理。

六、控制的持续评估

控制的评估是持续的。当环境或情况发生变化时，投资方需要评估控制的三项基本要素中的一项或多项是否发生了变化。如果有任何事实或情况表明三项基本要素中的一项或多项发生了变化，投资方应重新评估对被投资方是否具有控制。

第三节　合并财务报表的内容、编制原则和程序

一、合并财务报表的构成

编制合并财务报表是为了向财务报表使用者提供反映企业集团整体财务状况、经营成果和现金流量的会计信息。合并财务报表主要由以下几种报表构成。

(一) 合并资产负债表

合并资产负债表是反映由母公司和子公司形成的企业集团某一特定日期财务状况的财务报表。

(二) 合并利润表

合并利润表是反映由母公司和子公司形成的企业集团在一定期间内经营成果的财务报表。

(三) 合并现金流量表

合并现金流量表是综合反映由母公司和子公司形成的企业集团在一定期间内现金及现金等价物流入和流出情况的财务报表。

(四) 合并所有者权益变动表

合并所有者权益变动表是反映由母公司和子公司形成的企业集团在一定期间内所有者权益各组成部分当期增减变动情况的财务报表。

(五) 合并财务报表附注

合并财务报表附注除了包括个别财务报表附注中应说明的事项,还应当对以下事项进行说明:①子公司清单;②母公司拥有被投资单位表决权不足半数但能对被投资单位形成控制的原因;③母公司直接或通过其他子公司间接拥有被投资单位半数以上表决权但未能对其形成控制的原因;④在子公司与母公司会计政策和会计处理方法不一致时,母公司编制合并财务报表的处理方法及影响;⑤在子公司与母公司会计期间不一致时,母公司编制合并财务报表的处理方法及其影响;⑥本期不再纳入合并范围的原子公司的相关资料及不再成为子公司的原因;⑦子公司向母公司转移资金的能力受到严格限制的情况;⑧作为子公司纳入合并范围的特殊目的主体业务性质及业务活动等。

二、合并财务报表的编制原则

(一) 以个别财务报表为基础原则

合并财务报表并不是直接根据母公司和子公司的账簿编制的,而是利用母公司和子公司编制的反映各自财务状况和经营成果的财务报表提供的数据,通过合并财务报表的特有方法进行编制。以纳入合并范围的个别财务报表为基础,可以说是客观性原则在合并财务报表编制时的具体体现。

(二) 一体性原则

合并财务报表反映的是企业集团的财务状况和经营成果,反映的是由多个法人企业组成的一个会计主体的财务情况。在编制合并财务报表时,应当将母公司和所有子公司作为整体来看待,视为一个会计主体,母公司和子公司发生的经营活动都应当从企业集团这一整体的角度进行考虑。因此,在编制合并财务报表时,对于母公司与子公司之间以及子公司相互之间发生的经济业务,应当视同同一会计主体之下的不同核算单位的内部业务。

（三）重要性原则

与个别财务报表相比，合并财务报表涉及多个法人主体，涉及的经营活动的范围也很广，母公司与子公司经营活动往往跨越不同行业，有时母公司与子公司经营活动甚至相差很大。此时，合并财务报表要综合反映这样的会计主体的财务情况，必然要涉及重要性的判断问题。特别是在企业集团拥有众多子公司的情况下，更是如此。在编制合并财务报表时，必须强调重要性原则的运用。例如，一些项目对企业集团中的某一企业具有重要性，但对整个企业集团则不一定具有重要性，在这种情况下，根据重要性的要求对财务报表项目进行取舍，则具有重要的意义。此外，当母公司与子公司之间以及子公司相互之间发生的经济业务对整个企业集团财务状况和经营成果影响不大时，也应根据重要性原则进行取舍，可以不编制抵销分录而直接编制合并财务报表。

三、合并财务报表编制的前期准备事项

合并财务报表的编制涉及多个子公司，有的合并财务报表的合并范围甚至包括数百个子公司。为了使合并财务报表准确、全面反映企业集团的真实情况，必须做好一系列的前期准备事项。

（一）统一母子公司的会计政策

会计政策是指企业进行会计核算和编制财务报表时所采用的会计原则、会计程序和会计处理方法，是编制财务报表的基础。统一母公司和子公司的会计政策是保证母子公司财务报表各项目反映内容一致的基础。为此，在编制财务报表前，企业集团应当尽可能统一母公司和子公司的会计政策，统一要求子公司所采用的会计政策与母公司保持一致。由于所在国或地区法律、会计准则等方面的原因，一些境外子公司确实无法使其采用的会计政策与母公司所采用的会计政策保持一致的，其应当按照母公司所采用的会计政策重新编报财务报表，母公司也可以根据自身所采用的会计政策对境外子公司报送的财务报表进行调整，以重编或调整编制的境外子公司财务报表作为编制合并财务报表的基础。

（二）统一母子公司的资产负债表日及会计期间

由于财务报表是反映一定日期的财务状况和一定会计期间经营成果的，母公司和子公司的个别财务报表只有在反映财务状况的日期和反映经营成果的会计期间一致的情况下才能进行合并。为了编制合并财务报表，企业集团必须统一内部所有的子公司的资产负债表日和会计期间，使子公司的资产负债表日和会计期间与母公司的资产负债表日和会计期间保持一致。

一些境外子公司由于当地法律限制确实不能与母公司财务报表决算日和会计期间一致的，母公司应当按照自身的资产负债表日和会计期间对子公司的财务报表进行调整，以调整后的子公司财务报表为基础编制合并财务报表，也可以要求子公司按照母公司的资产负债表日和会计期间另行编制报送其个别财务报表。

（三）对子公司以外币表示的财务报表进行折算

母公司和子公司的财务报表进行合并的前提必须是母子公司的财务报表所采用的货币计量单位一致。我国允许外币业务比较多的企业采用某一外币作为记账本位币，境外企业一般也是采用其所在国或地区的货币作为其记账本位币。这些企业的财务报表进行合并时，必须折算为母公司所采用的记账本位币表示的财务报表。我国外币财务报表基本上采用的是现行汇率法。有关外币财务报表的具体折算方法在外币业务中已做论述，在此不再重复。

（四）收集编制合并财务报表的相关资料

合并财务报表以母公司和其子公司的财务报表以及其他有关资料为依据，由母公司进行编制。为编制合并财务报表，母公司应当要求子公司及时提供下列有关资料：①子公司相应期间的财务报表；②与母公司及与其他子公司之间发生的内部购销交易、债权债务、投资及其产生的现金流量和未实现内部销售损益的期初、期末余额及变动情况等资料；③子公司所有者权益变动和利润分配的有关资料；④编制合并财务报表所需要的其他资料。

四、合并财务报表的编制程序

合并财务报表的编制是一项极为复杂的工作，不仅涉及本企业会计业务和财务报表，而且还涉及纳入合并范围的子公司的会计业务和财务报表。为了使合并财务报表的编制工作有条不紊，必须按照一定的程序有步骤地进行。

（一）设置合并工作底稿

合并工作底稿的作用是为合并财务报表的编制提供基础。在合并工作底稿中，应对母公司和纳入合并范围子公司的个别财务报表各项目的数额进行汇总和抵销处理，最终计算得出合并财务报表各项目的合并数。合并工作底稿的基本格式如表 10-1 所示。

表 10-1　　合并工作底稿（简表）

项目	母公司	子公司1	子公司2	……	汇总数	调整分录		抵销分录		少数股东权益	合并数
利润表项目											
一、营业收入											
二、营业成本											
……											
所有者权益变动表项目											
一、未分配利润—年初											

（续表）

项目	母公司	子公司1	子公司2	……	汇总数	调整分录		抵销分录		少数股东权益	合并数
二、未分配利润—年末											
……											
资产负债表项目											
流动资产：											
……											
非流动资产：											
……											
流动负债：											
现金流量表项目											
……											

（二）将母子公司的个别报表数据过入合并工作底稿并进行加总

将母公司及纳入合并范围子公司的个别资产负债表、利润表及所有者权益变动表各项目的数据过入合并工作底稿，并在合并工作底稿中对母公司和子公司个别财务报表各项目的数据进行加总，计算得出个别资产负债表、个别利润表、个别所有者权益变动表及个别现金流量表各项目的合计数额。

（三）编制调整分录与抵销分录

进行调整抵销处理是合并财务报表编制的关键和主要内容，其目的在于将会计政策及计量基础差异对个别财务报表的影响进行调整，以及将个别财务报表各项目的加总数据中重复的因素等予以抵销。例如，母公司与子公司之间以及子公司相互之间销售商品，期末未实现对外销售而形成存货、固定资产、工程物资、在建工程、无形资产等资产的，在抵销销售商品的营业成本和营业收入的同时，还应当将各项资产所包含的未实现内部销售损益予以抵销，并对固定资产的折旧额或无形资产的摊销额与未实现内部销售损益相关的部分进行抵销。母公司向子公司出售资产（顺流交易）所发生的未实现内部交易损益，应当全额抵销归属于母公司所有者的净利润。子公司向母公司出售资产（逆流交易）所发生的未实现内部交易损益，应当按照母公司对该子公司的分配比例在归属于母公司所有者的净利润和少数股东损益之间分配抵销。子公司之间出售资产所发生的未实现内部交易损益，应当按照母公司对出售方子公司的分配比例在归属于母公司所有者的净利润和少数股东损益之间分配抵销。为简化起见，本章第四节中均假设内部出售资产为顺流交易或逆流交易，且子公司为全资子公司。

（四）计算合并财务报表各项目的合并数额

计算合并财务报表各项目的合并数额是指在母公司和纳入合并范围的子公司个别财

务报表各项目加总数额的基础上，分别计算财务报表中的资产项目、负债项目、所有者权益项目、有关收益类项目和费用项目等项目的合并数。

1. 资产类项目

其合并数应根据该项目加总的数额，加上该项目调整分录与抵销分录的借方发生额，减去该项目调整分录与抵销分录的贷方发生额计算确定。

2. 负债类项目和所有者权益类项目

其合并数应根据该项目加总的数额，减去该项目调整分录与抵销分录的借方发生额，加上该项目调整分录与抵销分录的贷方发生额计算确定。

3. 收益类项目

其合并数应根据该项目加总的数额，减去该项目调整分录与抵销分录的借方发生额，加上该项目调整分录与抵销分录的贷方发生额计算确定。

4. 成本费用类项目和有关利润分配的项目

其合并数应根据该项目加总的数额，加上该项目调整分录与抵销分录的借方发生额，减去该项目调整分录与抵销分录的贷方发生额计算确定。

（五）填列合并财务报表

根据合并工作底稿中计算出的资产、负债、所有者权益、收入、成本费用类各项目的合并数，填列正式的合并财务报表。

第四节　合并财务报表的编制

合并财务报表分为合并日（购买日）合并财务报表和合并日（购买日）后的合并财务报表两大类。合并日（购买日）合并财务报表的编制已在第九章“企业合并”中介绍，本章节主要阐述合并日（购买日）后合并财务报表的编制。

企业在合并日（购买日）后编制合并财务报表时，首先应对个别财务报表进行调整，在合并工作底稿中编制调整分录；其次应将母公司与子公司之间以及子公司相互之间发生的交易和事项予以抵销，在合并工作底稿中编制抵销分录；最后在合并工作底稿的基础上，计算合并财务报表各项目的合并数，并过入合并财务报表中。

一、对子公司的个别财务报表进行调整

（一）同一控制下企业合并取得的子公司

在子公司采用的会计政策、会计期间等与母公司一致的情况下，企业编制合并财务报表时，应以有关子公司的个别财务报表为基础，不需要对子公司的个别财务报表进行调整。

在子公司采用的会计政策、会计期间等与母公司不一致的情况下，企业则需要考虑重要性原则，按照母公司的会计政策和会计期间，对子公司个别财务报表进行调整。

（二）非同一控制下企业合并取得的子公司

对于非同一控制下企业合并取得的子公司，企业除应考虑会计政策及会计期间的差别，对子公司的个别财务报表进行调整外，还应当根据母公司在购买日设置的备查簿中登记的该子公司有关可辨认资产、负债的公允价值，对子公司的个别财务报表进行调整，使子公司的个别财务报表反映这些可辨认资产、负债等在本期资产负债表日应有的金额。

1. 对子公司资产、负债按照购买日公允价值进行调整

母公司根据购买日设置的备查簿中登记的该子公司有关可辨认资产、负债的公允价值与账面价值的资料，将可辨认资产、负债的账面价值调整为购买日的公允价值，并在合并工作底稿中编制如下调整分录。

借：固定资产（购买日公允价值大于原账面价值的差额）
　　无形资产（购买日公允价值大于原账面价值的差额）
　　投资性房地产（购买日公允价值大于原账面价值的差额）
　　存货等（购买日公允价值大于原账面价值的差额）
　　贷：资本公积（如果相关资产、负债的公允价值小于账面价值，则做相反分录）

2. 对子公司资产负债表和利润表的调整

由于子公司的个别财务报表是按其资产、负债的账面价值为基础编制的，其资产、负债以及当期计算的净损益也是以其资产、负债的账面价值为基础计算的结果（如计提的固定资产折旧、摊销的无形资产、结转的存货成本等），而购买日公允价值与原账面价值存在差额的资产或负债，在日后的经营过程中因使用、销售或偿付等而得以实现，在资产、负债以及净损益的计算中应反映公允价值产生的影响。因此，母公司在编制合并财务报表时，应将子公司以账面价值为基础反映的资产负债表和利润表调整为以购买日公允价值为基础反映的资产负债表和利润表。其具体调整应分以下两种情况处理。

（1）合并当年期末编制合并财务报表时，在合并工作底稿中应编制如下调整分录。

借：管理费用（或者相反分录）
　　贷：固定资产——累计折旧（按固定资产公允价值与账面价值的差额当期应补提的折旧）
　　　　无形资产——累计摊销（按无形资产公允价值与账面价值的差额当期应补摊销的金额）

借：营业成本
　　贷：存货（存货公允价值与账面价值的差额×当期已销售的比例）

（2）合并后的第二年及以后各年编制合并财务报表时，在合并工作底稿中应编制如下调整分录。

借：未分配利润——年初（以前各年应补提的折旧、摊销等）
　　贷：固定资产——累计折旧（以前各年按固定资产公允价值应补提的折旧）
　　　　无形资产——累计摊销（以前各年按无形资产公允价值应补摊销的金额）
　　　　存货（存货公允价值与账面价值的差额×以前各年已销售的比例）

借：管理费用
　　贷：固定资产—累计折旧（按固定资产公允价值与账面价值的差额当期应补提的折旧）
　　　　无形资产——累计摊销（按无形资产公允价值与账面价值的差额当期应补摊销的金额）

借：营业成本

　　贷：存货(存货公允价值与账面价值的差额×当期已销售的比例)

二、按权益法调整对子公司的长期股权投资

按照《企业会计准则第 2 号——长期股权投资》的规定，母公司对子公司的长期股权投资在其个别财务报表中应采用成本法进行核算。但在编制合并财务报表时，母公司应先将对子公司的长期股权投资按权益法进行调整，然后在此基础上编制合并财务报表。

在采用成本法核算长期股权投资的情况下，“长期股权投资”账户只反映长期股权投资成本的增减变动情况，投资方在获得现金股利时确认为投资收益。而在采用权益法核算长期股权投资的情况下，“长期股权投资”账户反映的是投资企业在被投资企业所有者权益中享有份额的变动情况，投资方在被投资企业实现净利润时按其享有的份额确认投资收益，在获得现金股利时按其享有的份额抵减长期股权投资的账面价值；被投资企业发生其他综合收益和其他权益(资本公积)变动时，投资方按其享有的份额调整长期股权投资的账面价值。

母公司对子公司的长期股权投资按权益法进行调整时，主要涉及三方面的内容：一是子公司净损益(包括分派现金股利)的影响；二是子公司其他综合收益变动的影响；三是子公司除净损益、其他综合收益和股利分配以外的其他所有者权益变动的影响。

(一) 应享有子公司当期净损益的调整

1. 调整应享有子公司当期实现净利润(经过调整后的净利润)份额的账务处理

在合并工作底稿中，母公司应编制如下调整分录。

借：长期股权投资(调整后子公司当期实现的净利润×母公司持股比例)

　　贷：投资收益

若母公司应承担子公司当期发生亏损的份额，则做相反的调整分录。

此处“调整后子公司当期实现的净利润”是指在子公司个别利润表的净利润的基础上，考虑将子公司净资产由账面价值调整为公允价值后，由于资产销售、折旧和摊销等因素对当期损益的影响。

2. 调整应享有子公司当期分派的现金股利或利润份额的账务处理

在合并工作底稿中，母公司应编制如下调整分录。

借：投资收益

　　贷：长期股权投资(子公司当期分派的现金股利×母公司持股比例)

我们也可将上述净利润份额的调整与分派现金股利的调整合并编制如下调整分录。

借：长期股权投资[(调整后子公司当期的净利润－当期分派的现金股利)×母公司持股比例]

　　贷：投资收益

(二) 应享有子公司以前年度净损益的调整

在合并工作底稿中，母公司应编制如下调整分录。

借：长期股权投资[（调整后子公司以前年度净利润－以前年度分派的现金股利）×母公司持股比例]
　　贷：未分配利润——年初（若为亏损，则做相反的调整分录）

（三）应享有子公司其他综合收益的调整

在合并工作底稿中，母公司应编制如下调整分录。

借：长期股权投资（子公司各年其他综合收益的净增加额×母公司持股比例）
　　贷：其他综合收益

在子公司其他综合收益减少的情况下，母公司应编制相反的调整分录。

（四）应享有子公司除净损益、其他综合收益和股利分配以外的其他所有者权益（资本公积）变动的调整

在合并工作底稿中，母公司应编制如下调整分录。

借：长期股权投资（子公司各年资本公积的净增加额×母公司持股比例）
　　贷：资本公积

在子公司资本公积减少的情况下，应编制相反的调整分录。

三、编制合并财务报表时应进行抵销处理的项目

编制合并财务报表时，母公司要进行抵销处理的项目主要包括以下四项：一是内部股权投资项目的抵销处理；二是内部债权债务项目的抵销处理；三是内部商品交易的抵销处理；四是内部固定资产交易的抵销处理。由于内部无形资产等资产交易的抵销处理原理与固定资产相似，所以本章不做介绍。上述抵销处理可能同时涉及合并资产负债表、合并利润表、合并现金流量表和合并所有者权益变动表，本章对于涉及的合并现金流量表项目抵销处理只做简单介绍。

（一）内部股权投资项目的抵销处理

内部股权投资项目的抵销处理主要包括两方面的内容：一是母公司对子公司的长期股权投资与子公司所有者权益项目的抵销处理；二是内部股权投资收益与子公司利润分配项目的抵销处理。

1. 长期股权投资与子公司所有者权益的抵销处理

其抵销原理如图 10-4 所示，母公司对子公司进行的长期股权投资，一方面反映为长期股权投资以外的其他资产的减少，另一方面反映为长期股权投资的增加，其在母公司个别资产负债表中作为资产类项目中的长期股权投资列示。子公司接受这一投资时，一方面表现为相关资产的增加，另一方面表现为实收资本（或股本）等的增加。其在个别资产负债表中一方面反映为实收资本（或股本）等，另一方面反映为相对应的相关资产。但从企业集团整体来看，母公司对子公司进行的长期股权投资实际上相当于企业集团内部的资产调拨，并不引起整个企业集团的资产、负债和所有者权益的增减变动。因此，企业在编制合并财务报表时，应当在母公司与子公司财务报表数据简单相加的基础上，将母公司对子公司长期股权投资项目与子公司所有者权益项目予以抵销。

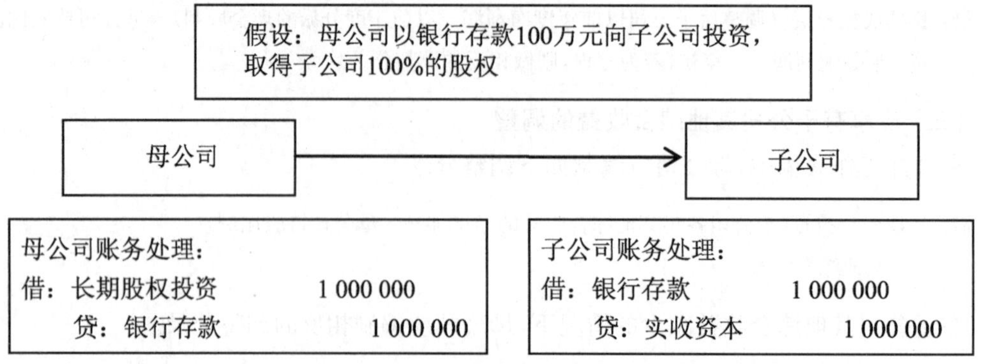

图 10-4　长期股权投资与子公司所有者权益抵销的原理

在具体抵销处理时，企业应根据母公司在子公司所有者权益中拥有份额的多少，将子公司分为全资子公司（拥有 100％股权的子公司）和非全资子公司。对于全资子公司，应将对子公司的长期股权投资与子公司所有者权益全额抵销。对于非全资子公司，则应将对子公司的长期股权投资与子公司所有者权益中母公司所拥有的份额进行抵销；子公司所有者权益中不属于母公司的份额，即子公司所有者权益中抵销母公司所享有的份额后的余额，在合并资产负债表中作为少数股东权益在所有者权益项目下单独列示。企业在进行抵销处理时应区分同一控制下企业合并取得的子公司和非同一控制下企业合并取得的子公司两种情况进行处理。

1）同一控制下企业合并取得的子公司（非全资子公司）

此时，应编制如下抵销分录。

借：股本（实收资本）（子公司股本的期末数）
　　资本公积（子公司资本公积的期末数）
　　其他综合收益（子公司其他综合收益期末数）
　　盈余公积（子公司盈余公积期末数）
　　未分配利润——年末（子公司未分配利润的期末数）
　　贷：长期股权投资（母公司对子公司的长期股权投资按权益法调整后的期末数）
　　　　少数股东权益（子公司所有者权益总额×少数股东比例）

需要说明的是，同一控制下企业合并取得的子公司抵销时不会产生差额，即不会产生商誉。

同时，还应以母公司资本公积（资本溢价或股本溢价）的贷方余额为限，将子公司的资产负债表日的留存收益中归属于母公司的份额自“资本公积”转入“盈余公积”和“未分配利润”项目。在合并工作底稿中，应编制如下调整分录。

借：资本公积（子公司合并前实现的留存收益×母公司的持股比例）
　　贷：盈余公积（子公司合并前实现的盈余公积×母公司的持股比例）
　　　　未分配利润——年初（子公司合并前实现的未分配利润×母公司的持股比例）

2）非同一控制下企业合并取得的子公司（非全资子公司）

此时，应编制如下抵销分录。

借：股本(实收资本)(子公司实收资本的期末数)
　　资本公积(子公司资本公积经调整后的期末数)
　　其他综合收益(子公司其他综合收益期末数)
　　盈余公积(子公司盈余公积的期末数)
　　未分配利润——年末(经调整后子公司未分配利润的期末数)
　　商誉(长期股权投资的金额大于应享有子公司可辨认净资产公允价值份额的差额)
　　贷：长期股权投资(母公司对子公司的长期股权投资按权益法调整后的期末数)
　　　　少数股东权益(子公司可辨认净资产公允价值总额×少数股权比例)

抵销时，母公司对子公司长期股权投资的金额小于子公司所有者权益总额的差额，在企业合并当期应作为"营业外收入"项目处理，在合并以后年度应作为"年初未分配利润"项目处理。

子公司持有母公司的长期股权投资，应当视为企业集团的库存股，作为所有者权益的减项，在合并资产负债表中所有者权益项目下以"减：库存股"项目列示，即在合并工作底稿中做如下抵销分录。

借：库存股
　　贷：长期股权投资

子公司相互之间持有的长期股权投资，应当比照母公司对子公司的股权投资的抵销方法，将长期股权投资与其对应的子公司所有者权益中所享有的份额相互抵销。

【例 10-4】 假定甲公司拥有 A 公司 80%的普通股股权，能够控制 A 公司；A 公司拥有 B 公司 60%的普通股股权，能够控制 B 公司。甲公司在编制合并财务报表时应做如下账务处理。

1. 先抵销甲公司对 A 公司的股权投资

借：股本(A 公司期末数)
　　资本公积(调整后 A 公司期末数)
　　其他综合收益(A 公司期末数)
　　盈余公积(A 公司期末数)
　　未分配利润——年末(调整后 A 公司的期末数)
　　商誉(合并成本大于"份额"的差额)
　　贷：长期股权投资(甲公司对 A 公司的长期股权投资)
　　　　少数股东权益(A 公司权益总额×少数股权比例)

2. 再抵销 A 对 B 公司的股权投资

借：股本(B 公司期末数)
　　资本公积(调整后 B 公司期末数)
　　其他综合收益(B 公司期末数)
　　盈余公积(B 公司期末数)
　　未分配利润——年末(调整后 B 公司的期末数)
　　商誉(合并成本大于"份额"的差额)
　　贷：长期股权投资(A 公司对 B 公司的投资)
　　　　少数股东权益(B 公司权益总额×少数股权比例)

特别说明：本章的相关例题均不考虑子公司持有母公司的股权与集团库存股的抵销处理，以及子公司之间互相持有股权的情况。

2. 内部股权投资收益与子公司利润分配项目的抵销处理

内部股权投资收益是指母公司对子公司之间或子公司对子公司之间的长期股权投资的收益，即母公司对子公司的长期股权投资在合并工作底稿中按权益法调整形成的投资收益，实际上就是子公司当期经调整后的净损益乘以母公司持股比例的金额。

在子公司为全资子公司的情况下，母公司对某一子公司在合并工作底稿中按权益法调整的投资收益，实际上就是该子公司当期实现的净利润(经调整后)。企业在编制合并利润表时，实际上是将子公司的净利润还原为营业收入、营业成本和期间费用等，视为母公司本身的营业收入、营业成本和期间费用等来看待，并将其与母公司相应的项目进行合并。因此，企业在编制合并利润表时，必须将对子公司的长期股权投资收益予以抵销，否则，投资收益就被重复计算了。

因子公司个别所有者权益变动表中本年利润分配项目中的“未分配利润——年初”项目是子公司以前会计期间净利润的一部分，在全资子公司的情况下已全额(在非全资子公司的情况下为母公司享有的份额)包括在母公司以前会计期间按权益法调整的投资收益和本期年初未分配利润之中。因此，企业在编制合并财务报表时，也应将其予以抵销。

另外，合并所有者(股东)权益变动表只反映母公司所有者(股东)权益的变动情况，其中的利润分配项目只反映母公司的利润分配数，因此，企业在编制合并财务报表时应将子公司个别所有者(股东)权益变动表中本年利润分配各项目的金额，包括提取盈余公积、对所有者(或股东)的分配和年末未分配利润的金额，全部予以抵销。

在子公司为全资子公司的情况下，母公司对子公司长期股权投资本期按权益法调整的投资收益就是子公司本期的净利润。子公司本期净利润加上年初未分配利润就是子公司本期的可供分配利润，是本期子公司利润分配的来源；而子公司本期利润分配(包括提取盈余公积、对所有者的分配等)的金额与年末未分配利润的金额则是本期利润分配的去向(结果)。本期子公司利润分配的来源与本期子公司利润分配的去向(结果)两者金额相等，因此，母公司对子公司的长期股权投资按权益法调整的投资收益和子公司的年初未分配利润正好与子公司的本年利润分配项目相抵销。

在子公司为非全资子公司的情况下，母公司本期对子公司长期股权投资本期权益法调整的投资收益与本期少数股东损益之和就是子公司本期净利润。因此，母公司对子公司长期股权投资本期按权益法调整的投资收益与本期少数股东损益之和再加上子公司年初未分配利润，正好与子公司的本年利润分配项目相抵销。企业在抵销内部股权投资收益与子公司利润分配项目时，应编制如下抵销分录。

借：投资收益(子公司经调整后的净利润×母公司持股比例)
　　少数股东损益(子公司经调整后的净利润×少数股东持股比例)
　　未分配利润——年初(子公司调整后的年初未分配利润)
　　贷：本期提取盈余公积(子公司本期提取的盈余公积)
　　　　对所有者(股东)分配(子公司利润分配数)
　　　　未分配利润——年末(子公司经调整后的年末未分配利润)

应当注意的是，如果子公司少数股东分担的当期亏损超过少数股东在该子公司期初所有者权益中所享有的份额，其余额仍应当冲减少数股东权益。子公司当期综合收益中属于少数股东权益的份额，应当在合并利润表中综合收益总额项目下以“归属于少数股东的综合收益总额”项目列示。

（二）内部债权与债务项目的抵销处理

母公司与子公司之间以及子公司相互之间的债权和债务项目，是指其相互之间因销售商品、提供劳务以及发生结算业务等原因产生的应收账款与应付账款、应收票据与应付票据、预付款项与预收款项、其他应收款与其他应付款，债权投资与应付债券等项目。对于发生在母公司与子公司之间以及子公司相互之间的这些项目，企业集团内部企业的一方在其个别资产负债表中反映为资产，而另一方则在其个别资产负债表中反映为负债。但从企业集团整体角度来看，它只是内部资金运动，既不能增加企业集团的资产，也不能增加负债。因此，为了消除个别资产负债表直接加总中的重复计算因素，企业在编制合并财务报表时应当将内部债权债务项目予以抵销。需要进行抵销处理的内部债权债务项目主要包括：①应收账款与应付账款；②应收票据与应付票据；③预付款项与预收款项；④债权投资与应付债券；⑤应收利息与应付利息；⑥应收股利与应付股利；⑦其他应收款与其他应付款。下面主要介绍应收账款与应付账款以及债权投资与应付债券的抵销处理。

1. 应收账款与应付账款的抵销处理

1）初次编制合并财务报表时应收账款与应付账款的抵销处理

在应收账款计提坏账准备的情况下，某一会计期间坏账准备的金额是以当期应收账款为基础计提的。企业在编制合并财务报表时，内部应收账款的抵销分录为：借记“应付账款”账户，贷记“应收账款”账户；内部应收账款计提的坏账准备抵销分录为：借记“应收账款——坏账准备”账户，贷记“信用减值损失”账户。企业在抵销本期根据内部应收账款计提坏账准备的所得税影响时，其抵销分录为：借记“所得税费用”账户，贷记“递延所得税资产”账户。

2）连续编制合并财务报表时内部应收账款坏账准备的抵销处理

从合并财务报表来讲，内部应收账款计提坏账准备的抵销是与当期信用减值损失的抵销相对应的，上期抵销的坏账准备金额，即上期信用减值损失抵减的金额，最终将导致本期合并所有者权益变动表中的期初未分配利润金额的增加。

企业在连续编制合并财务报表进行抵销处理时，应按下列程序进行抵销。

（1）抵销内部应收账款与应付账款，具体抵销分录为：

借：应付账款（内部应收账款账户的期末余额）

　　贷：应收账款

（2）抵销以前期间根据内部应收账款所计提的坏账准备，具体抵销分录为：

借：应收账款——坏账准备（以前年度根据内部应收账款计提的坏账准备的金额）

　　贷：未分配利润——年初

(3) 抵销本期根据内部应收账款所补提或者冲销的坏账准备,具体抵销分录为:

借: 应收账款——坏账准备
　　贷: 信用减值损失[(期末应收账款余额－期初应收账款余额)×坏账准备计提比例]

如果本期是冲销坏账准备,则做相反的分录。

(4) 抵销内部应收账款计提坏账准备所确认的递延所得税资产,具体抵销分录为:

借: 未分配利润——年初(抵销以前期间计提坏账准备的金额×适用所得税税率)
　　所得税费用(抵销本期计提坏账准备的金额×适用所得税税率)
　　贷: 递延所得税资产(抵销计提的坏账准备金额×适用所得税税率)

第一种情况: 内部应收账款本期余额与上期余额相等时的抵销处理。

【例 10-5】 假定P公司是S公司的母公司,假设P公司2020年个别资产负债表中对S公司内部应收账款余额与2019年相同,仍为500万元,坏账准备余额仍为25万元。S公司个别资产负债表中应付账500万元系2019年向P公司购进商品存货时发生的应付购货款。假定S公司和P公司适用的企业所得税税率为25%,未来有足够的利润可以抵扣。

P公司在合并工作底稿中应进行如下抵销处理。

(1) 抵销内部应收账款与应付账款。

借: 应付账款　　5 000 000
　　贷: 应收账款　　5 000 000

(2) 抵销上期(2019年)内部应收账款计提的坏账准备。

借: 应收账款——坏账准备　　250 000
　　贷: 未分配利润——年初　　250 000

(3) 抵销内部应收账款计提坏账准备所确认的递延所得税资产。

借: 未分配利润——年初　　62 500
　　贷: 递延所得税资产　　62 500

第二种情况: 内部应收账款本期余额大于上期余额时的抵销处理。

【例 10-6】 P公司是S公司的母公司,P公司2020年个别资产负债表中对S公司内部应收账款余额为660万元,坏账准备余额为33万元,本期(2020年)对S公司内部应收账款净增加160万元,本期内部应收账款相对应的坏账准备增加8万元。S公司个别资产负债表中应付账款660万元系2019年和2020年向P公司购进商品存货时发生的应付购货款。其他资料同[例10-5]。假定S公司和P公司适用的企业所得税税率为25%,未来有足够的利润可以抵扣。

P公司在合并工作底稿中应进行如下抵销处理。

(1) 抵销内部应收账款与应付账款。

借: 应付账款　　6 600 000
　　贷: 应收账款　　6 600 000

(2) 抵销上期(2019 年)内部应收账款计提的坏账准备。

借：应收账款——坏账准备　　250 000
　　贷：未分配利润——年初　　250 000

(3) 抵销本期(2020 年)对 S 公司内部应收账款相对应的坏账准备增加的 8 万元。

借：应收账款——坏账准备　　80 000
　　贷：信用减值损失　　80 000

(4) 抵销内部应收账款计提坏账准备所确认的递延所得税资产。

借：未分配利润——年初　　62 500
　　所得税费用　　20 000
　　贷：递延所得税资产　　82 500

第三种情况：内部应收账款本期余额小于上期余额时的抵销处理。

【例 10-7】 P 公司是 S 公司的母公司，P 公司 2020 年个别资产负债表中对 S 公司内部应收账款余额为 320 万元，坏账准备余额为 16 万元。内部应收账款比上期(2019 年)净减少 180 万元，内部应收账款相对应的坏账准备余额减少 9 万元。S 公司个别资产负债表中应付账款 320 万元系 2019 年向 P 公司购进商品存货时发生的应付购货款的余额。其他资料同[例 10-5]。假定 S 公司和 P 公司适用的企业所得税税率为 25%，未来有足够的利润可以抵扣。

P 公司在合并工作底稿中应进行如下抵销处理。

(1) 抵销内部应收账款与应付账款。

借：应付账款　　3 200 000
　　贷：应收账款　　3 200 000

(2) 抵销上期(2019 年)内部应收账款计提的坏账准备。

借：应收账款——坏账准备　　250 000
　　贷：未分配利润——年初　　250 000

(3) 抵销本期(2020 年)因内部应收账款相对应的坏账准备减少的 9 万元。

借：信用减值损失　　90 000
　　贷：应收账款——坏账准备　　90 000

(4) 抵销内部应收账款计提坏账准备所确认的递延所得税资产。

借：未分配利润——年初　　62 500
　　贷：递延所得税资产　　40 000
　　　　所得税费用　　22 500

2. 债权投资与应付债券的抵销处理

企业在编制合并财务报表时，集团内部的债权投资与应付债券的抵销分录主要包括以下四个方面的内容。

（1）抵销债权投资和应付债券，具体抵销分录为：

借：应付债券（发行方应付债券期末余额×内部购买比例）

　　贷：债权投资（购买方债权投资的期末余额）

在某些情况下，债权投资而持有的企业集团内部成员企业的债券并不是从发行债券的企业直接购进，而是在证券市场上从第三方手中购进的。在这种情况下，债权投资中的债券投资与发行债券企业的应付债券抵销时，可能会出现差额，应当计入合并利润表的投资收益或财务费用项目。此处不做介绍。

（2）抵销内部债权的利息收益和利息支出，具体抵销分录为：

借：投资收益

　　贷：财务费用（费用化的利息）

　　　　在建工程等（资本化的利息）

由于债券发行方和购买方在核算利息时可能存在差异，一般以双方核算利息金额孰低作为抵销分录的金额。以前期间计提的利息在抵销时会影响未分配利润年初数，此处参考以前期间应收账款计提坏账准备的抵销处理。

（3）抵销应收利息和应付利息，具体抵销分录为：

借：其他应付款——应付利息（内部债券计提的应付利息的期末余额）

　　贷：其他应收款——应收利息

（4）抵销内部发行和购买债券发生的现金流量表项目，具体抵销分录为：

借：投资支付的现金（内部购买债券实际支付的购买价款）

　　贷：吸收投资收到的现金

（三）内部商品交易的抵销处理

存货价值中包含的未实现内部销售损益是由于企业集团内部商品购销、劳务提供活动所引起的。在内部购销活动中，销售企业将集团内部销售作为收入确认并计算销售利润。而购买企业则将支付购货的价款作为其成本入账。同样，企业集团在本期内未实现对外销售而形成期末存货时，其存货价值中也相应地包括两部分内容：一部分为真正的存货成本（即销售企业销售该商品的成本）；另一部分为销售企业的销售毛利（即其销售收入减去销售成本的差额）。从企业集团整体来看，期末存货价值中包括的这部分销售毛利并不是真正实现的利润。因为从整个企业集团来看，集团内部企业之间的商品购销活动实际上相当于企业内部物资调拨活动，既不会产生利润，也不会增加商品的价值。正是从这一意义上来说，期末存货价值中包括的这部分销售企业作为利润确认的部分，称为未实现内部销售损益。因此，企业在编制合并资产负债表时，应当将存货价值中包含的未实现内部销售损益予以抵销。

1. 内部商品交易发生当期的抵销处理

（1）抵销当期内部购进商品未实现内部销售损益，具体抵销分录为：

借：营业收入(内部销售收入)

　　贷：存货(期末存货价值中包含的未实现内部销售损益)(内部销售收入－销售成本)×(期末存货结存的比例)

　　　　营业成本(倒挤,差额)

(2) 抵销当期内部购进商品多计提的存货跌价准备,具体抵销分录为:

借：存货——存货跌价准备(因内部购销虚增存货价值而多计提的存货跌价准备)

　　贷：资产减值损失

(3) 抵销上述两个抵销分录所确认的递延所得税资产,具体抵销分录为:

借：递延所得税资产(未实现内部销售损益×适用的所得税税率＋当期计提的存货跌价准备×适用的所得税税率)

　　贷：所得税费用

(4) 抵销内部商品交易涉及的现金流量表项目,具体抵销分录为:

借：购买商品、接受劳务支付的现金(当期以现金支付内部商品交易价款)

　　贷：销售商品、提供劳务收到的现金

2. 连续编制合并财务报表时内部购进商品的抵销处理

在上期内部购进商品本期全部实现对外销售的情况下,由于不涉及内部存货价值中包含的未实现内部销售损益的抵销处理,企业在本期连续编制合并财务报表时不涉及对其进行处理的问题。但在上期内部购进商品并形成期末存货的情况下,企业在编制合并财务报表进行抵销处理时,存货价值中包含的未实现内部销售损益的抵销直接导致上期合并财务报表中合并净利润金额的减少,最终导致合并所有者权益变动表中期末未分配利润的金额的减少。企业在本期编制合并财务报表时是以母公司和子公司本期个别财务报表为基础的,而母公司和子公司个别财务报表中未实现内部销售损益作为其实现利润的部分包括在其期初未分配利润之中,所以以母子公司个别财务报表中期初未分配利润为基础计算得出的合并期初未分配利润的金额就可能与上期合并财务报表中的期末未分配利润的金额不一致。因此,企业在编制上期合并财务报表时抵销的内部购进存货中包含的未实现内部销售损益,也会对本期的期初未分配利润产生影响,本期必须在合并母子公司期初未分配利润的基础止,先将上期抵销的未实现内部销售损益对本期期初未分配利润的影响予以抵销,以调整本期期初未分配利润的金额,然后再对本期内部购进存货进行抵销处理。

1) 假设上期存货全部未对外出售

(1) 抵销上期抵销的存货价值中包含的未实现内部销售损益,具体抵销分录为:

借：未分配利润——年初

　　贷：存货(上期期末存货价值中包含的未实现内部销售损益)

(2) 调整因抵销上期抵销的存货价值中包含的未实现内部销售损益而调整的递延所得税资产,具体抵销分录为:

借：递延所得税资产（上期期末存货价值中包含的未实现内部销售损益×适用的所得税税率）
　　贷：未分配利润——年初

2）假设上期存货全部对外出售

具体抵销分录为：

借：未分配利润——年初
　　贷：营业成本（上期期末存货价值中包含的未实现内部销售损益）

这一抵销分录可以理解为上期内部购进的存货中包含的未实现内部销售损益在本期视同实现利润，将未实现内部销售损益转为实现利润，冲减当期的合并营业成本。

3）假设上期存货本期部分对外出售

（1）抵销上期抵销的存货价值中包含的未实现内部销售损益，具体抵销分录为：

借：未分配利润——年初
　　贷：存货（上期存货本期结存部分的价值中包含的未实现内部销售损益）
　　　　营业成本（上期存货本期对外出售部分的价值中包含的未实现内部销售损益）

（2）调整因抵销上期抵销的存货本期结存部分的价值中包含的未实现内部销售损益而调整的递延所得税资产，具体抵销分录为：

借：递延所得税资产（上期存货本期结存部分中包含的未实现内部销售损益×适用的所得税税率）
　　贷：未分配利润——年初

【例 10-8】 P公司是S公司的母公司，2020 年 P 公司向 S 公司销售产品1 500万元，款项以银行存款结算。2020 年 P 公司销售毛利率与 2019 年相同（为 20%），销售成本为 1 200 万元。2020 年 S 公司将此商品实现对外销售，销售收入为 1 800 万元，销售成本为 1 260 万元，期末存货为 1 240 万元（其中期初存货为 1 000 万元），存货价值中包含的未实现内部销售损益为 248 万元（1 240×20%）。假定 P 公司和 S 公司均采用先进先出法核算发出存货的成本，S 公司和 P 公司适用的企业所得税税率为 25%，未来有足够的利润可以抵扣。

P公司编制合并财务报表时应进行如下抵销处理。

1. 调整期初（2020 年）未分配利润的金额

经过分析，2020 年期初内部交易形成的存货全部对外销售，具体抵销分录为：

借：未分配利润——年初	2 000 000
贷：营业成本	2 000 000

2. 抵销本期（2020 年）内部销售形成的期末存货中包含的未实现内部销售损益

具体抵销分录为：

借：营业收入	15 000 000
贷：营业成本	12 520 000
存货	2 480 000

3. 抵销内部商品交易涉及的现金流量表项目

具体抵销分录为：

借：购买商品、接受劳务支付的现金　　15 000 000

　　贷：销售商品、提供劳务收到的现金　　15 000 000

(四) 内部固定资产交易的抵销处理

内部固定资产交易是指企业集团内部发生的一方公司购买另一方公司的资产(可以是存货也可以是固定资产)用作固定资产使用,或一方公司购买另一方公司的固定资产用作其他资产使用的购销业务。根据销售企业销售的是产品还是固定资产,企业集团内部固定资产交易可以划分为两种类型：第一种是销售企业将自身生产的产品销售给企业集团内的其他企业作为固定资产使用;第二种是销售企业将自身的固定资产出售给企业集团内其他企业作为固定资产使用。此外,还有另一种比较特殊的内部固定资产交易,即企业集团内部企业将自身使用的固定资产出售给企业集团内的其他企业作为普通商品销售。这种类型的固定资产交易在企业集团内部很少发生,本书不做介绍。

1. 第一种类型的内部固定资产交易

第一种类型的内部固定资产交易比较普遍,即企业集团内部的母公司或子公司将自身生产的产品销售给企业集团内部的其他企业作为固定资产使用。

与存货的情况不同,固定资产的使用寿命较长,往往要跨越几个会计年度。对于内部交易形成的固定资产,企业不仅在该内部固定资产交易发生的当期需要进行抵销处理,而且在以后使用该固定资产的期间也需要进行抵销处理。固定资产在使用过程中通过折旧的方式将其价值转移到产品价值中,由于固定资产按原价计提折旧,在固定资产原价中包含未实现内部销售损益的情况下,每期计提的折旧费中也必然包含未实现内部销售损益的金额。因此,企业需要对该内部交易形成的固定资产每期计提的折旧费进行相应的抵销处理。同样,如果购买企业对该项固定资产计提了固定资产减值准备,由于固定资产减值准备是按原价为基础进行计算确定的,在固定资产原价中包含未实现内部销售损益的情况下,该项固定资产计提的减值准备中也必然包含着未实现内部销售损益的金额。因此,企业也需要对该内部交易形成的固定资产计提的减值准备进行相应的抵销处理。

1) 内部交易形成的固定资产在购入当期的抵销处理

(1) 抵销交易形成的固定资产原价中包含的未实现内部销售损益,具体抵销分录为：

借：营业收入(内部销售收入)

　　贷：固定资产——原价(原价中包含的未实现内部销售损益)

　　　　营业成本(倒挤,差额)

(2) 抵销内部交易形成的固定资产当期多计提的累计折旧,具体抵销分录为：

借：固定资产——累计折旧(当期多计提的累计折旧)

　　贷：管理费用等(少计提做相反的分录)

(3) 调整因抵销固定资产原价和多计提的累计折旧而产生的递延所得税资产，具体抵销分录为：

借：递延所得税资产[(原价中包含的未实现内部销售损益－当期多计提的累计折旧)×适用的所得税税率]
　　贷：所得税费用

为便于理解，本节有关内部交易形成的固定资产多计提的折旧费的抵销，均假定该固定资产为购买企业的管理用固定资产，通过"管理费用"项目进行抵销。

2) 内部交易形成固定资产在连续编制合并财务报表时的抵销处理

(1) 抵销交易形成的固定资产原价中包含的未实现内部销售损益，具体抵销分录为：

借：未分配利润——年初
　　贷：固定资产——原价(原价中包含的未实现内部销售损益)

(2) 抵销以前会计期间内部交易形成的固定资产多计提的累计折旧，具体抵销分录为：

借：固定资产——累计折旧
　　贷：未分配利润——年初

(3) 抵销本期内部交易形成的固定资产多计提的累计折旧，具体抵销分录为：

借：固定资产——累计折旧
　　贷：管理费用

(4) 调整因抵销固定资产原价和多计提的累计折旧而产生的递延所得税资产，具体抵销分录为：

借：递延所得税资产[(原价中包含的未实现内部销售损益－以前期间多计提的累计折旧)×适用的所得税税率]
　　贷：未分配利润——年初

借：所得税费用(当期多计提的累计折旧×适用的所得税税率)
　　贷：递延所得税资产

【例 10-9】 S公司是P公司的全资子公司，S公司以 3 000 万元的价格将其生产的产品销售给P公司，其销售成本为 2 700 万元，因该内部固定资产交易实现的销售利润为 300 万元。P公司将该产品作为管理用固定资产使用，按 3 000 万元入账，对该固定资产按 15 年的使用寿命采用年限平均法计提折旧，预计净残值为 0 元。该固定资产的交易时间为 2019 年 1 月 1 日。为简化抵销处理，假定P公司对 2019 年通过内部交易形成的固定资产按 12 个月计提折旧，S公司和P公司适用的企业所得税税率为 25%，未来有足够的利润可以抵扣。

P公司在 2020 年编制合并财务报表时，应当编制如下抵销分录。

(1) 抵销内部交易形成的固定资产原价中包含的未实现内部销售损益。

借：未分配利润——年初　　3 000 000
　　贷：固定资产——原价　　3 000 000

（2）抵销以前会计期间内部交易形成的固定资产多计提的累计折旧。

借：固定资产——累计折旧　　200 000
　　贷：未分配利润——年初　　200 000

（3）抵销本期由于该内部交易形成的固定资产多计提的折旧费。

借：固定资产——累计折旧　　200 000
　　贷：管理费用　　200 000

（4）调整因上述抵销处理而产生的递延所得税资产。

借：递延所得税资产　　700 000
　　所得税费用　　50 000
　　贷：未分配利润——年初　　750 000

3）内部交易形成的固定资产在清理期间的抵销处理

企业在清理固定资产时可能出现三种情况：第一，期满清理；第二，超期清理；第三，提前清理。因此，企业在编制合并财务报表时，应当根据具体情况进行处理。

（1）内部交易形成的固定资产使用寿命届满进行清理时的抵销处理。

在这种情况下，购买企业通过内部交易形成的固定资产实体已不复存在，包含未实现内部销售损益在内的该内部交易形成的固定资产价值已全部转移到用其加工的产品价值或各期损益中去了，因此不存在未实现内部销售损益的抵销问题。从整个企业集团来说，随着该内部交易形成的固定资产使用寿命届满，其包含的未实现内部销售损益也转化为已实现利润。从销售企业来说，该内部交易所实现的利润已作为期初未分配利润的一部分结转到购买企业对该内部交易形成的固定资产进行清理的会计期间。为此，企业必须调整期初未分配利润。同时，企业如果在固定资产进行清理的会计期间计提了折旧，本期计提的折旧费中则包含多计提的折旧额，此时需要将多计提的折旧额予以抵销。

【例 10-10】 承[例 10-9]，假设 P 公司在 2034 年(第 15 年)该固定资产使用期满时对其报废清理，该固定资产报废清理时实现固定资产清理净收益 50 万元，在其当期个别利润表中以资产处置收益项目列示。此时，P 公司将本期多计提的折旧额抵销并调整期初未分配利润时，应当编制如下抵销分录。

（1）抵销内部交易形成的固定资产原价中包含的未实现内部销售损益。

借：未分配利润——年初　　3 000 000
　　贷：资产处置收益　　3 000 000

（2）抵销以前会计期间内部交易形成的固定资产多计提的累计折旧。

借：资产处置收益　　2 800 000
　　贷：未分配利润——年初　　2 800 000

(3) 抵销本期由于该内部交易形成的固定资产多计提的折旧费。

借：资产处置收益　　200 000
　　贷：管理费用　　200 000

以上三笔抵销分录，可以合并为以下抵销分录。

借：未分配利润——年初　　200 000
　　贷：管理费用　　200 000

(2) 内部交易形成的固定资产超期清理时的抵销处理。

在这种情况下，在内部交易形成的固定资产清理前的会计期间，该固定资产仍然按包含未实现内部销售损益的原价及计提的累计折旧列示，在购买企业的个别资产负债表中；销售企业因该内部交易所实现的利润已作为期初未分配利润的一部分结转到购买企业对该内部交易形成的固定资产进行清理的会计期间。因此，企业需要将该固定资产原价中包含的未实现内部销售损益予以抵销，并调整期初未分配利润。同时，由于在该固定资产使用寿命届满的会计期间仍然需要计提折旧，企业本期计提的折旧费中仍然包含多计提的折旧额，因此需要将多计提的折旧额予以抵销，并调整已计提的累计折旧。

【例 10-11】 承[例 10-9]，假设 P 公司通过该内部交易形成的固定资产在 2032 年(第 13 年)后仍继续使用，即未对其进行报废清理，则 P 公司在 2034 年编制合并财务报表时，应当编制如下抵销分录。

(1) 抵销内部交易形成的固定资产原价中包含的未实现内部销售损益。

借：未分配利润——年初　　3 000 000
　　贷：固定资产——原价　　3 000 000

(2) 抵销以前会计期间内部交易形成的固定资产多计提的累计折旧。

借：固定资产——累计折旧　　2 800 000
　　贷：未分配利润——年初　　2 800 000

(3) 抵销本期由于该内部交易形成的固定资产多计提的折旧费。

借：固定资产——累计折旧　　200 000
　　贷：管理费用　　200 000

在内部交易形成的固定资产超期使用未进行清理前，由于该固定资产仍处于使用之中，并在购买企业资产负债表(假定存在预计净残值)中列示，企业必须将该固定资产的原价中包含的未实现内部销售损益予以抵销。同时，由于该固定资产的累计折旧仍然是按包含未实现内部销售损益的原价计提的，企业也必须将其多计提的累计折旧予以抵销。但由于固定资产超期使用不计提折旧，该情况下企业不存在抵销本期多计提折旧额的问题。

【例 10-12】 承[例 10-9]，假设 P 公司通过该内部交易形成的固定资产在 2035 年(第 16 年)仍继续使用。此时，P 公司应当编制如下抵销分录进行处理。

(1) 抵销内部交易形成的固定资产原价中包含的未实现内部销售损益。

借：未分配利润——年初　　3 000 000
　　贷：固定资产——原价　　3 000 000

(2) 抵销以前会计期间内部交易形成的固定资产多计提的累计折旧。

借：固定资产——累计折旧　　3 000 000
　　贷：未分配利润——年初　　3 000 000

(3) 内部交易形成的固定资产提前清理时的抵销处理。

在这种情况下,购买企业通过内部交易形成的固定资产实体已不复存在,因此不存在固定资产原价中包含的未实现内部销售损益的抵销问题。但由于固定资产提前报废,固定资产原价中包含的未实现内部销售损益随着清理而成为实现的损益。对于销售企业来说,该内部交易所实现的利润已作为期初未分配利润的一部分结转到购买企业对该内部交易形成的固定资产进行清理的会计期间。为此,企业必须调整期初未分配利润。同时,在固定资产使用寿命未满进行清理的会计期间仍需计提折旧,本期计提的折旧费中仍然包含多计提的折旧额,因此需要将多计提的折旧额予以抵销。

【例 10-13】 承[例 10-9],假设 P 公司于 2033 年年末(第 14 年)对该项固定资产进行清理报废,该固定资产清理净收入为 20 万元。此时,P 公司应编制如下抵销分录。

(1) 抵销内部交易形成的固定资产原价中包含的未实现内部销售损益。

借：未分配利润——年初　　3 000 000
　　贷：资产处置收益　　3 000 000

(2) 抵销以前会计期间内部交易形成的固定资产多计提的累计折旧。

借：资产处置收益　　2 600 000
　　贷：未分配利润——年初　　2 600 000

(3) 抵销本期由于该内部交易形成的固定资产多计提的折旧费。

借：资产处置收益　　200 000
　　贷：管理费用　　200 000

2. 第二种类型的内部固定资产交易

在销售企业将其自用的固定资产出售给集团内部其他企业作为固定资产使用的情况下,抵销后,该固定资产在合并财务报表中仍然以销售企业的原账面价值反映。

(1) 抵消内部交易未实现的损益,具体的抵销分录为:

借：资产处置收益(内部交易未实现的损益)
　　贷：固定资产——原价(或者相反的分录)

(2) 由于调整固定资产价值,确认递延所得税资产(或递延所得税费用),具体的抵销分录为:

借：递延所得税资产(内部交易未实现的损益×适用的所得税税率)
　　贷：所得税费用

或者：

借：所得税费用

贷：递延所得税负债(内部交易未实现的损益×适用的所得税税率)

【例 10-14】 假定新华公司于 2019 年 1 月 1 日以定向增发公司普通股票的方式取得红星公司 70%的股权，双方合并为非同一控制下的企业。新华公司定向增发股票10 000 万股(每股面值为 1 元)，每股市场价格为 2.95 元。假定不考虑所得税以及新华公司增发该普通股股票所发生的审计费和发行等相关费用。新华公司和红星公司当日资产负债表及通过估值确认的资产负债数据如表 10-2 所示。

表 10-2 **资产负债表(简表)**

2019 年 01 月 01 日 单位：万元

资产	新华公司	红星公司		负债和股东权益	新华公司	红星公司	
		账面价值	公允价值			账面价值	公允价值
货币资金	9 000	4 200	4 200	短期借款	12 000	5 000	5 000
交易性金融资产	4 000	1 800	1 800	交易性金融负债	3 800	0	0
应收票据	4 700	3 000	3 000	应付票据	10 000	3 000	3 000
应收账款	5 800	3 920	3 820	应付账款	18 000	4 200	4 200
预付款项	2 000	880	880	预收款项	3 000	1 300	1 300
其他应收款	4 200	0	0	应付职工薪酬	6 000	1 600	1 600
存货	31 000	20 000	21 100	应交税费	2 000	1 200	1 200
其他流动资产	1 300	1 200	1 200	其他应付款	4 000	4 000	4 000
流动资产合计	62 000	35 000	36 000	其他流动负债	1 200	700	700
债权投资	6 000	0	0	流动负债合计	60 000	21 000	21 000
其他债权投资	11 000	0	0	长期借款	4 000	3 000	3 000
长期股权投资	32 000	0	0	应付债券	20 000	2 000	2 000
固定资产	21 000	18 000	21 000	长期应付款	2 000	0	0
在建工程	20 000	3 400	3 400	非流动负债合计	26 000	5 000	5 000
无形资产	4 000	1 600	1 600	负债合计	86 000	26 000	26 000
商誉	0	0		股本	40 000	20 000	
非流动资产合计	94 000	23 000	26 000	资本公积	10 000	8 000	
				盈余公积	11 000	1 200	
				未分配利润	9 000	2 800	

（续表）

资产	新华公司	红星公司		负债和股东权益	新华公司	红星公司	
		账面价值	公允价值			账面价值	公允价值
				股东权益合计	70 000	32 000	36 000
资产总计	156 000	58 000	62 000	负债及股东权益总计	156 000	58 000	62 000

(1) 2019 年 1 月 1 日，新华公司取得红星公司 70%的股权作为长期股权投资时，其账务处理如下：

借：长期股权投资　　295 000 000
　　贷：股本　　100 000 000
　　　　资本公积——股本溢价　　195 000 000

长期股权投资初始投资成本为 29 500 万元，大于投资时应享有被投资单位红星公司可辨认净资产公允价值份额 25 200 万元(36 000×70%)，其差额 4 300 万元应在合并报表中列示为商誉。

(2) 新华公司在编制购买日的合并资产负债表时，应根据红星公司资产和负债公允价值与账面价值的差额分别调增或调减相关资产和负债项目的金额。相关调整分录如下：

借：存货　　11 000 000
　　固定资产　　30 000 000
　　贷：应收账款　　1 000 000
　　　　资本公积　　40 000 000

2019 年 1 月 1 日，红星公司按照公允价值调整后的股东权益总额为 36 000 万元，其中，股本为 20 000 万元，资本公积为 12 000 万元(8 000+4 000)，盈余公积为 1 200 万元，未分配利润为 2 800 万元。

根据红星公司调整后的股东权益总额计算的少数股东权益为 10 800 万元(36 000×30%)。

因此，当日新华公司将长期股权投资与其在红星公司所有者权益中的份额抵销时，其抵销分录如下：

借：股本　　200 000 000
　　资本公积　　120 000 000
　　盈余公积　　12 000 000
　　未分配利润　　28 000 000
　　商誉　　43 000 000
　　贷：长期股权投资　　29 500 000
　　　　少数股东权益　　10 800 000

根据上述调整分录和抵销分录，新华公司编制购买日合并工作底稿，如表10-3所示。

表 10-3 合并工作底稿

编制单位：新华公司 2019年01月01日 单位：万元

项目	新华公司	红星公司	汇总数	调整分录		抵销分录		少数股东权益	合并数
				借方	贷方	借方	贷方		
货币资金	9 000	4 200	13 200						13 200
交易性金融资产	4 000	1 800	5 800						5 800
应收票据	4 700	3 000	7 700						7 700
应收账款	5 800	3 920	9 720		100				9 620
预付款项	2 000	880	2 880						2 880
其他应收款	4 200	0	4 200						4 200
存货	31 000	20 000	5 1000	1 100					52 100
其他流动资产	1 300	1 200	2 500						2 500
流动资产合计	62 000	35 000	97 000	1 100	100				98 000
债权投资	6 000	0	6 000						6 000
其他债权投资	11 000	0	11 000						11 000
长期股权投资	61 500*	0	61 500				29 500		32 000
固定资产	21 000	18 000	39 000	3 000					42 000
在建工程	20 000	3 400	23 400						23 400
无形资产	4 000	1 600	5 600						5 600
商誉	0	0	0			4 300			4 300
非流动资产合计	123 500	23 000	146 500	3 000		4 300	29 500		124 300
资产总计	185 500	58 000	243 500	4 100	100	4 300	29 500		222 300
短期借款	12 000	5 000	17 000						17 000
交易性金融负债	3 800	0	3 800						3 800
应付票据	10 000	3 000	13 000						13 000
应付账款	18 000	4 200	22 200						22 200
预收款项	3 000	1 300	4 300						4 300
应付职工薪酬	6 000	1 600	7 600						7 600
应交税费	2 000	1 200	3 200						3 200
其他应付款	4 000	4 000	8 000						8 000
其他流动负债	1 200	700	1 900						1 900

（续表）

项目	新华公司	红星公司	汇总数	调整分录		抵销分录		少数股东权益	合并数
				借方	贷方	借方	贷方		
流动负债合计	60 000	21 000	81 000						81 000
长期借款	4 000	3 000	7 000						7 000
应付债券	20 000	2 000	22 000						22 000
长期应付款	2 000	0	2 000						2 000
非流动负债合计	26 000	5 000	31 000						31 000
负债合计	86 000	26 000	112 000						112 000
股本	50 000*	20 000	70 000			20 000			50 000
资本公积	29 500*	8 000	37 500		4 000	12 000			29 500
盈余公积	11 000	1 200	12 200			1 200			11 000
未分配利润	9 000	2 800	11 800			2 800			9 000
归属于母公司所有者权益合计	99 500	32 000	131 500		4 000	36 000			99 500
少数股东权益								10 800	10 800
所有者权益合计	99 500	32 000	131 500		4 000	36 000		10 800	110 300
负债和所有者权益总计	185 500	58 000	243 500		4 000	36 000		10 800	222 300

注：*表示长期股权投资、股本和资本公积三个项目的金额已经包含购买日取得长期股权投资业务的发生额。

新华公司在编制上述合并工作底稿并计算各项目合并数后，根据合并数编制购买日的合并资产负债表，如表10-4所示。

表10-4　　合并资产负债表

会合01表

编制单位：新华公司　　2019年01月01日　　单位：万元

资产	期末余额	上年年末余额	负债和所有者权益（或股东权益）	期末余额	上年年末余额
流动资产：			流动负债：		
货币资金	13 200		短期借款	17 000	
交易性金融资产	5 800		交易性金融负债	3 800	
衍生金融资产			衍生金融负债		
应收票据	7 700		应付票据	13 000	
应收账款	9 620		应付账款	22 200	
应收款项融资			预收款项	4 300	

（续表）

资产	期末余额	上年年末余额	负债和所有者权益（或股东权益）	期末余额	上年年末余额
预付款项	2 880		应付职工薪酬	7 600	
其他应收款	4 200		应交税费	3 200	
存货	52 100		合同负债		
合同资产			其他应付款	8 000	
持有待售资产			持有待售负债		
一年内到期的非流动资产			一年内到期的非流动负债		
其他流动资产	2 500		其他流动负债	1 900	
流动资产合计	98 000		流动负债合计	81 000	
非流动资产：			非流动负债：		
债权投资	6 000		长期借款	7 000	
其他债权投资	11 000		应付债券	22 000	
长期应收款			其中：优先股		
长期股权投资	32 000		永续债		
其他权益工具投资			租赁负债		
其他非流动金融资产			长期应付款	2 000	
投资性房地产			预计负债		
固定资产	42 000		递延收益		
在建工程	23 400		递延所得税负债		
生产性生物资产			其他非流动负债		
油气资产			非流动负债合计	31 000	
使用权资产			负债合计	112 000	
无形资产	5 600		所有者权益（或股东权益）：		
开发支出			实收资本（或股本）	50 000	
商誉	4 300		其他权益工具		
长期待摊费用			其中：优先股		
递延所得税资产			永续债		
其他非流动资产			资本公积	29 500	
非流动资产合计	124 300		减：库存股		

（续表）

资产	期末余额	上年年末余额	负债和所有者权益（或股东权益）	期末余额	上年年末余额
			其他综合收益		
			专项储备		
			盈余公积	11 000	
			未分配利润	9 000	
			归属于母公司的所有者权益（或股东权益）合计	99 500	
			少数股东权益	10 800	
			所有者权益合计	110 300	
资产总计	222 300		负债和所有者权益（或股东权益）总计	222 300	

【例 10-15】 承[例 10-14]，2019 年 12 月 31 日新华公司和红星公司的个别资产负债表以及 2019 年度的个别利润表（含利润分配项目）分别如表 10-5、表 10-6 所示。

表 10-5 资产负债表（简表）

2019 年 12 月 31 日

单位：万元

资产	新华公司	红星公司	负债和股东权益	新华公司	红星公司
货币资金	5 700	6 500	短期借款	10 000	4 800
交易性金融资产	3 000	5 000	交易性金融负债	4 000	2 400
应收票据	7 200	3 600	应付票据	13 000	3 600
应收账款	8 500	5 100	应付账款	18 000	5 200
预付款项	1 500	2 500	预收款项	4 000	3 900
其他应收款	5 300	1 300	应付职工薪酬	5 000	1 600
存货	37 000	18 000	应交税费	2 700	1 400
其他流动资产	1 800	1 000	其他应付款	5 300	5 200
流动资产合计	70 000	43 000	其他流动负债	2 000	900
债权投资	9 000	0	流动负债合计	64 000	29 000
其他债权投资	14 000	4 000	长期借款	4 000	5 000
长期股权投资	69 500	0	应付债券	20 000	7 000
固定资产	28 000	26 000	长期应付款	6 000	0
在建工程	13 000	4 200	非流动负债合计	30 000	12 000
无形资产	6 000	1 800	负债合计	94 000	41 000

（续表）

资产	新华公司	红星公司	负债和股东权益	新华公司	红星公司
商誉			股本	50 000	20 000
非流动资产合计	139 500	36 000	资本公积	29 500	8 000
			盈余公积	18 000	3 200
			未分配利润	18 000	6 800
			所有者权益合计	115 500	38 000
资产总计	209 500	79 000	负债和所有者权益总计	209 500	79 000

表 10-6　　利润表（含利润分配项目）（简表）

2019 年度　　单位：万元

项目	新华公司	红星公司
一、营业收入	150 000	94 800
减：营业成本	96 000	73 000
税金及附加	1 800	1 000
销售费用	5 200	3 400
管理费用	6 000	3 900
财务费用	1 200	800
加：投资收益（损失以“－”号表示）	9 800	200
信用减值损失（损失以“－”号表示）	－600	－300
二、营业利润（亏损以“－”号表示）	49 000	12 600
加：营业外收入	1 600	2 400
减：营业外支出	2 600	1 000
三、利润总额（亏损总额以“－”号表示）	48 000	14 000
减：所得税费用	12 000	3 500
四、净利润（净亏损以“－”号表示）	36 000	10 500
加：年初未分配利润	9 000	2 800
减：提取盈余公积	7 000	2 000
对所有者（股东）分配	20 000	4 500
五、年末未分配利润	18 000	6 800

红星公司在购买日股东权益总额为 32 000 万元，其中股本为 20 000 万元，资本公积为 8 000 万元，盈余公积为 1 200 万元，未分配利润为 2 800 万元。红星公司购买日应收账款的账面价值为 3 920 万元，公允价值为 3 820 万元；存货的账面价值为 20 000 万元，公允价值为21 100 万元；固定资产账面的价值为 18 000 万元，公允价值为 21 000 万元。

2019 年 12 月 31 日，红星公司股东权益总额为 38 000 万元，其中股本为 20 000 万元，资本公积为 8 000 万元，盈余公积为 3 200 万元，未分配利润为 6 800 万元。红星公司 2019 年全年实现净利润 10 500 万元，当年提取盈余公积为 2 000 万元，向股东分配现金股利4 500万元。截至 2019 年 12 月 31 日，应收账款按照购买日确定的金额收回，确认的坏账已核销；购买日存货公允价值增值部分已全部实现对外销售；购买日固定资产原价公允价值增加系公司用办公楼增值。该办公楼采用的折旧方法为年限平均法，该办公楼剩余折旧年限为 20 年，假定该办公楼增加的公允价值在未来 20 年内平均摊销。

1. 新华公司 2019 年年末编制合并财务报表时相关项目计算

红星公司调整后本年净利润＝10 500＋[100(购买日应收账款公允价值减值的实现而调减的信用减值损失)－1 100(购买日存货公允价值增值的实现而调增营业成本)－150(固定资产公允价值增值计算的折旧而调增管理费用)]＝9 350(万元)

权益法下新华公司对红星公司投资的投资收益＝9 350×70％＝6 545(万元)

少数股东损益＝9 350×30％＝2 805(万元)

红星公司调整后本年年末未分配利润＝2 800(年初)＋9 350(调整后净利润)－2 000(提取盈余公积)－4 500(分配股利)＝5 650(万元)

2019 年 12 月 31 日，红星公司按照公允价值调整后的股东权益总额为 40 850 万元，其中，股本为 20 000 万元，资本公积为 12 000 万元(8 000＋4 000)，盈余公积为 3 200 万元，未分配利润为 5 650 万元。

根据红星公司调整后的股东权益总额计算的少数股东权益为 12 255 万元(40 850×30％)。

2. 新华公司 2019 年年末应当编制的调整分录

(1) 将红星公司资产和负债的公允价值与账面价值差额分别调增或调减相关资产和负债项目的金额。在合并工作底稿中调整分录如下：

借：存货　　1 100①
　　固定资产　　3 000
　　贷：应收账款　　100
　　　　资本公积　　4 000

根据资产、负债因使用、销售或者偿付而实现公允价值，编制调整分录如下：

借：营业成本(存货公允价值增值变现)　　1 100②
　　管理费用(固定资产公允价值增值计算的折旧)　　150
　　应收账款(应收账款公允价值减值的实现)　　100
　　贷：存货　　1 100
　　　　固定资产　　150
　　　　信用减值损失　　100

(2) 按照权益法对新华公司财务报表项目进行调整。

① 调整应享有子公司当期实现净利润(经过调整后的净利润)的份额。

借：长期股权投资(9 350×70%)　　6 545③

　　贷：投资收益　　6 545

② 调整当期确认红星公司分派的现金股利。

借：投资收益(4 500×70%)　　3 150④

　　贷：长期股权投资　　3 150

调整后长期股权投资的金额＝29 500＋6 545－3 150＝32 895(万元)

3. 新华公司2019年年末应当编制的抵销分录

(1) 新华公司长期股权投资与红星公司所有者权益抵销，其抵销分录如下：

借：股本　　20 000⑤

　　资本公积　　12 000

　　盈余公积　　3 200

　　未分配利润　　5 650

　　商誉　　4 300

　　贷：长期股权投资　　32 895

　　　　少数股东权益　　12 255

(2) 新华公司投资收益与红星公司利润分配等项目抵销，其抵销分录如下：

借：投资收益　　6 545⑥

　　少数股东损益　　2 805

　　未分配利润——年初　　2 800

　　贷：提取盈余公积　　2 000

　　　　向股东分配股利　　4 500

　　　　未分配利润——年末　　5 650

(3) 应收股利与应付股利的抵销，其抵销分录如下：

借：其他应付款——应付股利　　3 150⑦

　　贷：其他应收款——应收股利(4 500×70%)　　3 150

本例中，红星公司本年宣告分派现金股利4 500万元，股利款项尚未支付，红星公司已将其计入应付股利4 500万元。新华公司根据红星公司宣告分派的现金股利公告，按照其所享有的金额确认为应收股利，并在其资产负债表中计列应收股利3 150万元。新华公司个别报表中的会计处理为：

借：应收股利(4 500×70%)　　31 500 000

　　贷：投资收益　　31 500 000

4. 新华公司2019年年末编制的合并工作底稿和合并财务报表

根据上述调整分录和抵销分录，新华公司编制的合并工作底稿如表10-7所示。

表10-7 **合并工作底稿**

编制单位：新华公司 2019年12月31日 单位：万元

项目	新华公司	长江公司	汇总数	调整分录		抵销分录		少数股东权益	合并数
				借方	贷方	借方	贷方		
利润表项目									
一、营业总收入	150 000	94 800	244 800						244 800
其中：营业收入	150 000	94 800	244 800						244 800
二、营业总成本	110 200	82 100	192 300	1 250	6 545	6 545			193 550
其中：营业成本	96 000	73 000	169 000	②1 100					170 100
税金及附加	1 800	1 000	2 800						2 800
销售费用	5 200	3 400	8 600						8 600
管理费用	6 000	3 900	9 900	②150					10 050
财务费用	1 200	800	2 000						2 000
加：投资收益	9 800	200	10 000	④3 150	③6 545	⑥6 545			6 850
公允价值变动收益									
信用减值损失	−600	−300	−900		②100				−800
资产处置损益(损失以“−”号表示)									
三、营业利润	49 000	12 600	61 600	4 400	6 645	6 545			57 300
加：营业外收入	1 600	2 400	4 000						4 000
减：营业外支出	2 600	1 000	3 600						3 600
四、利润总额	48 000	14 000	62 000	4 400	6 645	6 545			57 700
减：所得税费用	12 000	3 500	15 500						15 500
五、净利润	36 000	10 500	46 500	4 400	6 645	6 545			42 200
(一)按经营持续性分类：									

（续表）

项目	新华公司	长江公司	汇总数	调整分录		抵销分录		少数股东权益	合并数
				借方	贷方	借方	贷方		
1. 持续经营净利润（净亏损用“－”号填列）									
2. 终止经营净利润（净亏损用“－”号填列）									
（二）按所有权归属分类：									
1. 归属于母公司股东损益									39 395
2. 少数股东损益								⑥2 805	2 805
六、其他综合收益的税后净额									
七、综合收益总额	36 000	10 500	46 500	4 400	6 645	6 545		2 805	42 200
1. 归属于母公司股东的综合收益总额									39 395
2. 归属于少数股东的综合收益总额									2 805
所有者权益变动表项目									
一、年初未分配利润	9 000	2 800	11 800			⑥2 800			9 000
二、本年增减变动	9 000	4 000	13 000	4 400	6 645	6 545	6 500		15 200
（一）净利润	36 000	10 500	46 500	4 400	6 645	6 545			42 200
（二）利润分配	－27 000	－6 500	－33 500				6 500		－27 000
1. 提取盈余公积	－7 000	－2 000	－9 000				⑥2 000		－7 000
2. 对股东的分配	－20 000	－4 500	－24 500				⑥4 500		－20 000

（续表）

项目	新华公司	长江公司	汇总数	调整分录		抵销分录		少数股东权益	合并数
				借方	贷方	借方	贷方		
三、年末未分配利润	18 000	6 800	24 800	4 400	6 645	⑤5 650 14 995	⑥5 650 12 150	2 805	21 395 *
资产负债表项目									
货币资金	5 700	6 500	12 200						12 200
交易性金融资产	3 000	5 000	8 000						8 000
应收票据	7 200	3 600	10 800						10 800
应收账款	8 500	5 100	13 600	②100	①100				13 600
预付款项	1 500	2 500	4 000						4 000
其他应收款	5 300	1 300	6 600				⑦3 150		3 450
存货	37 000	18 000	55 000	①1 100	②1 100				55 000
其他流动资产	1 800	1 000	2 800						2 800
流动资产合计	70 000	43 000	113 000	1 200	1 200		3 150		109 850
债权投资	9 000	—	9 000						9 000
其他债权投资	14 000	4 000	18 000						18 000
长期股权投资	69 500	—	69 500	③6 545	④3 150		⑤32 895		55 000
固定资产	28 000	26 000	54 000	①3 000	②150				56 850
在建工程	13 000	4 200	17 200						17 200
无形资产	6 000	1 800	7 800						7 800
商誉						⑤4 300			4 300
非流动资产合计	139 500	36 000	175 500	9 545	3 300	4 300	32 895		153 150
资产总计	209 500	79 000	288 500	10 745	4 500	4 300	36 045		263 000
短期借款	10 000	4 800	14 800						14 800
交易性金融负债	4 000	2 400	6 400						6 400

* 21 395＝24 800＋(6 645－4 400)＋(12 150－14 995)－2 805

（续表）

项目	新华公司	长江公司	汇总数	调整分录		抵销分录		少数股东权益	合并数
				借方	贷方	借方	贷方		
应付票据	13 000	3 600	16 600						16 600
应付账款	18 000	5 200	23 200						23 200
预收款项	4 000	3 900	7 900						7 900
应付职工薪酬	5 000	1 600	6 600						6 600
应交税费	2 700	1 400	4 100						4 100
其他应付款	5 300	5 200	10 500			⑦3 150			7 350
其他流动负债	2 000	900	2 900						2 900
流动负债合计	64 000	29 000	93 000			3 150			89 850
长期借款	4 000	5 000	9 000						9 000
应付债券	20 000	7 000	27 000						27 000
长期应付款	6 000	—	6 000						6 000
非流动负债合计	30 000	12 000	42 000						42 000
负债合计	94 000	41 000	135 000			3 150			131 850
股本	50 000	20 000	70 000			⑤20 000			50 000
资本公积	29 500	8 000	37 500		①4 000	⑤12 000			29 500
盈余公积	18 000	3 200	21 200			⑤3 200			18 000
未分配利润	18 000	6 800	24 800	4 400	6 645	14 995	12 150	2 805	21 395
归属于母公司所有者权益合计	115 500	38 000	153 500	4 400	10 645	50 195	12 150	2 805	118 895
少数股东权益								⑤12 255	12 255
所有者权益合计	115 500	38 000	153 500	4 400	10 645	50 195	12 150	9 450	131 150
负债和所有者权益总计	209 500	79 000	288 500	4 400	10 645	53 345	12 150	9 450	263 000

新华公司在编制上述合并工作底稿并计算各项目合并数后，根据合并数编制合并资产负债表、合并利润表以及合并股东权益变动表，分别如表10-8～表10-10所示。

表 10-8　　合并资产负债表

会合 01 表

编制单位：新华公司　　2019 年 12 月 31 日　　单位：万元

资产	期末余额	上年年末余额	负债和所有者权益（或股东权益）	期末余额	上年年末余额
流动资产：			流动负债：		
货币资金	12 200		短期借款	14 800	
交易性金融资产	8 000		交易性金融负债	6 400	
衍生金融资产			衍生金融负债		
应收票据	10 800		应付票据	16 600	
应收账款	13 600		应付账款	23 200	
应收款项融资			预收款项	7 900	
预付款项	4 000		应付职工薪酬	6 600	
其他应收款	3 450		应交税费	4 100	
存货	55 000		合同负债		
合同资产			其他应付款	7 350	
持有待售资产			持有待售负债		
一年内到期的非流动资产			一年内到期的非流动负债		
其他流动资产	2 800		其他流动负债	2 900	
流动资产合计	109 850		流动负债合计	89 850	
非流动资产：			非流动负债：		
债权投资	9 000		长期借款	9 000	
其他债权投资	18 000		应付债券	27 000	
长期应收款			其中：优先股		
长期股权投资	55 000		永续债		
其他权益工具投资			租赁负债		

（续表）

资产	期末余额	上年年末余额	负债和所有者权益（或股东权益）	期末余额	上年年末余额
其他非流动金融资产			长期应付款	6 000	
投资性房地产			预计负债		
固定资产	56 850		递延收益		
在建工程	17 200		递延所得税负债		
生产性生物资产			其他非流动负债		
油气资产			非流动负债合计	42 000	
使用权资产			负债合计	131 850	
无形资产	7 800		所有者权益（或股东权益）：		
开发支出			实收资本（或股本）	50 000	
商誉	4 300		其他权益工具	29 500	
长期待摊费用			其中：优先股		
递延所得税资产			永续债		
其他非流动资产			资本公积		
非流动资产合计	153 150		减：库存股		
			其他综合收益		
			专项储备		
			盈余公积	18 000	
			未分配利润	21 395	
			归属于母公司的所有者权益（或股东权益）合计	118 895	
			少数股东权益	12 255	
			所有者权益合计	131 150	
资产总计	263 000		负债和所有者权益（或股东权益）总计	263 000	

表 10-9　　　　　　　　　　　　　**合并利润表**

会合 02 表

编制单位：新华公司　　　　　　　　2019 年度　　　　　　　　单位：万元

项目	本期数	上期数
一、营业总收入	244 800	
其中：营业收入	244 800	
二、营业总成本	193 550	
其中：营业成本	170 100	
税金及附加	2 800	
销售费用	8 600	
管理费用	10 050	
研发费用		
财务费用	2 000	
其中：利息费用		
利息收入		
加：其他收益		
投资收益(损失以“－”号表示)	6 850	
其中：对联营企业和合营企业的投资收益(损失以“－”号表示)		
以摊余成本计量的金融资产终止确认收益		
汇兑损益		
净敞口套期收益(损失以“－”号表示)		
公允价值变动收益(损失以“－”号表示)		
信用减值损失(损失以“－”号表示)	－800	
资产减值损失(损失以“－”号表示)		
资产处置收益(损失以“－”号表示)		
三、营业利润(亏损以“－”号表示)	57 300	
加：营业外收入	4 000	
减：营业外支出	3 600	
四、利润总额(亏损以“－”号表示)	57 700	
减：所得税费用	15 500	

（续表）

项目	本期数	上期数
五、净利润(净亏损以“－”号表示)	42 200	
(一) 按经营持续性分类		
1. 持续经营净利润(净亏损用“－”号填列)		
2. 终止经营净利润(净亏损用“－”号填列)		
(二) 按所有权归属分类		
1. 归属于母公司股东的净利润(净亏损以“－”号填列)	39 395	
2. 少数股东损益(净亏损以“－”号填列)	2 805	
六、其他综合收益的税后净额		
(一) 归属于母公司股东的其他综合收益税后净额		
1. 不能重分类进损益的其他综合收益		
(1) 重新计算设定收益计划变动额		
(2) 权益法下不能转损益的其他综合收益		
(3) 其他权益工具投资公允价值变动		
(4) 企业自身信用风险公允价值变动		
2. 将重分类进损益的其他综合收益		
(1) 权益法下可转损益的其他综合收益		
(2) 其他债权投资公允价值变动		
(3) 金融资产重分类计入其他综合收益的金额		
(4) 其他债权投资信用减值准备		
(5) 现金流量套期储备		
(6) 外币财务报表折算差额		
(二) 归属于少数股东的其他综合收益税后净额		
七、综合收益总额	42 200	
(一) 归属于母公司股东的综合收益总额	39 395	
(二) 归属于少数股东的综合收益总额	2 805	
八、每股收益		
(一) 基本每股收益		
(二) 稀释每股收益		

表 10-10

合并所有者权益变动表

会合 04 表

编制单位：新华公司　　2019 年度　　单位：万元

项目	本年金额								上年金额							
	实收资本（或股本）	资本公积	减：库存股	其他综合收益	盈余公积	未分配利润	少数股东权益	所有者权益合计	实收资本（或股本）	资本公积	减：库存股	其他综合收益	盈余公积	未分配利润	少数股东权益	所有者权益合计
一、上年年末余额	40 000	10 000			11 000	9 000		70 000								
加：会计政策变更																
前期差错更正																
二、本年年初余额	40 000	10 000			11 000	9 000		70 000								
三、本年增减变动金额（减少以“—”号填列）	10 000	19 500			7 000	12 395	12 255	61 150								
（一）综合收益总额						39 395	2 805	42 200								
（二）所有者投入和减少资本	10 000	19 500					10 800	40 300								
1. 所有者投入资本	10 000	19 500					10 800	40 300								
2. 股份支付计入所有者权益的金额																
3. 其他																
（三）利润分配					7 000	—27 000	—1 350	—21 350								
1. 提取盈余公积					7 000	—7 000		0								
2. 对所有者（或股东）的分配						—20 000	—1 350*	—21 350								
3. 其他																
（四）所有者权益内部结转																
1. 资本公积转增资本（或股本）																
2. 盈余公积转增（或股本）																
3. 盈余公积弥补亏损																
4. 其他																
四、本年年末余额	50 000	29 500			18 000	21 395	12 255	131 150								

注：—1 350＝—4 500×30%，表示红星公司对外分配现金股利中少数股东享有的部分。

企业实务

合并财务报表需要明确的几点思路

从法律角度来看，控股合并后的控股企业与被控股企业仍然是相互独立的法律实体；但从经济角度来看，它们实际上形成了一个统一的经济实体。为了综合、全面地反映这一统一经济实体的经营成果、财务状况以及资金流转情况，控股企业需要根据两个企业的情况编制一套会计报表，即合并财务报表。

1. 合并财务报表的整体观

合并财务报表的会计主体是经济意义上的主体，而不是法律意义上的主体，其反映的内容是母公司和子公司所组成的企业集团整体的财务状况和经营成果，反映的对象是由若干个法人组成的会计主体。

2. 合并财务报表的全局信息

合并财务报表是由企业集团中对其他企业有控制权的控股公司或母公司编制的，并不是企业集团中所有企业都必须编制合并会计报表，更不是社会上所有企业都需要编制合并会计报表。

母公司是否要与子公司进行财务报表的合并，是一个法律问题，更是一个会计事实认定和会计政策选择问题，它只与公司会计信息的完整性有关，而与其纯粹的会计信息真实性无关。

3. 合并财务报表的逆向思维

合并报表以个别会计报表为编制基础，合并报表的编制程序与个别会计报表不同，其编制方法具有独特性。

4. 编制合并财务报表的重点与难点

由于集团企业经营多元化，股权关系复杂，其合并财务报表的编制难度较大，如跨行业经营带来的多行业会计合并如何组织，如何实现？集团多层级复杂的股权结构下如何准确地合并计算？多层级的集团企业如何有序地完成财务合并，并保持合并会计政策的一致性？在一个会计期间出现蚕食性收购与股权减持情况下，如何按会计准则对子公司利润分段合并计算？不同的资本市场对股权投资核算与报告有不同的要求。例如，国内要求采用权益法核算，国外则要求采用成本法核算，如何同时满足两个不同的报告要求？集团内部往来会计记录因科目运用或记账时间不一致的情况下，如何完成合并计算？

第五节 合并财务报表附注

一、合并财务报表附注概述

附注是合并财务报表不可或缺的组成部分，是对在合并资产负债表、合并利润表、合并现金流量表和合并所有者权益变动表等报表中列示项目的文字描述或明细资料，以及对未能在这些报表中列示项目的说明等。

财务报表中的数字是经过分类与汇总后的结果，是对企业发生的经济业务的高度简化和浓缩，如果没有形成这些数字所使用的会计政策，没有理解这些数字所必需的披露，财务报表就不可能充分发挥效用。因此，附注与资产负债表、利润表、现金流量表、所有者权益变动表等报表具有同等的重要性，是财务报表的重要组成部分。

附注披露应满足以下三项基本要求。

(1) 附注披露的信息应是定量、定性信息的结合，从而能从量和质两个角度对企业经济事项完整地进行反映，满足信息使用者的决策需求。

(2) 附注应当按照一定的结构进行系统合理的排列和分类，有顺序地披露信息。

(3) 附注相关信息应当与合并资产负债表、合并利润表、合并现金流量表和合并所有者权益变动表等报表中列示的项目相互参照，以从整体上更好地理解财务报表。

二、附注披露的内容

企业(母公司)按照规定应当披露的合并财务报表附注信息主要包括下列内容。

(一) 企业集团的基本情况

(1) 企业注册地、组织形式和总部地址。

(2) 企业的业务性质和主要经营活动，如企业所处的行业、所提供的主要产品或服务、客户的性质、销售策略、监管环境的性质等。

(3) 母公司以及集团最终母公司的名称。

(4) 财务报告的批准报出者和财务报告的批准报出日。

(二) 财务报表的编制基础

财务报表应以持续经营为基础编制。企业处于非持续经营状态时，应在附注中声明财务报表未以持续经营为基础列报，同时应披露未以持续经营为基础的原因以及财务报表的编制基础。比如，破产企业的资产采用可变现净值计量，负债按照其预计的结算金额计量等。

(三) 遵循企业会计准则的声明

企业应当声明编制的财务报表符合企业会计准则的要求，真实、完整地反映了企业的财务状况、经营成果和现金流量等有关信息，以此明确企业编制财务报表所依据的制度基础。

如果企业编制的财务报表只是部分地遵循了企业会计准则，则在附注中不得作出这种表述。

(四) 重要会计政策和会计估计

根据财务报表列报准则的规定，企业应当披露采用的重要会计政策和会计估计，不重要的会计政策和会计估计可以不披露。

1. 重要会计政策的说明

需要特别指出的是，企业在说明会计政策时还需要披露下列两项内容。

（1）财务报表项目的计量基础。会计计量属性包括历史成本、重置成本、可变现净值、现值和公允价值。这项披露要求便于使用者了解企业合并财务报表中的项目是按何种计量基础予以计量的，如存货是按成本还是可变现净值计量等。

（2）会计政策的确定依据，主要是指企业在运用会计政策的过程中所作的对报表中确认的项目金额最具影响的判断。例如，企业如何判断持有的金融资产是持有至到期的投资而不是交易性投资等。这些判断对在报表中确认的项目金额具有重要影响。

2. 重要会计估计的说明

财务报表列报准则强调了对会计估计不确定因素的披露要求，即企业应当披露会计估计中所采取的关键假设和不确定因素的确定依据。这些关键假设和不确定因素在下一会计期间内很可能导致对资产、负债账面价值进行重大调整。

（五）会计政策和会计估计变更以及差错更正的说明

企业应当按照会计政策、会计估计变更和差错更正准则及其应用指南的规定，披露会计政策和会计估计变更以及差错更正的有关情况。

（六）报表重要项目的说明

企业应当以文字和数字描述相结合，尽可能以列表形式披露报表重要项目的构成或当期增减变动情况，并且报表重要项目的明细金额合计应当与报表项目金额相衔接。在披露顺序上，企业一般应当按照合并资产负债表、合并利润表、合并现金流量表、合并所有者权益变动表的顺序及其项目列示的顺序，分别以公允价值计量且其变动计入当期损益的金融资产、应收款项、存货、债权投资、其他债权投资、其他权益工具投资、长期股权投资、投资性房地产、固定资产、无形资产、以公允价值计量且其变动计入当期损益的金融负债、应付职工薪酬、应交税费、短期借款和长期借款、应付债券、长期应付款、营业收入、公允价值变动收益、投资收益、资产减值损失、营业外收入、营业外支出、所得税费用、政府补助、非货币性资产交换、股份支付、债务重组、借款费用、外币折算、企业合并等项目按照相关会计准则的规定进披露。

（七）或有事项

企业应当在或有事项中披露下列信息。

1. 预计负债

（1）预计负债的种类、形成原因以及经济利益流出不确定性的说明。

（2）各类预计负债的期初、期末余额和本期变动情况。

（3）与预计负债有关的预期补偿金额和本期已确认的预期补偿金额。

2. 或有负债（不包括极小可能导致经济利益流出企业的或有负债）

（1）或有负债的种类及其形成原因，提供担保等形成的或有负债。

（2）经济利益流出不确定性的说明。

（3）或有负债预计产生的财务影响。无法预计的，应当说明原因。

3. 其他

企业通常不应当披露或有资产，但或有资产很可能会给企业带来经济利益的，应当披露其形成的原因、预计产生的财务影响等。

在涉及未决诉讼、未决仲裁的情况下，按相关规定披露全部或部分信息预期对企业造成重大不利影响的，企业无须披露这些信息，但应当披露该未决诉讼、未决仲裁的性质，以及没有披露这些信息的事实和原因。

（八）资产负债表日后事项

企业应在资产负债表日后事项中披露下列信息。

（1）每项重要的资产负债表日后非调整事项的性质、内容及其对财务状况和经营成果的影响，无法作出估计的，应当说明原因。

（2）资产负债表日后，企业利润分配方案中拟分配的以及经审议批准宣告发放的股利或利润。

（九）关联方关系及其交易

企业在财务报表中应披露所有关联方关系及其交易的相关信息。

（1）企业无论是否发生关联方交易，均应当在附注中被露与该企业之间存在控制关系的母公司和子公司有关的信息。

企业应当披露母公司和所有子公司的名称，母公司和子公司的业务性质、注册地、注册资本（或实收资本、股本）及其变化以及母公司对于该企业对子公司的持股比例和表决权比例。在披露母公司名称时，母公司不是该企业最终控制方的，还应当披露企业集团内对该企业享有最终控制权的企业（或主体）的名称。母公司和最终控制方均不对外提供财务报表的，还应当披露母公司之上与其最相近的对外提供财务报表的母公司名称。

（2）企业与关联方发生关联方交易的，应当在附注中披露该关联方关系的性质、交易类型及交易要素。

关联方交易的披露应遵循重要性原则。对企业财务状况和经营成果有影响的关联方交易，应当分别关联方以及交易类型披露；不具有重要性的，类型相似的非重大交易可合并披露。

（3）对外提供合并财务报表的，对于已经包括在合并范围内各企业之间的交易不予披露。

在合并财务报表中，企业集团作为一个整体看待，企业集团内的交易在编制合并财务报表时已经予以抵销。因此，对外提供合并财务报表的，对于已经包括在合并范围内并已抵销的各企业之间的交易不予披露。

（十）母公司和子公司信息

企业应披露的母公司和子公司信息包括以下几项。

（1）子公司的有关信息包括子公司名称、注册地、业务性质、注册资本、本企业合计持股比例、本企业合计享有的表决权比例等。

（2）母公司拥有被投资单位表决权不足半数但能对被投资单位形成控制的原因。

（3）母公司直接或通过其他子公司间接拥有被投资单位半数以上的表决权但未能对其形成控制的原因。

（4）子公司所采用的会计政策与母公司不一致的，母公司编制合并财务报表时的处理方法。

（5）子公司与母公司会计期间不一致的，母公司编制合并财务报表时的处理方法。

（6）本期不再纳入合并范围的原子公司，说明原子公司的名称、注册地、业务性质、母公司的持股比例和表决权比例，本期不再成为子公司的原因。原子公司在处置日和上一会计期间资产负债表日资产、负债和所有者权益的金额以及本期期初至处置日的收入、费用和利润的金额。

（7）子公司向母公司转移资金的能力受到严格限制的情况。

（8）作为子公司纳入合并范围的特殊目的主体的业务性质、业务活动等。

本章小结

合并财务报表调整分录和抵销分录小结

一、调整分录

1. 将子公司净资产由账面价值调整为公允价值（非同一控制下）

借：存货（购买日公允价值与账面价值的差额）
　　固定资产（购买日公允价值与账面价值的差额）
　　无形资产（购买日公允价值与账面价值的差额）
　　投资性房地产等（购买日公允价值大于原账面价值的差额）
　　贷：资本公积（如果相关资产、负债的公允价值小于账面价值则做相反分录）

借：营业成本（合并当年期末存货对外销售的部分的差额）
　　管理费用（合并日至当年期末固定资产、无形资产应补计提的折旧、摊销）
　　贷：存货（存货公允价值与账面价值的差额×当期已销售的比例）
　　　　固定资产——累计折旧（公允价值与账面价值的差额当期应补提的折旧）
　　　　无形资产——累计摊销（公允价值与账面价值的差额当期应补的摊销额）

2. 将母公司的长期股权投资由成本法调整为权益法

借：长期股权投资
　　贷：投资收益
　　　　其他综合收益
　　　　资本公积

二、抵销分录

（一）基于投资关系抵销

1. 将母公司股权投资与子公司所有者权益抵销

借：子公司所有者权益（期末余额）
　商誉（母公司投资成本大于享有权益部分）
　贷：长期股权投资（权益法余额，差额）
　　少数股东权益（子公司所有者权益期末余额×少数股权比例）
　　营业外收入（母公司投资成本小于享有权益部分）

2. 母公司对于子公司财产的继承（同一控制下）

借：资本公积［以母公司账面资本公积（股本溢价）贷方余额为限］
　贷：盈余公积（子公司的盈余公积账面余额×母公司持股比例）
　　未分配利润（子公司的未分配利润账面余额×母公司持股比例）

3. 将母公司投资收益与子公司利润分配抵销

借：未分配利润—年初
　投资收益（子公司实现净利润×股权比例）
　少数股东收益（子公司实现净利润×少数股权比例）
　贷：提取盈余公积（子公司本期提取数）
　　向所有者分配利润（子公司本期对外分配的现金股利）
　　未分配利润——年末

（二）连续年度存货购销业务的抵销

1. 抵销存货期初未实现利润

借：未分配利润——年初（期初存货未实现利润）
　贷：营业成本（假设期初存货本期全部售出）

2. 抵销本期交易未实现利润

借：营业收入（本期内部交易价）
　贷：存货（本期毛利率×期末存货余额）
　　营业成本（差额）

（三）连续年度固定资产购销业务的抵销

1. 抵销固定资产原价中包含的未实现利润

借：未分配利润——年初
　贷：固定资产（处置年度用“资产处置收益”代替）

2. 抵销累计多提折旧

借：固定资产（处置年度用“资产处置收益”代替）
　贷：未分配利润——年初（抵销以前年度多提折旧）
　　管理费用（抵销本年度多提折旧）

（四）抵销内部交易产生的债权债务

1. 抵销内部交易债权债务期末余额

借：应付账款/其他应付款/应付票据/预收款项
　　贷：应收账款/其他应收款/应收票据/预付款项

2. 抵销内部交易产生的坏账准备

借：应收账款/其他应收款/应收票据/预付款项（内部交易坏账准备的期末余额）
　　贷：未分配利润——年初（坏账准备的期初余额）
　　　　信用减值损失（差额）

（五）抵销内部发行债券产生的债权债务

1. 抵销债权债务期末余额

借：应付债券
　　贷：债权投资

2. 抵销相关的利息

借：投资收益（实际利息）
　　贷：财务费用

重要名词中英文对照

合并财务报表 consolidated financial statement

母公司/子公司 parent company/subsidiary company

合并范围 consolidation scope

控制 control

合并资产负债表 consolidated financial position statement

合并利润表 consolidated comprehensive income statement

合并现金流量表 consolidated cash flow statement

合并所有者权益变动表 consolidated statement of changes in owner's equity

调整分录 adjusting entry

抵销分录 elimination entry

励志阅读

10-1　接纳自己

知识测试

一、单选题

1. 甲公司于2019年1月1日用银行存款3 200万元购入其母公司持有的乙公司80%的股份,合并当日乙公司相对于最终控制方而言的所有者权益账面价值为3 500万元,假定最终控制方合并报表未确认商誉。2019年5月8日,乙公司宣告分派2018年度现金股利300万元。2019年乙公司实现净利润500万元。2020年乙公司实现净利润700万元。此外,乙公司2020年购入的以公允价值计量且其变动计入他综合收益的金融资产公允价值上升导致其他综合收益增加100万元。不考虑其他因素影响,则甲公司在2020年年末编制合并财务报表调整分录时,长期股权投资按权益法调整后的余额为(　　)万元。

A. 3 200　　B. 2 800

C. 3 600　　D. 4 000

2. 甲公司和乙公司没有关联方关系。甲公司于2020年1月1日以银行存款1 000万元购入乙公司100%股权(交易后乙公司仍保留独立的法人资格)。当日,乙公司可辨认净资产公允价值为800万元,账面价值为700万元,其差额为一项固定资产评估增值所致。该固定资产在购买日的公允价值为400万元,账面价值为300万元,预计尚可使用年限为5年,采用年限平均法计提折旧,预计净残值为0元。2020年乙公司实现净利润300万元。假定不考虑所得税等其他因素,该项固定资产在2020年12月31日合并报表上列示的金额为(　　)万元。

A. 240　　B. 300　　C. 320　　D. 400

3. 黄河公司为甲公司和乙公司的母公司。2020年6月1日,甲公司将本公司生产的一批产品出售给乙公司,售价为1 200万元(不含增值税,下同),成本为700万元。至2020年12月31日,乙公司已对外售出该批存货的60%,售价为820万元。不考虑其他因素,2020年12月31日黄河公司在合并财务报表中因该事项列示的营业成本为(　　)万元。

A. 0　　B. 280　　C. 420　　D. 820

4. 甲公司和乙公司均为纳入长江公司合并范围的子公司。2019年7月1日,乙公司将一项专利权销售给甲公司,售价为50万元,当日该专利权在乙公司的账面价值为26万元。甲公司购入后当月投入使用并按4年的期限采用直线法进行摊销,无残值。长江公司在编制2020年度合并财务报表时,应调减"无形资产"账户的金额为(　　)万元。

A. 3　　B. 3.5　　C. 9　　D. 15

5. 对于上一年度抵销的内部应收账款计提的坏账准备金额,在本年度编制合并抵销分录时,应当(　　)。

A. 借:信用减值损失

　　贷:应收账款——坏账准备

B. 借:未分配利润——年初

　　贷:应收账款——坏账准备

C. 借：应收账款——坏账准备

贷：未分配利润——年初

D. 借：应收账款——坏账准备

贷：信用减值损失

6. 甲公司期初和期末对其子公司应收款项余额分别为250万元和200万元，甲公司各年均按应收款项余额的10%计提坏账准备。甲公司期末编制合并财务报表时抵销内部应收款项计提坏账准备的抵销分录为（　　）。

A. 借：应收账款——坏账准备　2 000 000

信用减值损失　500 000

贷：未分配利润——年初　2 500 000

B. 借：应收账款——坏账准备　2 500 000

贷：未分配利润——年初　2 000 000

信用减值损失　500 000

C. 借：未分配利润——年初　2 500 000

贷：应收账款——坏账准备　2 000 000

信用减值损失　500 000

D. 借：应收账款——坏账准备　2 000 000

贷：信用减值损失　2 000 000

7. 以前年度内部交易形成的存货在本期实现对外销售时，企业对于年初存货价值中包含的未实现内部销售利润应当编制的抵销分录是（　　）。

A. 借记“未分配利润——年初”，贷记“营业成本”

B. 借记“管理费用”，贷记“存货”

C. 借记“营业收入”，贷记“存货”

D. 借记“未分配利润——年初”，贷记“存货”

8. 甲公司于2020年2月10日出售设备一台给其拥有80%股份的被投资企业A公司，该设备成本为70万元，售价为100万元，增值税为13万元，A公司已付款且该设备当月投入使用，预计使用5年，净残值为0元，采用年限平均法计提折旧。甲公司在2020年编制合并报表时，下列有关固定资产折旧抵销分录中正确的是（　　）。

A. 借：固定资产——累计折旧　200 000

贷：管理费用　200 000

B. 借：固定资产——累计折旧　78 300

贷：管理费用　78 300

C. 借：固定资产——累计折旧　50 000

贷：管理费用　50 000

D. 借：固定资产——累计折旧　83 300

贷：管理费用　83 300

二、多选题

1. 合并财务报表的特点有(　　)。

A. 合并财务报表反映的是经济意义主体的财务状况、经营成果及现金流量

B. 合并财务报表就是各个子公司个别报表的汇总

C. 合并财务报表的编制主体是母公司

D. 合并财务报表的编制基础是构成企业集团的母、子公司的个别报表

2. 下列被投资企业中,投资企业应当将其纳入合并会计报表范围的有(　　)。

A. 通过子公司间接拥有其半数以上权益性资本的被投资企业

B. 直接拥有其半数以上权益性资本的被投资企业

C. 拥有其35%的权益性资本并有权决定其财务和经营政策的被投资企业

D. 直接和通过子公司合计拥有其半数以上权益性资本的被投资企业

3. 下列情况中,W公司没有拥有该被投资单位半数以上权益性资本,但可以纳入合并会计报表的合并范围之内的有(　　)。

A. 在董事会或类似权力机构的会议上有多数投票权

B. 有权任免董事会等类似权力机构的多数成员

C. 通过与被投资企业其他投资者之间的协议,持有该被投资企业半数以上表决权

D. 根据公司章程或协议,有权控制被投资企业的财务和经营政策

4. W公司拥有甲、乙、丙、丁四家公司的权益性资本比例分别是63%、32%、25%和28%。此外,甲公司拥有乙公司26%的权益性资本,丙公司拥有丁公司30%的权益性资本,则应纳入W公司合并会计报表合并范围的有(　　)。

A. 丁公司　　B. 丙公司　　C. 乙公司　　D. 甲公司

5. 在内部销售商品未实现对外销售的情况下,编制抵销分录涉及的项目有(　　)。

A. 存货　　B. 营业成本

C. 未分配利润——年初　　D. 营业收入

三、判断题

1. 在母公司理论下,合并资产负债表中将少数股东权益视为负债单独列报,合并利润表中将少数股东享有的净利润份额视为费用单独列报。(　　)

2. 母公司在编制合并财务报表时,根据重要性原则对于规模较小的子公司可以不纳入合并财务报表的合并范围。(　　)

3. 同一控制下企业合并取得的子公司,在子公司采用的会计政策、会计期间与母公司一致的情况下,编制合并财务报表时,不需要对子公司的个别财务报表进行调整。(　　)

4. 在编制合并财务报表时,按照权益法调整对子公司的长期股权投资,并据此调整母公司的账簿记录和个别财务报表列报。(　　)

5. 根据现行会计准则的规定,“少数股东权益”在合并资产负债表中应作为负债项目单独列示。(　　)

技能测试

项目四　合并财务报表编制实验

一、实验目的与要求

目的：使用 excel 软件模拟手工账，使学生熟练掌握合并财务报表的编制方法与流程，并掌握企业合并业务的个别报表处理以及合并报表调整与抵销分录的处理。

要求：学生应根据大海公司合并珠江公司交易，完成大海公司个别报表中相关账务处理及合并财务报表编制。学生以小组为单位，根据角色分工进行交叉稽核，并完善相关签章，最后完成过程考核表。

二、企业合并的相关信息

大海公司为上市公司。2020 年 1 月 1 日，大海公司以银行存款 3 600 万元购入珠江公司 60%的股份，取得对珠江公司的控制权（假定大海公司与珠江公司合并前不存在关联方关系）。大海公司在 2020 年 1 月 1 日建立的备查簿（见表 10-11）中记录了购买日（2020 年 1 月 1 日）珠江公司可辨认资产、负债及或有负债的公允价值信息。

2020 年 1 月 1 日，珠江公司股东权益账面价值总额为 4 500 万元，其中，股本为 3 000 万元，资本公积为 1 500 万元，盈余公积为 0 元，未分配利润为 0 元。

假定珠江公司的会计政策和会计期间与大海公司一致，大海公司和珠江公司适用的所得税税率均为 25%，在个别财务报表和合并财务报表层面出现的暂时性差异均符合递延所得税资产和递延所得税负债的确认条件。

2020 年 12 月 31 日，大海公司和珠江公司个别资产负债表分别如表 10-12 和表 10-13 所示，其利润表和所有者权益变动表分别如表 10-14 和表 10-15 所示。

表 10-11　　**大海公司备查簿**

2020 年 1 月 1 日　　单位：万元

项目	账面价值	公允价值	账面价值与公允价值差额	备注
珠江公司				
流动资产	2 700	2 700	0	
非流动资产	5 100	5 850	750	
其中：固定资产（办公楼）	2 250	3 000	750	该固定资产剩余折旧年限为 10 年，采用年限平均法计提折旧
资产总计	7 800	8 550	750	
流动负债	1 800	1 800	0	
非流动负债	1 500	1 500	0	
负债总计	3 300	3 300	0	

（续表）

项目	账面价值	公允价值	账面价值与公允价值差额	备注
股本	3 000	3 000	0	
资本公积	1 500	2 250	750	固定资产公允价值与账面价值的差额
盈余公积	0	0	0	
未分配利润	0	0	0	
股东权益总计	4 500	5 250	750	
负债和股东权益总计	7 800	8 550	750	

表 10-12 **资产负债表**

会企 01 表

编制单位：大海公司　　2020 年 12 月 31 日　　单位：万元

资产	期末余额	上年年末余额	负债和所有者权益（或股东权益）	期末余额	上年年末余额
流动资产：			流动负债：		
货币资金	2 250	4 800	应付票据	3 000	2 100
应收票据	3 000	1 500	应付账款	3 450	3 000
应收账款	1 500	1 650	预收款项	750	600
其中：应收珠江公司账款(已计提坏账准备 90 万元)	810		其中：预收珠江公司账款	300	
预付款项	900		应付职工薪酬	1 800	2 400
存货	3 300	4 800	应交税费	1 500	1 200
流动资产合计	10 950	12 750	流动负债合计	10 500	9 300
非流动资产：			非流动负债：		
债权投资	600		长期借款	3 750	3 750
其中：持有珠江公司债券	600		应付债券	1 500	1 500
长期股权投资	5 400	1 800	非流动负债合计	5 250	5 250
其中：对珠江公司投资	3 600		负债合计	15 750	14 550
固定资产	9 675	8 250	所有者权益(或股东权益)：		
无形资产	900	1 500	实收资本(或股本)	7 500	7 500

（续表）

资产	期末余额	上年年末余额	负债和所有者权益（或股东权益）	期末余额	上年年末余额
递延所得税资产	75		资本公积	750	750
非流动资产合计	16 650	11 550	盈余公积	960	600
			未分配利润	2 640	900
			所有者权益合计	11 850	9 750
资产总计	27 600	24 300	负债和所有者权益总计	27 600	24 300

表 10-13　　　　资产负债表

会企 01 表

编制单位：珠江公司　　　　2020 年 12 月 31 日　　　　单位：万元

资产	期末余额	上年年末余额	负债和所有者权益（或股东权益）	期末余额	上年年末余额
流动资产：			流动负债：		
货币资金	750	600	应付票据	1 050	1 050
应收票据	750	1 125	应付账款	900	
应收账款	930		其中：应付大海公司账款	900	
预付款项	750		预收款项	300	75
其中：预付大海公司账款	300		应付职工薪酬	330	375
存货	1 650	975	应交税费	240	300
其中：向大海公司购入存货（已计提存货跌价准备 60 万元）	1 140		流动负债合计	2 820	1 800
流动资产合计	4 830	2 700	非流动负债：		
非流动资产：			长期借款	1 200	1 200
债权投资			应付债券	900	300
其他权益工具投资	750	450	其中：应付债券——大海公司	600	
长期股权投资			递延所得税负债	75	
固定资产	4 290	4 200	非流动负债合计	2 175	1 500
其中：向大海公司购入固定资产	400		负债合计	4 995	3 300
无形资产	750	450	所有者权益（或股东权益）：		

（续表）

资产	期末余额	上年年末余额	负债和所有者权益（或股东权益）	期末余额	上年年末余额
非流动资产合计	5 790	5 100	实收资本（或股本）	3 000	3 000
			资本公积	1 500	1 500
			其他综合收益	225	0
			盈余公积	180	0
			未分配利润	270	0
			所有者权益合计	5 625	4 500
资产总计	10 620	7 800	负债和所有者权益总计	10 620	7 800

表 10-14　　利润表（简表）

会企 02 表

2020 年度　　单位：万元

项目	大海公司	珠江公司
一、营业收入	18 000	10 200
减：营业成本	12 600	7 650
税金及附加	135	120
销售费用	315	75
管理费用	450	180
财务费用	360	150
加：公允价值变动收益（损失以“－”号表示）	0	0
投资收益	720	0
信用减值损失	－90	0
资产减值损失	－60	0
资产处置收益（损失以“－”号表示）	60	0
二、营业利润（亏损以“－”号表示）	4 770	2 025
加：营业外收入	570	600
减：营业外支出	540	225
三、利润总额（亏损总额以“－”号表示）	4 800	2 400
减：所得税费用	1 200	600

（续表）

项目	大海公司	珠江公司
四、净利润(净亏损以"—"号表示)	3 600	1 800
五、其他综合收益税后净额	0	225
六、综合收益总额	3 600	2 025

表 10-15　　所有者权益变动表(简表)

会企 04 表

2020 年度　　单位：万元

项目	大海公司						珠江公司					
	实收资本（或股本）	资本公积	其他综合收益	盈余公积	未分配利润	股东权益合计	实收资本（或股本）	资本公积	其他综合收益	盈余公积	未分配利润	股东权益合计
一、上年年末余额	7 500	750		600	900	9 750	3 000	1 500		0	0	4 500
二、本年年初余额	7 500	750		600	900	9 750	3 000	1 500		0	0	4 500
三、本年增减变动金额				360	1 740	2 100			225	180	720	1 125
（一）综合收益总额					3 600	3 600			225		1 800	2 025
（二）利润分配				360	−1 860	−1 500				180	−1 080	−900
1. 提取盈余公积				360	−360	0				180	−180	0
2. 对股东的分配					−1 500	−1 500					−900	−900
四、本年年末余额	7 500	750		960	2 640	11 850	3 000	1 500	225	180	720	5 625

2020 年，大海公司与珠江公司之间发生如下有关交易或事项。

（1）大海公司向珠江公司销售 X 商品，实现销售收入为 900 万元，该产品销售成本为 750 万元，大海公司收到增值税 117 万元，其余款项尚未收到。珠江公司在 2020 年已将从大海公司购入的该产品全部售出，其销售收入为 1 080 万元，销售成本为 900 万元，并反映在珠江公司 2020 年的利润表中。

（2）大海公司向珠江公司销售 A 商品，实现销售收入为 1 200 万元，增值税为 156 万元，销售成本为 900 万元，款项以银行存款收付。珠江公司购进的该商品在 2020 年未对外销售，全部形成期末存货。年末因该存货市价下跌，珠江公司预计其可变现净值为 1 140 万元，对该存货计提存货跌价准备 60 万元。

(3) 2020 年 1 月 1 日,大海公司以 600 万元的价格将其生产的 B 产品销售给珠江公司,增值税 78 万元,销售成本为 450 万元,款项以银行存款收付。珠江公司购买该产品当日交管理部门作为固定资产使用。假设珠江公司对该固定资产按 5 年使用寿命采用年限平均法计提折旧,预计净残值为 0 元。为简化抵销计算,假定珠江公司该内部交易形成的固定资产在 2020 年按 12 个月计提折旧。

(4) 2020 年 6 月 30 日,大海公司将其账面价值为 240 万元的固定资产以 339 万元的价格(含 13%的增值税)出售给珠江公司作为管理用固定资产使用。大海公司因该内部固定资产交易发生处置收益 60 万元,款项以银行存款收付。假设珠江公司以 300 万元作为该项固定资产的成本入账,珠江公司对该固定资产按 5 年的使用寿命采用年限平均法计提折旧,预计净残值为 0 元。

(5) 2020 年 1 月 5 日,珠江公司按面值发行债券 600 万元,期限为 3 年,年利率为 6%,每年年末付息一次。珠江公司发行的债券全部由大海公司认购,款项以银行存款收付。2020 年年末,珠江公司确认并应向大海公司支付的债券利息费用为 36 万元。假设该债券的票面利率与实际利率相差较小,发生的债券利息费用不符合资本化条件。

(6) 2020 年 12 月 31 日,大海公司个别资产负债表中对珠江公司的长期股权投资的金额为 3 600 万元,拥有珠江公司 60%的股份(假定未发生减值)。大海公司在个别资产负债表中采用成本法核算该项长期股权投资。2020 年大海公司实现净利润3 600万元,计提法定盈余公积 360 万元,分派现金股利 1 500 万元(假定均已以银行存款支付现金股利)。

(7) 2020 年珠江公司实现净利润 1 800 万元,计提法定盈余公积 180 万元,分派现金股利 900 万元(假定均已以银行存款支付现金股利),其中,向大海公司分派现金股利 540 万元,向其他股东分派现金股利 360 万元,未分配利润为 720 万元。珠江公司因持有的其他权益工具投资的公允价值变动确认其他综合收益的金额为 225 万元。

(8) 2020 年 12 月 31 日,珠江公司股东权益总额为 5 625 万元,其中股本为 3 000 万元,资本公积为 1 500 万元,其他综合收益为 225 万元,盈余公积为 180 万元,未分配利润为 720 万元。

三、作业提交

(1) 以小组为单位提交一份 word 版"全过程考核记录表",文件命名为"高级财务会计项目四全过程考核记录表(小组名称)",里面包括小组分工、实验进度安排、实验中遇到的问题与解决措施以及实验总结等内容,表格格式参考第一章技能测试的附件 2。

(2) 编制大海公司个别报表涉及的会计分录及合并报表相关调整与抵销分录(以个人为单位)。

(3) 编制 2020 年 1 月 1 日和 2020 年 12 月 31 日大海公司的合并工作底稿(以个人为单

位)，格式如表10-16和表10-18所示。

(4) 编制2020年1月1日大海公司的合并资产负债表(以个人为单位)，格式如表10-17所示。

(5) 编制2020年12月31日大海公司的合并资产负债表、合并利润表、合并所有者权益变动表(以个人为单位)，格式如表10-19～表10-21所示。

表10-16 合并工作底稿

编制单位：大海公司 2020年01月01日 单位：万元

项目	大海公司	珠江公司	汇总数	调整分录		抵销分录		少数股东权益	合并数
				借方	贷方	借方	贷方		
货币资金									
应收票据									
应收账款									
预付款项									
存货									
债权投资									
长期股权投资									
其他权益工具投资									
固定资产									
无形资产									
商誉									
资产总计									
应付票据									
应付账款									
预收款项									
应付职工薪酬									
应交税费									
长期借款									
应付债券									
负债合计									
股本									

（续表）

项目	大海公司	珠江公司	汇总数	调整分录		抵销分录		少数股东权益	合并数
				借方	贷方	借方	贷方		
资本公积									
其他综合收益									
盈余公积									
未分配利润									
归属于母公司所有者权益合计									
少数股东权益									
所有者权益合计									
负债和所有者权益总计									

表 10-17　　合并资产负债表

会合 01 表

编制单位：大海公司　　2020 年 01 月 01 日　　单位：万元

资产	期末余额	上年年末余额	负债和所有者权益（或股东权益）	期末余额	上年年末余额
流动资产：			流动负债：		
货币资金			短期借款		
交易性金融资产			交易性金融负债		
衍生金融资产			衍生金融负债		
应收票据			应付票据		
应收账款			应付账款		
应收款项融资			预收款项		
预付款项			应付职工薪酬		
其他应收款			应交税费		
存货			合同负债		
合同资产			其他应付款		
持有待售资产			持有待售负债		
一年内到期的非流动资产			一年内到期的非流动负债		

（续表）

资产	期末余额	上年年末余额	负债和所有者权益（或股东权益）	期末余额	上年年末余额
其他流动资产			其他流动负债		
流动资产合计			流动负债合计		
非流动资产：			非流动负债：		
债权投资			长期借款		
其他债权投资			应付债券		
长期应收款			其中：优先股		
长期股权投资			永续债		
其他权益工具投资			租赁负债		
其他非流动金融资产			长期应付款		
投资性房地产			预计负债		
固定资产			递延收益		
在建工程			递延所得税负债		
生产性生物资产			其他非流动负债		
油气资产			非流动负债合计		
使用权资产			负债合计		
无形资产			所有者权益（或股东权益）：		
开发支出			实收资本（或股本）		
商誉			其他权益工具		
长期待摊费用			其中：优先股		
递延所得税资产			永续债		
其他非流动资产			资本公积		
非流动资产合计			减：库存股		
			其他综合收益		
			专项储备		
			盈余公积		
			未分配利润		
			归属于母公司的所有者权益（或股东权益）合计		

（续表）

资产	期末余额	上年年末余额	负债和所有者权益（或股东权益）	期末余额	上年年末余额
			少数股东权益		
			所有者权益合计		
资产总计			负债和所有者权益（或股东权益）总计		

表 10-18　　合并工作底稿

编制单位：大海公司　　2020 年 12 月 31 日　　单位：万元

项目	大海公司	珠江公司	汇总数	调整分录		抵销分录		少数股东权益	合并数
				借方	贷方	借方	贷方		
利润表项目									
一、营业总收入									
其中：营业收入									
二、营业总成本									
其中：营业成本									
税金及附加									
销售费用									
管理费用									
财务费用									
加：其他收益									
投资收益									
公允价值变动收益									
信用减值损失									
资产减值损失									
资产处置收益（损失以“—”号表示）									
三、营业利润									
加：营业外收入									
减：营业外支出									
四、利润总额									

（续表）

项目	大海公司	珠江公司	汇总数	调整分录		抵销分录		少数股东权益	合并数
				借方	贷方	借方	贷方		
减：所得税费用									
五、净利润									
（一）归属于母公司股东损益									
（二）少数股东损益									
六、其他综合收益的税后净额									
（一）归属于母公司的其他综合收益税后净额									
1. 不能重分类进损益的其他综合收益									
其中：权益法下不能转损益的其他综合收益									
其他权益工具投资公允价值变动									
2. 将重分类进损益的其他综合收益									
（二）归属于少数股东的其他综合收益税后净额									
七、综合收益总额									
（一）归属于母公司股东的综合收益总额									
（二）归属于少数股东的综合收益总额									
所有者权益变动表项目									
一、年初未分配利润									
二、本年增减变动									
（一）净利润									
（二）利润分配									
1. 提取盈余公积									
2. 对股东的分配									
三、年末未分配利润									

（续表）

项目	大海公司	珠江公司	汇总数	调整分录		抵销分录		少数股东权益	合并数
				借方	贷方	借方	贷方		
资产负债表项目									
流动资产：									
货币资金									
交易性金融资产									
应收票据									
应收账款									
预付款项									
其他应收款									
存货									
持有待售资产									
一年内到期的非流动资产									
其他流动资产									
流动资产合计									
非流动资产：									
债权投资									
长期股权投资									
其他权益工具投资									
固定资产									
在建工程									
无形资产									
商誉									
递延所得税资产									
非流动资产合计									
资产总计									
流动负债：									
短期借款									
交易性金融负债									

（续表）

项目	大海公司	珠江公司	汇总数	调整分录		抵销分录		少数股东权益	合并数
				借方	贷方	借方	贷方		
应付票据									
应付账款									
预收款项									
应付职工薪酬									
应交税费									
其他应付款									
持有待售负债									
一年内到期的非流动负债									
其他流动负债									
流动负债合计									
非流动负债：									
长期借款									
应付债券									
长期应付款									
递延所得税负债									
非流动负债合计									
负债合计									
所有者权益(或股东权益)：									
实收资本(或股本)									
资本公积									
其他综合收益									
盈余公积									
未分配利润									
归属于母公司所有者权益合计									
少数股东权益									
所有者权益合计									
负债和所有者权益总计									

表 10-19 合并资产负债表

会合 01 表

编制单位：大海公司 2020 年 12 月 31 日 单位：万元

资产	期末余额	上年年末余额	负债和所有者权益（或股东权益）	期末余额	上年年末余额
流动资产：			流动负债：		
货币资金			短期借款		
交易性金融资产			交易性金融负债		
衍生金融资产			衍生金融负债		
应收票据			应付票据		
应收账款			应付账款		
应收款项融资			预收款项		
预付款项			合同负债		
其他应收款			应付职工薪酬		
存货			应交税费		
合同资产			其他应付款		
持有待售资产			持有待售负债		
一年内到期的非流动资产			一年内到期的非流动负债		
其他流动资产			其他流动负债		
流动资产合计			流动负债合计		
非流动资产：			非流动负债：		
债权投资			长期借款		
其他债权投资			应付债券		
长期应收款			其中：优先股		
长期股权投资			永续债		
其他权益工具投资			租赁负债		
其他非流动金融资产			长期应付款		
投资性房地产			预计负债		
固定资产			递延收益		
在建工程			递延所得税负债		

（续表）

资产	期末余额	上年年末余额	负债和所有者权益（或股东权益）	期末余额	上年年末余额
生产性生物资产			其他非流动负债		
油气资产			非流动负债合计		
使用权资产			负债合计		
无形资产			所有者权益（或股东权益）：		
开发支出			实收资本（或股本）		
商誉			其他权益工具		
长期待摊费用			其中：优先股		
递延所得税资产			永续债		
其他非流动资产			资本公积		
非流动资产合计			减：库存股		
			其他综合收益		
			专项储备		
			盈余公积		
			未分配利润		
			归属于母公司所有者权益（或股东权益）合计		
			少数股东权益		
			所有者权益（或股东权益）合计		
资产总计			负债和所有者权益（或股东权益）总计		

表 10-20　　合并利润表

会合 02 表

编制单位：大海公司　　2020 年 12 月 31 日　　单位：万元

项目	本期数	上期数
一、营业总收入		
其中：营业收入		
二、营业总成本		

（续表）

项目	本期数	上期数
其中：营业成本		
税金及附加		
销售费用		
管理费用		
研发费用		
财务费用		
其中：利息费用		
利息收入		
加：其他收益		
投资收益（损失以"－"号表示）		
其中：对联营企业和合营企业的投资收益（损失以"－"号表示）		
以摊余成本计量的金融资产终止确认收益		
汇兑损益		
净敞口套期收益（损失以"－"号表示）		
公允价值变动收益（损失以"－"号表示）		
信用减值损失（损失以"－"号表示）		
资产减值损失（损失以"－"号表示）		
资产处置收益（损失以"－"号表示）		
三、营业利润（亏损以"－"号表示）		
加：营业外收入		
减：营业外支出		
四、利润总额（亏损以"－"号表示）		
减：所得税费用		
五、净利润（净亏损以"－"号表示）		

（续表）

项目	本期数	上期数
（一）按经营持续性分类		
1. 持续经营净利润(净亏损用“－”号填列)		
2. 终止经营净利润(净亏损用“－”号填列)		
（二）按所有权归属分类		
1. 归属于母公司股东的净利润(净亏损以“－”号填列)		
2. 少数股东损益(净亏损以“－”号填列)		
六、其他综合收益的税后净额		
（一）归属于母公司股东的其他综合收益税后净额		
1. 不能重分类进损益的其他综合收益		
（1）重新计算设定收益计划变动额		
（2）权益法下不能转损益的其他综合收益		
（3）其他权益工具投资公允价值变动		
（4）企业自身信用风险公允价值变动		
2. 将重分类进损益的其他综合收益		
（1）权益法下可转损益的其他综合收益		
（2）其他债权投资公允价值变动		
（3）金融资产重分类计入其他综合收益的金额		
（4）其他债权投资信用减值准备		
（5）现金流量套期储备		
（6）外币财务报表折算差额		
（二）归属于少数股东的其他综合收益税后净额		
七、综合收益总额		
（一）归属于母公司股东的综合收益总额		
（二）归属于少数股东的综合收益总额		
八、每股收益		
（一）基本每股收益		
（二）稀释每股收益		

表 10-21　　合并所有者权益变动表

会合 04 表

编制单位：大海公司　　2020 年 12 月 31 日　　单位：万元

项目	本年金额								上年金额							
	实收资本（或股本）	资本公积	减：库存股	其他综合收益	盈余公积	未分配利润	少数股东权益	所有者权益合计	实收资本（或股本）	资本公积	减：库存股	其他综合收益	盈余公积	未分配利润	少数股东权益	所有者权益合计
一、上年年末余额																
加：会计政策变更																
前期差错更正																
二、本年年初余额																
三、本年增减变动金额（减少以“—”号填列）																
（一）综合收益总额																
（二）所有者投入和减少资本																
1. 所有者投入资本																
2. 股份支付计入所有者权益的金额																
3. 其他																
（三）利润分配																
1. 提取盈余公积																
2. 对所有者（或股东）的分配																
3. 其他																
（四）所有者权益内部结转																
1. 资本公积转增资本（或股本）																
2. 盈余公积转增（或股本）																
3. 盈余公积弥补亏损																
4. 其他																
四、本年年末余额																

推荐阅读

1. 黄申.合并报表会计规范变迁探讨[J].财会月刊,2019(13):102-106.
2. 王淑臣.上市公司合并财务报表"新"整合分析框架研究——基于"长期融资性资产=长期性融资"和"四表五维"[J].财会通讯,2018(16):20-23+129.
3. 李潇妤.协议控制下合并财务报表合并范围探讨[J].财会通讯,2020(06):97-100.

10-2 第10章推荐阅读1

10-3 第10章推荐阅读2

10-4 第10章推荐阅读3

思政财经案例

861亿元货币资金造假——河南巨无霸国企引爆大雷

河南能源化工集团(简称河南能化)是河南省第一大国有企业,官网显示其拥有煤炭产能8 000多万吨、化工产品产能合计1 000万吨,拥有大有能源等多家境内外上市公司。集团位居2019年世界500强企业第484位、中国500强企业第119位、中国石油和化工企业500强第7位、中国煤炭企业50强第11位。

河南能化是永城煤电控股集团有限公司(简称永煤控股)的最大股东,持股比例为96.01%,其实控人为河南省国资委。但河南能化因长期经营不善,盲目扩张"摊大饼",多数业务板块亏损。

永煤控股近日在上海清算所发布公告称,公司于2021年7月27日收到中国证券监督管理委员会(下称证监会)《行政处罚决定书》,涉及虚增货币资金共计861亿元等信息披露违规行为。证监会对永城煤电给予警告,并处以300万元罚款;对相关6名高管共处以230万元罚款。

2020年11月10日,永煤控股突然因流动资金紧张无法按期足额偿付约10亿元本息金额,而当时它的账面上的货币资金还高达469.68亿元。这一违约行为直接引发债市连锁冲击,全国煤炭类债券以及河北、山西甚至云南等地的国企债均受波及,一级市场被迫取消发行,二级市场遭遇"打折"抛售。

去年爆雷后,有人质疑为什么永煤控股账面货币资金有近470亿元,却连10亿元都还不上,并最终引发一系列违约连锁反应。

证监会调查结果显示,2018年1月至2020年10月期间,永煤控股累计发行银行间债务融资工具21期,非公开发行公司债3期。在相关债务融资工具和私募债募集说明书、定期报告等文件中,永煤控股将应收河南能化的往来款作为货币资金列报,导致其合并报表层面虚增货币资金。具体来看,2017年至2020年9月30日其财务报表分别虚增112.74亿元、235.64亿元、241.07亿元、271.74亿元,分别占其当期披露货币资金总额的54.03%、62.56%、57.28%、57.86%,分别占其当期披露资产总额的7.94%、14.52%、14.68%、

15.74%。上述虚增货币资金累计达861.19亿元。

证监会在调查结果中称,永煤控股自2007年成立后,根据河南能化的要求进行资金归集,永煤控股资金被自动归集至其在河南能源化工集团财务有限公司(系河南能化控股子公司)开立的账户。不同于永煤控股自身库存现金、银行存款等可以被随时支取的货币资金,被归集的资金由河南能化资金管理中心负责调度,永煤控股须经审批后才能使用。但上述资金事实上已由河南能化统筹用于其他项目。上述被河南能化资金管理中心调度的资金属于永煤控股债权性质的往来款,但永煤控股仍将上述资金计入货币资金项目下并在财务报表中予以披露。

参考资料来源:根据每经网相关报道改编(www.nbd.com.cn/articles/2021-08-03/1862044.htm)。

【案例启示】

1. 阅读永煤控股巨额货币资金财务造假案例,思考合并财务报表编制的重要意义。

2. 结合合并工作底稿的特殊编制方法,思考如何养成“诚信为本、操守为重,坚持准则和不做假账”的职业操守。

参考文献

[1] 黄中生，路国平.高级财务会计(第三版)[M].北京：高等教育出版社，2019.

[2] 荣莉，彭晓洁.高级财务会计(第五版)[M].北京：中国财政经济出版社，2017.

[3] 中国注册会计师协会.2022年注册会计师统一考试辅导教材：会计[M].北京：中国财政经济出版社，2022.

[4] 企业会计准则编审委员会.企业会计准则详解与实务(2022年版)[M].北京：人民邮电出版社，2022.

[5] 东奥会计在线.2022年注册会计师考试应试指导及全真模拟测试——轻松过关：会计[M].北京：北京科学技术出版社，2022.

[6] 中华人民共和国财政部.企业会计准则应用指南[M].上海：立信会计出版社，2020.

企业会计准则第 7 号——非货币性资产交换

第一章 总 则

第一条 为了规范非货币性资产交换的确认、计量和相关信息的披露，根据《企业会计准则——基本准则》，制定本准则。

第二条 非货币性资产交换，是指企业主要以固定资产、无形资产、投资性房地产和长期股权投资等非货币性资产进行的交换。该交换不涉及或只涉及少量的货币性资产（即补价）。

货币性资产，是指企业持有的货币资金和收取固定或可确定金额的货币资金的权利。

非货币性资产，是指货币性资产以外的资产。

第三条 本准则适用于所有非货币性资产交换，但下列各项适用其他相关会计准则：

（一）企业以存货换取客户的非货币性资产的，适用《企业会计准则第 14 号——收入》。

（二）非货币性资产交换中涉及企业合并的，适用《企业会计准则第 20 号——企业合并》《企业会计准则第 2 号——长期股权投资》和《企业会计准则第 33 号——合并财务报表》。

（三）非货币性资产交换中涉及由《企业会计准则第 22 号——金融工具确认和计量》规范的金融资产的，金融资产的确认、终止确认和计量适用《企业会计准则第 22 号——金融工具确认和计量》和《企业会计准则第 23 号——金融资产转移》。

（四）非货币性资产交换中涉及由《企业会计准则第 21 号——租赁》规范的使用权资产或应收融资租赁款等的，相关资产的确认、终止确认和计量适用《企业会计准则第 21 号——租赁》。

（五）非货币性资产交换的一方直接或间接对另一方持股且以股东身份进行交易的，或者非货币性资产交换的双方均受同一方或相同的多方最终控制，且该非货币性资产交换的交易实质是交换的一方向另一方进行了权益性分配或交换的一方接受了另一方权益性投入的，适用权益性交易的有关会计处理规定。

第二章　确　　认

第四条　企业应当分别按照下列原则对非货币性资产交换中的换入资产进行确认，对换出资产终止确认：

（一）对于换入资产，企业应当在换入资产符合资产定义并满足资产确认条件时予以确认；

（二）对于换出资产，企业应当在换出资产满足资产终止确认条件时终止确认。

第五条　换入资产的确认时点与换出资产的终止确认时点存在不一致的，企业在资产负债表日应当按照下列原则进行处理：

（一）换入资产满足资产确认条件，换出资产尚未满足终止确认条件的，在确认换入资产的同时将交付换出资产的义务确认为一项负债。

（二）换入资产尚未满足资产确认条件，换出资产满足终止确认条件的，在终止确认换出资产的同时将取得换入资产的权利确认为一项资产。

第三章　以公允价值为基础计量

第六条　非货币性资产交换同时满足下列条件的，应当以公允价值为基础计量：

（一）该项交换具有商业实质；

（二）换入资产或换出资产的公允价值能够可靠地计量。换入资产和换出资产的公允价值均能够可靠计量的，应当以换出资产的公允价值为基础计量，但有确凿证据表明换入资产的公允价值更加可靠的除外。

第七条　满足下列条件之一的非货币性资产交换具有商业实质：

（一）换入资产的未来现金流量在风险、时间分布或金额方面与换出资产显著不同。

（二）使用换入资产所产生的预计未来现金流量现值与继续使用换出资产不同，且其差额与换入资产和换出资产的公允价值相比是重大的。

第八条　以公允价值为基础计量的非货币性资产交换，对于换入资产，应当以换出资产的公允价值和应支付的相关税费作为换入资产的成本进行初始计量；对于换出资产，应当在终止确认时，将换出资产的公允价值与其账面价值之间的差额计入当期损益。

有确凿证据表明换入资产的公允价值更加可靠的，对于换入资产，应当以换入资产的公允价值和应支付的相关税费作为换入资产的初始计量金额；对于换出资产，应当在终止确认时，将换入资产的公允价值与换出资产账面价值之间的差额计入当期损益。

第九条　以公允价值为基础计量的非货币性资产交换，涉及补价的，应当按照下列规定进行处理：

（一）支付补价的，以换出资产的公允价值，加上支付补价的公允价值和应支付的相关税费，作为换入资产的成本，换出资产的公允价值与其账面价值之间的差额计入当期损益。

有确凿证据表明换入资产的公允价值更加可靠的，以换入资产的公允价值和应支付的相关税费作为换入资产的初始计量金额，换入资产的公允价值减去支付补价的公允价值，与换出资产账面价值之间的差额计入当期损益。

（二）收到补价的，以换出资产的公允价值，减去收到补价的公允价值，加上应支付的相关税费，作为换入资产的成本，换出资产的公允价值与其账面价值之间的差额计入当期损益。

有确凿证据表明换入资产的公允价值更加可靠的，以换入资产的公允价值和应支付的相关税费作为换入资产的初始计量金额，换入资产的公允价值加上收到补价的公允价值，与换出资产账面价值之间的差额计入当期损益。

第十条 以公允价值为基础计量的非货币性资产交换，同时换入或换出多项资产的，应当按照下列规定进行处理：

（一）对于同时换入的多项资产，按照换入的金融资产以外的各项换入资产公允价值相对比例，将换出资产公允价值总额（涉及补价的，加上支付补价的公允价值或减去收到补价的公允价值）扣除换入金融资产公允价值后的净额进行分摊，以分摊至各项换入资产的金额，加上应支付的相关税费，作为各项换入资产的成本进行初始计量。

有确凿证据表明换入资产的公允价值更加可靠的，以各项换入资产的公允价值和应支付的相关税费作为各项换入资产的初始计量金额。

（二）对于同时换出的多项资产，将各项换出资产的公允价值与其账面价值之间的差额，在各项换出资产终止确认时计入当期损益。

有确凿证据表明换入资产的公允价值更加可靠的，按照各项换出资产的公允价值的相对比例，将换入资产的公允价值总额（涉及补价的，减去支付补价的公允价值或加上收到补价的公允价值）分摊至各项换出资产，分摊至各项换出资产的金额与各项换出资产账面价值之间的差额，在各项换出资产终止确认时计入当期损益。

第四章 以账面价值为基础计量

第十一条 不满足本准则第六条规定条件的非货币性资产交换，应当以账面价值为基础计量。对于换入资产，企业应当以换出资产的账面价值和应支付的相关税费作为换入资产的初始计量金额；对于换出资产，终止确认时不确认损益。

第十二条 以账面价值为基础计量的非货币性资产交换，涉及补价的，应当按照下列规定进行处理：

（一）支付补价的，以换出资产的账面价值，加上支付补价的账面价值和应支付的相关税费，作为换入资产的初始计量金额，不确认损益。

（二）收到补价的，以换出资产的账面价值，减去收到补价的公允价值，加上应支付的相关税费，作为换入资产的初始计量金额，不确认损益。

第十三条 以账面价值为基础计量的非货币性资产交换，同时换入或换出多项资产的，应当按照下列规定进行处理：

（一）对于同时换入的多项资产，按照各项换入资产的公允价值的相对比例，将换出资产的账面价值总额（涉及补价的，加上支付补价的账面价值或减去收到补价的公允价值）分摊至各项换入资产，加上应支付的相关税费，作为各项换入资产的初始计量金额。换入资产的公允价值不能够可靠计量的，可以按照各项换入资产的原账面价值的相对比例或其他合理的比例对换出资产的账面价值进行分摊。

（二）对于同时换出的多项资产，各项换出资产终止确认时均不确认损益。

第五章 披 露

第十四条 企业应当在附注中披露与非货币性资产交换有关的下列信息：

（一）非货币性资产交换是否具有商业实质及其原因。

（二）换入资产、换出资产的类别。

（三）换入资产初始计量金额的确定方式。

（四）换入资产、换出资产的公允价值以及换出资产的账面价值。

（五）非货币性资产交换确认的损益。

第六章 衔接规定

第十五条 企业对 2019 年 1 月 1 日至本准则施行日之间发生的非货币性资产交换，应根据本准则进行调整。企业对 2019 年 1 月 1 日之前发生的非货币性资产交换，不需要按照本准则的规定进行追溯调整。

第七章 附 则

第十六条 本准则自 2019 年 6 月 10 日起施行。

第十七条 2006 年 2 月 15 日财政部印发的《财政部关于印发〈企业会计准则第 1 号——存货〉等 38 项具体准则的通知》（财会〔2006〕3 号）中的《企业会计准则第 7 号——非货币性资产交换》同时废止。

财政部此前发布的有关非货币性资产交换会计处理规定与本准则不一致的，以本准则为准。

企业会计准则第 11 号——股份支付

第一章 总 则

第一条 为了规范股份支付的确认、计量和相关信息的披露，根据《企业会计准则

—基本准则》，制定本准则。

第二条 股份支付，是指企业为获取职工和其他方提供服务而授予权益工具或者承担以权益工具为基础确定的负债的交易。

股份支付分为以权益结算的股份支付和以现金结算的股份支付。

以权益结算的股份支付，是指企业为获取服务以股份或其他权益工具作为对价进行结算的交易。

以现金结算的股份支付，是指企业为获取服务承担以股份或其他权益工具为基础计算确定的交付现金或其他资产义务的交易。

本准则所指的权益工具是企业自身权益工具。

第三条 下列各项适用其他相关会计准则：

（一）企业合并中发行权益工具取得其他企业净资产的交易，适用《企业会计准则第20号——企业合并》。

（二）以权益工具作为对价取得其他金融工具等交易，适用《企业会计准则第22号——金融工具确认和计量》。

第二章 以权益结算的股份支付

第四条 以权益结算的股份支付换取职工提供服务的，应当以授予职工权益工具的公允价值计量。

权益工具的公允价值，应当按照《企业会计准则第22号——金融工具确认和计量》确定。

第五条 授予后立即可行权的换取职工服务的以权益结算的股份支付，应当在授予日按照权益工具的公允价值计入相关成本或费用，相应增加资本公积。

授予日，是指股份支付协议获得批准的日期。

第六条 完成等待期内的服务或达到规定业绩条件才可行权的换取职工服务的以权益结算的股份支付，在等待期内的每个资产负债表日，应当以对可行权权益工具数量的最佳估计为基础，按照权益工具授予日的公允价值，将当期取得的服务计入相关成本或费用和资本公积。

在资产负债表日，后续信息表明可行权权益工具的数量与以前估计不同的，应当进行调整，并在可行权日调整至实际可行权的权益工具数量。

等待期，是指可行权条件得到满足的期间。

对于可行权条件为规定服务期间的股份支付，等待期为授予日至可行权日的期间；对于可行权条件为规定业绩的股份支付，应当在授予日根据最可能的业绩结果预计等待期的长度。

可行权日，是指可行权条件得到满足、职工和其他方具有从企业取得权益工具或现金的权利的日期。

第七条 企业在可行权日之后不再对已确认的相关成本或费用和所有者权益总额进行调整。

第八条 以权益结算的股份支付换取其他方服务的，应当分别下列情况处理：

（一）其他方服务的公允价值能够可靠计量的，应当按照其他方服务在取得日的公允价值，计入相关成本或费用，相应增加所有者权益。

（二）其他方服务的公允价值不能可靠计量但权益工具公允价值能够可靠计量的，应当按照权益工具在服务取得日的公允价值，计入相关成本或费用，相应增加所有者权益。

第九条 在行权日，企业根据实际行权的权益工具数量，计算确定应转入实收资本或股本的金额，将其转入实收资本或股本。

行权日，是指职工和其他方行使权利、获取现金或权益工具的日期。

第三章 以现金结算的股份支付

第十条 以现金结算的股份支付，应当按照企业承担的以股份或其他权益工具为基础计算确定的负债的公允价值计量。

第十一条 授予后立即可行权的以现金结算的股份支付，应当在授予日以企业承担负债的公允价值计入相关成本或费用，相应增加负债。

第十二条 完成等待期内的服务或达到规定业绩条件以后才可行权的以现金结算的股份支付，在等待期内的每个资产负债表日，应当以对可行权情况的最佳估计为基础，按照企业承担负债的公允价值金额，将当期取得的服务计入成本或费用和相应的负债。

在资产负债表日，后续信息表明企业当期承担债务的公允价值与以前估计不同的，应当进行调整，并在可行权日调整至实际可行权水平。

第十三条 企业应当在相关负债结算前的每个资产负债表日以及结算日，对负债的公允价值重新计量，其变动计入当期损益。

第四章 披　露

第十四条 企业应当在附注中披露与股份支付有关的下列信息：

（一）当期授予、行权和失效的各项权益工具总额。

（二）期末发行在外的股份期权或其他权益工具行权价格的范围和合同剩余期限。

（三）当期行权的股份期权或其他权益工具以其行权日价格计算的加权平均价格。

（四）权益工具公允价值的确定方法。

企业对性质相似的股份支付信息可以合并披露。

第十五条 企业应当在附注中披露股份支付交易对当期财务状况和经营成果的影响，至少包括下列信息：

（一）当期因以权益结算的股份支付而确认的费用总额。

（二）当期因以现金结算的股份支付而确认的费用总额。

（三）当期以股份支付换取的职工服务总额及其他方服务总额。

企业会计准则第12号——债务重组

第一章　总　　则

第一条　为了规范债务重组的确认、计量和相关信息的披露，根据《企业会计准则——基本准则》，制定本准则。

第二条　债务重组，是指在不改变交易对手方的情况下，经债权人和债务人协定或法院裁定，就清偿债务的时间、金额或方式等重新达成协议的交易。

本准则中的债务重组涉及的债权和债务是指《企业会计准则第22号——金融工具确认和计量》规范的金融工具。

第三条　债务重组一般包括下列方式，或下列一种以上方式的组合：

（一）债务人以资产清偿债务；

（二）债务人将债务转为权益工具；

（三）除本条第一项和第二项以外，采用调整债务本金、改变债务利息、变更还款期限等方式修改债权和债务的其他条款，形成重组债权和重组债务。

第四条　本准则适用于所有债务重组，但下列各项适用其他相关会计准则：

（一）债务重组中涉及的债权、重组债权、债务、重组债务和其他金融工具的确认、计量和列报，分别适用《企业会计准则第22号——金融工具确认和计量》和《企业会计准则第37号——金融工具列报》。

（二）通过债务重组形成企业合并的，适用《企业会计准则第20号——企业合并》。

（三）债权人或债务人中的一方直接或间接对另一方持股且以股东身份进行债务重组的，或者债权人与债务人在债务重组前后均受同一方或相同的多方最终控制，且该债务重组的交易实质是债权人或债务人进行了权益性分配或接受了权益性投入的，适用权益性交易的有关会计处理规定。

第二章　债权人的会计处理

第五条　以资产清偿债务或者将债务转为权益工具方式进行债务重组的，债权人应当在相关资产符合其定义和确认条件时予以确认。

第六条　以资产清偿债务方式进行债务重组的，债权人初始确认受让的金融资产以外的资产时，应当按照下列原则以成本计量：

存货的成本，包括放弃债权的公允价值和使该资产达到当前位置和状态所发生的可直接归属于该资产的税金、运输费、装卸费、保险费等其他成本。

对联营企业或合营企业投资的成本，包括放弃债权的公允价值和可直接归属于该资产的税金等其他成本。

投资性房地产的成本，包括放弃债权的公允价值和可直接归属于该资产的税金等其他成本。

固定资产的成本，包括放弃债权的公允价值和使该资产达到预定可使用状态前所发生的可直接归属于该资产的税金、运输费、装卸费、安装费、专业人员服务费等其他成本。

生物资产的成本，包括放弃债权的公允价值和可直接归属于该资产的税金、运输费、保险费等其他成本。

无形资产的成本，包括放弃债权的公允价值和可直接归属于使该资产达到预定用途所发生的税金等其他成本。

放弃债权的公允价值与账面价值之间的差额，应当计入当期损益。

第七条 将债务转为权益工具方式进行债务重组导致债权人将债权转为对联营企业或合营企业的权益性投资的，债权人应当按照本准则第六条的规定计量其初始投资成本。放弃债权的公允价值与账面价值之间的差额，应当计入当期损益。

第八条 采用修改其他条款方式进行债务重组的，债权人应当按照《企业会计准则第 22 号——金融工具确认和计量》的规定，确认和计量重组债权。

第九条 以多项资产清偿债务或者组合方式进行债务重组的，债权人应当首先按照《企业会计准则第 22 号——金融工具确认和计量》的规定确认和计量受让的金融资产和重组债权，然后按照受让的金融资产以外的各项资产的公允价值比例，对放弃债权的公允价值扣除受让金融资产和重组债权确认金额后的净额进行分配，并以此为基础按照本准则第六条的规定分别确定各项资产的成本。放弃债权的公允价值与账面价值之间的差额，应当计入当期损益。

第三章 债务人的会计处理

第十条 以资产清偿债务方式进行债务重组的，债务人应当在相关资产和所清偿债务符合终止确认条件时予以终止确认，所清偿债务账面价值与转让资产账面价值之间的差额计入当期损益。

第十一条 将债务转为权益工具方式进行债务重组的，债务人应当在所清偿债务符合终止确认条件时予以终止确认。债务人初始确认权益工具时应当按照权益工具的公允价值计量，权益工具的公允价值不能可靠计量的，应当按照所清偿债务的公允价值计量。所清偿债务账面价值与权益工具确认金额之间的差额，应当计入当期损益。

第十二条 采用修改其他条款方式进行债务重组的，债务人应当按照《企业会计准则第 22 号——金融工具确认和计量》和《企业会计准则第 37 号——金融工具列报》的规定，确认和计量重组债务。

第十三条 以多项资产清偿债务或者组合方式进行债务重组的，债务人应当按照本准则第十一条和第十二条的规定确认和计量权益工具和重组债务，所清偿债务的账面价值与转让资产的账面价值以及权益工具和重组债务的确认金额之和的差额，应当计入当期损益。

第四章 披　　露

第十四条 债权人应当在附注中披露与债务重组有关的下列信息：

（一）根据债务重组方式，分组披露债权账面价值和债务重组相关损益。

（二）债务重组导致的对联营企业或合营企业的权益性投资增加额，以及该投资占联营企业或合营企业股份总额的比例。

第十五条 债务人应当在附注中披露与债务重组有关的下列信息：

（一）根据债务重组方式，分组披露债务账面价值和债务重组相关损益。

（二）债务重组导致的股本等所有者权益的增加额。

第五章 衔接规定

第十六条 企业对 2019 年 1 月 1 日至本准则施行日之间发生的债务重组，应根据本准则进行调整。企业对 2019 年 1 月 1 日之前发生的债务重组，不需要按照本准则的规定进行追溯调整。

第六章 附　　则

第十七条 本准则自 2019 年 6 月 17 日起施行。

第十八条 2006 年 2 月 15 日财政部印发的《财政部关于印发〈企业会计准则第 1 号——存货〉等 38 项具体准则的通知》（财会〔2006〕3 号）中的《企业会计准则第 12 号——债务重组》同时废止。

财政部此前发布的有关债务重组会计处理规定与本准则不一致的，以本准则为准。

企业会计准则第 18 号——所得税

第一章 总　　则

第一条 为了规范企业所得税的确认、计量和相关信息的列报，根据《企业会计准则—基本准则》，制定本准则。

第二条 本准则所称所得税包括企业以应纳税所得额为基础的各种境内和境外税额。

第三条 本准则不涉及政府补助的确认和计量，但因政府补助产生暂时性差异的所得税影响，应当按照本准则进行确认和计量。

第二章　计税基础

第四条　企业在取得资产、负债时，应当确定其计税基础。资产、负债的账面价值与其计税基础存在差异的，应当按照本准则规定确认所产生的递延所得税资产或递延所得税负债。

第五条　资产的计税基础，是指企业收回资产账面价值过程中，计算应纳税所得额时按照税法规定可以自应税经济利益中抵扣的金额。

第六条　负债的计税基础，是指负债的账面价值减去未来期间计算应纳税所得额时按照税法规定可予抵扣的金额。

第三章　暂时性差异

第七条　暂时性差异，是指资产或负债的账面价值与其计税基础之间的差额；未作为资产和负债确认的项目，按照税法规定可以确定其计税基础的，该计税基础与其账面价值之间的差额也属于暂时性差异。

按照暂时性差异对未来期间应税金额的影响，分为应纳税暂时性差异和可抵扣暂时性差异。

第八条　应纳税暂时性差异，是指在确定未来收回资产或清偿负债期间的应纳税所得额时，将导致产生应税金额的暂时性差异。

第九条　可抵扣暂时性差异，是指在确定未来收回资产或清偿负债期间的应纳税所得额时，将导致产生可抵扣金额的暂时性差异。

第四章　确　　认

第十条　企业应当将当期和以前期间应交未交的所得税确认为负债，将已支付的所得税超过应支付的部分确认为资产。

存在应纳税暂时性差异或可抵扣暂时性差异的，应当按照本准则规定确认递延所得税负债或递延所得税资产。

第十一条　除下列交易中产生的递延所得税负债以外，企业应当确认所有应纳税暂时性差异产生的递延所得税负债：

（一）商誉的初始确认。

（二）同时具有下列特征的交易中产生的资产或负债的初始确认：

1. 该项交易不是企业合并；

2. 交易发生时既不影响会计利润也不影响应纳税所得额（或可抵扣亏损）。

与子公司、联营企业及合营企业的投资相关的应纳税暂时性差异产生的递延所得税负债，应当按照本准则第十二条的规定确认。

第十二条　企业对与子公司、联营企业及合营企业投资相关的应纳税暂时性差异，应当确认相应的递延所得税负债。但是，同时满足下列条件的除外：

（一）投资企业能够控制暂时性差异转回的时间；

（二）该暂时性差异在可预见的未来很可能不会转回。

第十三条 企业应当以很可能取得用来抵扣可抵扣暂时性差异的应纳税所得额为限，确认由可抵扣暂时性差异产生的递延所得税资产。但是，同时具有下列特征的交易中因资产或负债的初始确认所产生的递延所得税资产不予确认：

（一）该项交易不是企业合并；

（二）交易发生时既不影响会计利润也不影响应纳税所得额（或可抵扣亏损）。

资产负债表日，有确凿证据表明未来期间很可能获得足够的应纳税所得额用来抵扣可抵扣暂时性差异的，应当确认以前期间未确认的递延所得税资产。

第十四条 企业对与子公司、联营企业及合营企业投资相关的可抵扣暂时性差异，同时满足下列条件的，应当确认相应的递延所得税资产：

（一）暂时性差异在可预见的未来很可能转回；

（二）未来很可能获得用来抵扣可抵扣暂时性差异的应纳税所得额。

第十五条 企业对于能够结转以后年度的可抵扣亏损和税款抵减，应当以很可能获得用来抵扣可抵扣亏损和税款抵减的未来应纳税所得额为限，确认相应的递延所得税资产。

第五章 计　　量

第十六条 资产负债表日，对于当期和以前期间形成的当期所得税负债（或资产），应当按照税法规定计算的预期应交纳（或返还）的所得税金额计量。

第十七条 资产负债表日，对于递延所得税资产和递延所得税负债，应当根据税法规定，按照预期收回该资产或清偿该负债期间的适用税率计量。

适用税率发生变化的，应对已确认的递延所得税资产和递延所得税负债进行重新计量，除直接在所有者权益中确认的交易或者事项产生的递延所得税资产和递延所得税负债以外，应当将其影响数计入变化当期的所得税费用。

第十八条 递延所得税资产和递延所得税负债的计量，应当反映资产负债表日企业预期收回资产或清偿负债方式的所得税影响，即在计量递延所得税资产和递延所得税负债时，应当采用与收回资产或清偿债务的预期方式相一致的税率和计税基础。

第十九条 企业不应当对递延所得税资产和递延所得税负债进行折现。

第二十条 资产负债表日，企业应当对递延所得税资产的账面价值进行复核。如果未来期间很可能无法获得足够的应纳税所得额用以抵扣递延所得税资产的利益，应当减记递延所得税资产的账面价值。

在很可能获得足够的应纳税所得额时，减记的金额应当转回。

第二十一条 企业当期所得税和递延所得税应当作为所得税费用或收益计入当期损益，但不包括下列情况产生的所得税：

（一）企业合并。

（二）直接在所有者权益中确认的交易或者事项。

第二十二条 与直接计入所有者权益的交易或者事项相关的当期所得税和递延所得税，应当计入所有者权益。

第六章 列 报

第二十三条 递延所得税资产和递延所得税负债应当分别作为非流动资产和非流动负债在资产负债表中列示。

第二十四条 所得税费用应当在利润表中单独列示。

第二十五条 企业应当在附注中披露与所得税有关的下列信息：

（一）所得税费用（收益）的主要组成部分。

（二）所得税费用（收益）与会计利润关系的说明。

（三）未确认递延所得税资产的可抵扣暂时性差异、可抵扣亏损的金额（如果存在到期日，还应披露到期日）。

（四）对每一类暂时性差异和可抵扣亏损，在列报期间确认的递延所得税资产或递延所得税负债的金额，确认递延所得税资产的依据。

（五）未确认递延所得税负债的，与对子公司、联营企业及合营企业投资相关的暂时性差异金额。

企业会计准则第19号——外币折算

第一章 总 则

第一条 为了规范外币交易的会计处理、外币财务报表的折算和相关信息的披露，根据《企业会计准则——基本准则》，制定本准则。

第二条 外币交易，是指以外币计价或者结算的交易。外币是企业记账本位币以外的货币。外币交易包括：

（一）买入或者卖出以外币计价的商品或者劳务；

（二）借入或者借出外币资金；

（三）其他以外币计价或者结算的交易。

第三条 下列各项适用其他相关会计准则：

（一）与购建或生产符合资本化条件的资产相关的外币借款产生的汇兑差额，适用《企业会计准则第17号——借款费用》。

（二）外币项目的套期，适用《企业会计准则第24号——套期保值》。

（三）现金流量表中的外币折算，适用《企业会计准则第 31 号—现金流量表》。

第二章　记账本位币的确定

第四条　记账本位币，是指企业经营所处的主要经济环境中的货币。

企业通常应选择人民币作为记账本位币。业务收支以人民币以外的货币为主的企业，可以按照本准则第五条规定选定其中一种货币作为记账本位币。但是，编报的财务报表应当折算为人民币。

第五条　企业选定记账本位币，应当考虑下列因素：

（一）该货币主要影响商品和劳务的销售价格，通常以该货币进行商品和劳务的计价和结算；

（二）该货币主要影响商品和劳务所需人工、材料和其他费用，通常以该货币进行上述费用的计价和结算；

（三）融资活动获得的货币以及保存从经营活动中收取款项所使用的货币。

第六条　企业选定境外经营的记账本位币，还应当考虑下列因素：

（一）境外经营对其所从事的活动是否拥有很强的自主性；

（二）境外经营活动中与企业的交易是否在境外经营活动中占有较大比重；

（三）境外经营活动产生的现金流量是否直接影响企业的现金流量、是否可以随时汇回；

（四）境外经营活动产生的现金流量是否足以偿还其现有债务和可预期的债务。

第七条　境外经营，是指企业在境外的子公司、合营企业、联营企业、分支机构。

在境内的子公司、合营企业、联营企业、分支机构，采用不同于企业记账本位币的，也视同境外经营。

第八条　企业记账本位币一经确定，不得随意变更，除非企业经营所处的主要经济环境发生重大变化。

企业因经营所处的主要经济环境发生重大变化，确需变更记账本位币的，应当采用变更当日的即期汇率将所有项目折算为变更后的记账本位币。

第三章　外币交易的会计处理

第九条　企业对于发生的外币交易，应当将外币金额折算为记账本位币金额。

第十条　外币交易应当在初始确认时，采用交易发生日的即期汇率将外币金额折算为记账本位币金额；也可以采用按照系统合理的方法确定的、与交易发生日即期汇率近似的汇率折算。

第十一条　企业在资产负债表日，应当按照下列规定对外币货币性项目和外币非货币性项目进行处理：

（一）外币货币性项目，采用资产负债表日即期汇率折算。因资产负债表日即期汇率与初始确认时或者前一资产负债表日即期汇率不同而产生的汇兑差额，计入当期损益。

（二）以历史成本计量的外币非货币性项目，仍采用交易发生日的即期汇率折算，不改变其记账本位币金额。

货币性项目，是指企业持有的货币资金和将以固定或可确定的金额收取的资产或者偿付的负债。

非货币性项目，是指货币性项目以外的项目。

第四章　外币财务报表的折算

第十二条　企业对境外经营的财务报表进行折算时，应当遵循下列规定：

（一）资产负债表中的资产和负债项目，采用资产负债表日的即期汇率折算，所有者权益项目除“未分配利润”项目外，其他项目采用发生时的即期汇率折算。

（二）利润表中的收入和费用项目，采用交易发生日的即期汇率折算；也可以采用按照系统合理的方法确定的、与交易发生日即期汇率近似的汇率折算。

按照上述（一）、（二）折算产生的外币财务报表折算差额，在资产负债表中所有者权益项目下单独列示。

比较财务报表的折算比照上述规定处理。

第十三条　企业对处于恶性通货膨胀经济中的境外经营的财务报表，应当按照下列规定进行折算：

对资产负债表项目运用一般物价指数予以重述，对利润表项目运用一般物价指数变动予以重述，再按照最近资产负债表日的即期汇率进行折算。

在境外经营不再处于恶性通货膨胀经济中时，应当停止重述，按照停止之日的价格水平重述的财务报表进行折算。

第十四条　企业在处置境外经营时，应当将资产负债表中所有者权益项目下列示的、与该境外经营相关的外币财务报表折算差额，自所有者权益项目转入处置当期损益；部分处置境外经营的，应当按处置的比例计算处置部分的外币财务报表折算差额，转入处置当期损益。

第十五条　企业选定的记账本位币不是人民币的，应当按照本准则第十二条规定将其财务报表折算为人民币财务报表。

第五章　披　　露

第十六条　企业应当在附注中披露与外币折算有关的下列信息：

（一）企业及其境外经营选定的记账本位币及选定的原因，记账本位币发生变更的，说明变更理由。

（二）采用近似汇率的，近似汇率的确定方法。

（三）计入当期损益的汇兑差额。

（四）处置境外经营对外币财务报表折算差额的影响。

企业会计准则第20号——企业合并

第一章　总　　则

第一条　为了规范企业合并的确认、计量和相关信息的披露，根据《企业会计准则——基本准则》，制定本准则。

第二条　企业合并，是指将两个或者两个以上单独的企业合并形成一个报告主体的交易或事项。

企业合并分为同一控制下的企业合并和非同一控制下的企业合并。

第三条　涉及业务的合并比照本准则规定处理。

第四条　本准则不涉及下列企业合并：

（一）两方或者两方以上形成合营企业的企业合并。

（二）仅通过合同而不是所有权份额将两个或者两个以上单独的企业合并形成一个报告主体的企业合并。

第二章　同一控制下的企业合并

第五条　参与合并的企业在合并前后均受同一方或相同的多方最终控制且该控制并非暂时性的，为同一控制下的企业合并。同一控制下的企业合并，在合并日取得对其他参与合并企业控制权的一方为合并方，参与合并的其他企业为被合并方。合并日，是指合并方实际取得对被合并方控制权的日期。

第六条　合并方在企业合并中取得的资产和负债，应当按照合并日在被合并方的账面价值计量。合并方取得的净资产账面价值与支付的合并对价账面价值（或发行股份面值总额）的差额，应当调整资本公积；资本公积不足冲减的，调整留存收益。

第七条　同一控制下的企业合并中，被合并方采用的会计政策与合并方不一致的，合并方在合并日应当按照本企业会计政策对被合并方的财务报表相关项目进行调整，在此基础上按照本准则规定确认。

第八条　合并方为进行企业合并发生的各项直接相关费用，包括为进行企业合并而支付的审计费用、评估费用、法律服务费用等，应当于发生时计入当期损益。

为企业合并发行的债券或承担其他债务支付的手续费、佣金等，应当计入所发行债券及其他债务的初始计量金额。企业合并中发行权益性证券发生的手续费、佣金等费用，应当抵减权益性证券溢价收入，溢价收入不足冲减的，冲减留存收益。

第九条　企业合并形成母子公司关系的，母公司应当编制合并日的合并资产负债表、合并利润表和合并现金流量表。

合并资产负债表中被合并方的各项资产、负债，应当按其账面价值计量。因被合并方采用的会计政策与合并方不一致，按照本准则规定进行调整的，应当以调整后的账面价值计量。合并利润表应当包括参与合并各方自合并当期期初至合并日所发生的收入、费用和利润。被合并方在合并前实现的净利润，应当在合并利润表中单列项目反映。合并现金流量表应当包括参与合并各方自合并当期期初至合并日的现金流量。编制合并财务报表时，参与合并各方的内部交易等，应当按照《企业会计准则第 33 号——合并财务报表》处理。

第三章　非同一控制下的企业合并

第十条　参与合并的各方在合并前后不受同一方或相同的多方最终控制的，为非同一控制下的企业合并。

非同一控制下的企业合并，在购买日取得对其他参与合并企业控制权的一方为购买方，参与合并的其他企业为被购买方。购买日，是指购买方实际取得对被购买方控制权的日期。

第十一条　购买方应当区别下列情况确定合并成本：

（一）一次交换交易实现的企业合并，合并成本为购买方在购买日为取得对被购买方的控制权而付出的资产、发生或承担的负债以及发行的权益性证券的公允价值。

（二）通过多次交换交易分步实现的企业合并，合并成本为每一单项交易成本之和。

（三）购买方为进行企业合并发生的各项直接相关费用也应当计入企业合并成本。

（四）在合并合同或协议中对可能影响合并成本的未来事项作出约定的，购买日如果估计未来事项很可能发生并且对合并成本的影响金额能够可靠计量的，购买方应当将其计入合并成本。

第十二条　购买方在购买日对作为企业合并对价付出的资产、发生或承担的负债应当按照公允价值计量，公允价值与其账面价值的差额，计入当期损益。

第十三条　购买方在购买日应当对合并成本进行分配，按照本准则第十四条的规定确认所取得的被购买方各项可辨认资产、负债及或有负债。

（一）购买方对合并成本大于合并中取得的被购买方可辨认净资产公允价值份额的差额，应当确认为商誉。

初始确认后的商誉，应当以其成本扣除累计减值准备后的金额计量。商誉的减值应当按照《企业会计准则第 8 号——资产减值》处理。

（二）购买方对合并成本小于合并中取得的被购买方可辨认净资产公允价值份额的差额，应当按照下列规定处理：

1. 对取得的被购买方各项可辨认资产、负债及或有负债的公允价值以及合并成本的计量进行复核；

2. 经复核后合并成本仍小于合并中取得的被购买方可辨认净资产公允价值份额的，其差额应当计入当期损益。

第十四条 被购买方可辨认净资产公允价值，是指合并中取得的被购买方可辨认资产的公允价值减去负债及或有负债公允价值后的余额。被购买方各项可辨认资产、负债及或有负债，符合下列条件的，应当单独予以确认：

（一）合并中取得的被购买方除无形资产以外的其他各项资产（不仅限于被购买方原已确认的资产），其所带来的经济利益很可能流入企业且公允价值能够可靠地计量的，应当单独予以确认并按照公允价值计量。

合并中取得的无形资产，其公允价值能够可靠地计量的，应当单独确认为无形资产并按照公允价值计量。

（二）合并中取得的被购买方除或有负债以外的其他各项负债，履行有关的义务很可能导致经济利益流出企业且公允价值能够可靠地计量的，应当单独予以确认并按照公允价值计量。

（三）合并中取得的被购买方或有负债，其公允价值能够可靠地计量的，应当单独确认为负债并按照公允价值计量。或有负债在初始确认后，应当按照下列两者孰高进行后续计量：

1. 按照《企业会计准则第 13 号——或有事项》应予确认的金额；

2. 初始确认金额减去按照《企业会计准则第 14 号——收入》的原则确认的累计摊销额后的余额。

第十五条 企业合并形成母子公司关系的，母公司应当设置备查簿，记录企业合并中取得的子公司各项可辨认资产、负债及或有负债等在购买日的公允价值。编制合并财务报表时，应当以购买日确定的各项可辨认资产、负债及或有负债的公允价值为基础对子公司的财务报表进行调整。

第十六条 企业合并发生当期的期末，因合并中取得的各项可辨认资产、负债及或有负债的公允价值或企业合并成本只能暂时确定的，购买方应当以所确定的暂时价值为基础对企业合并进行确认和计量。

购买日后 12 个月内对确认的暂时价值进行调整的，视为在购买日确认和计量。

第十七条 企业合并形成母子公司关系的，母公司应当编制购买日的合并资产负债表，因企业合并取得的被购买方各项可辨认资产、负债及或有负债应当以公允价值列示。母公司的合并成本与取得的子公司可辨认净资产公允价值份额的差额，以按照本准则规定处理的结果列示。

第四章 披 露

第十八条 企业合并发生当期的期末，合并方应当在附注中披露与同一控制下企业合并有关的下列信息：

（一）参与合并企业的基本情况。

（二）属于同一控制下企业合并的判断依据。

（三）合并日的确定依据。

（四）以支付现金、转让非现金资产以及承担债务作为合并对价的，所支付对价在合并日的账面价值；以发行权益性证券作为合并对价的，合并中发行权益性证券的数量及定价原则，以及参与合并各方交换有表决权股份的比例。

（五）被合并方的资产、负债在上一会计期间资产负债表日及合并日的账面价值；被合并方自合并当期期初至合并日的收入、净利润、现金流量等情况。

（六）合并合同或协议约定将承担被合并方或有负债的情况。

（七）被合并方采用的会计政策与合并方不一致所作调整情况的说明。

（八）合并后已处置或准备处置被合并方资产、负债的账面价值、处置价格等。

第十九条 企业合并发生当期的期末，购买方应当在附注中披露与非同一控制下企业合并有关的下列信息：

（一）参与合并企业的基本情况。

（二）购买日的确定依据。

（三）合并成本的构成及其账面价值、公允价值及公允价值的确定方法。

（四）被购买方各项可辨认资产、负债在上一会计期间资产负债表日及购买日的账面价值和公允价值。

（五）合并合同或协议约定将承担被购买方或有负债的情况。

（六）被购买方自购买日起至报告期期末的收入、净利润和现金流量等情况。

（七）商誉的金额及其确定方法。

（八）因合并成本小于合并中取得的被购买方可辨认净资产公允价值的份额计入当期损益的金额。

（九）合并后已处置或准备处置被购买方资产、负债的账面价值、处置价格等。

企业会计准则第28号——会计政策、会计估计变更和差错更正

第一章　总　　则

第一条 为了规范企业会计政策的应用，会计政策、会计估计变更和前期差错更正的确认、计量和相关信息的披露，根据《企业会计准则—基本准则》，制定本准则。

第二条 会计政策变更和前期差错更正的所得税影响，适用《企业会计准则第18号——所得税》。

第二章　会计政策

第三条 企业应当对相同或者相似的交易或者事项采用相同的会计政策进行处理。但是，其他会计准则另有规定的除外。

会计政策，是指企业在会计确认、计量和报告中所采用的原则、基础和会计处理方法。

第四条 企业采用的会计政策，在每一会计期间和前后各期应当保持一致，不得随意变更。但是，满足下列条件之一的，可以变更会计政策：

（一）法律、行政法规或者国家统一的会计制度等要求变更。

（二）会计政策变更能够提供更可靠、更相关的会计信息。

第五条 下列各项不属于会计政策变更：

（一）本期发生的交易或者事项与以前相比具有本质差别而采用新的会计政策。

（二）对初次发生的或不重要的交易或者事项采用新的会计政策。

第六条 企业根据法律、行政法规或者国家统一的会计制度等要求变更会计政策的，应当按照国家相关会计规定执行。会计政策变更能够提供更可靠、更相关的会计信息的，应当采用追溯调整法处理，将会计政策变更累积影响数调整列报前期最早期初留存收益，其他相关项目的期初余额和列报前期披露的其他比较数据也应当一并调整，但确定该项会计政策变更累积影响数不切实可行的除外。

追溯调整法，是指对某项交易或事项变更会计政策，视同该项交易或事项初次发生时即采用变更后的会计政策，并以此对财务报表相关项目进行调整的方法。

会计政策变更累积影响数，是指按照变更后的会计政策对以前各期追溯计算的列报前期最早期初留存收益应有金额与现有金额之间的差额。

第七条 确定会计政策变更对列报前期影响数不切实可行的，应当从可追溯调整的最早期间期初开始应用变更后的会计政策。

在当期期初确定会计政策变更对以前各期累积影响数不切实可行的，应当采用未来适用法处理。

未来适用法，是指将变更后的会计政策应用于变更日及以后发生的交易或者事项，或者在会计估计变更当期和未来期间确认会计估计变更影响数的方法。

第三章 会计估计变更

第八条 企业据以进行估计的基础发生了变化，或者由于取得新信息、积累更多经验以及后来的发展变化，可能需要对会计估计进行修订。会计估计变更的依据应当真实、可靠。

会计估计变更，是指由于资产和负债的当前状况及预期经济利益和义务发生了变化，从而对资产或负债的账面价值或者资产的定期消耗金额进行调整。

第九条 企业对会计估计变更应当采用未来适用法处理。

会计估计变更仅影响变更当期的，其影响数应当在变更当期予以确认；既影响变更当期又影响未来期间的，其影响数应当在变更当期和未来期间予以确认。

第十条 企业难以对某项变更区分为会计政策变更或会计估计变更的，应当将其作为会计估计变更处理。

第四章　前期差错更正

第十一条　前期差错，是指由于没有运用或错误运用下列两种信息，而对前期财务报表造成省略或错报。

（一）编报前期财务报表时预期能够取得并加以考虑的可靠信息。

（二）前期财务报告批准报出时能够取得的可靠信息。

前期差错通常包括计算错误、应用会计政策错误、疏忽或曲解事实以及舞弊产生的影响以及存货、固定资产盘盈等。

第十二条　企业应当采用追溯重述法更正重要的前期差错，但确定前期差错累积影响数不切实可行的除外。

追溯重述法，是指在发现前期差错时，视同该项前期差错从未发生过，从而对财务报表相关项目进行更正的方法。

第十三条　确定前期差错影响数不切实可行的，可以从可追溯重述的最早期间开始调整留存收益的期初余额，财务报表其他相关项目的期初余额也应当一并调整，也可以采用未来适用法。

第十四条　企业应当在重要的前期差错发现当期的财务报表中，调整前期比较数据。

第五章　披　　露

第十五条　企业应当在附注中披露与会计政策变更有关的下列信息：

（一）会计政策变更的性质、内容和原因。

（二）当期和各个列报前期财务报表中受影响的项目名称和调整金额。

（三）无法进行追溯调整的，说明该事实和原因以及开始应用变更后的会计政策的时点、具体应用情况。

第十六条　企业应当在附注中披露与会计估计变更有关的下列信息：

（一）会计估计变更的内容和原因。

（二）会计估计变更对当期和未来期间的影响数。

（三）会计估计变更的影响数不能确定的，披露这一事实和原因。

第十七条　企业应当在附注中披露与前期差错更正有关的下列信息：

（一）前期差错的性质。

（二）各个列报前期财务报表中受影响的项目名称和更正金额。

（三）无法进行追溯重述的，说明该事实和原因以及对前期差错开始进行更正的时点、具体更正情况。

第十八条　在以后期间的财务报表中，不需要重复披露在以前期间的附注中已披露的会计政策变更和前期差错更正的信息。

企业会计准则第29号——资产负债表日后事项

第一章 总 则

第一条 为了规范资产负债表日后事项的确认、计量和相关信息的披露，根据《企业会计准则—基本准则》，制定本准则。

第二条 资产负债表日后事项，是指资产负债表日至财务报告批准报出日之间发生的有利或不利事项。财务报告批准报出日，是指董事会或类似机构批准财务报告报出的日期。

资产负债表日后事项包括资产负债表日后调整事项和资产负债表日后非调整事项。

资产负债表日后调整事项，是指对资产负债表日已经存在的情况提供了新的或进一步证据的事项。

资产负债表日后非调整事项，是指表明资产负债表日后发生的情的事项。

第三条 资产负债表日后事项表明持续经营假设不再适用的，企业不应当在持续经营基础上编制财务报表。

第二章 资产负债表日后调整事项

第四条 企业发生的资产负债表日后调整事项，应当调整资产负债表日的财务报表。

第五条 企业发生的资产负债表日后调整事项，通常包括下列各项：

（一）资产负债表日后诉讼案件结案，法院判决证实了企业在资产负债表日已经存在现时义务，需要调整原先确认的与该诉讼案件相关的预计负债，或确认一项新负债。

（二）资产负债表日后取得确凿证据，表明某项资产在资产负债表日发生了减值或者需要调整该项资产原先确认的减值金额。

（三）资产负债表日后进一步确定了资产负债表日前购入资产的成本或售出资产的收入。

（四）资产负债表日后发现了财务报表舞弊或差错。

第三章 资产负债表日后非调整事项

第六条 企业发生的资产负债表日后非调整事项，不应当调整资产负债表日的财务报表。

第七条 企业发生的资产负债表日后非调整事项，通常包括下列各项：

（一）资产负债表日后发生重大诉讼、仲裁、承诺。

（二）资产负债表日后资产价格、税收政策、外汇汇率发生重大变化。

（三）资产负债表日后因自然灾害导致资产发生重大损失。

（四）资产负债表日后发行股票和债券以及其他巨额举债。

（五）资产负债表日后资本公积转增资本。

（六）资产负债表日后发生巨额亏损。

（七）资产负债表日后发生企业合并或处置子公司。

第八条 资产负债表日后，企业利润分配方案中拟分配的以及经审议批准宣告发放的股利或利润，不确认为资产负债表日的负债，但应当在附注中单独披露。

第四章 披　露

第九条 企业应当在附注中披露与资产负债表日后事项有关的下列信息：

（一）财务报告的批准报出者和财务报告批准报出日。

按照有关法律、行政法规等规定，企业所有者或其他方面有权对报出的财务报告进行修改的，应当披露这一情况。

（二）每项重要的资产负债表日后非调整事项的性质、内容，及其对财务状况和经营成果的影响。无法作出估计的，应当说明原因。

第十条 企业在资产负债表日后取得了影响资产负债表日存在情况的新的或进一步的证据，应当调整与之相关的披露信息。

企业会计准则第30号——财务报表列报

第一章 总　则

第一条 为了规范财务报表的列报，保证同一企业不同期间和同一期间不同企业的财务报表相互可比，根据《企业会计准则——基本准则》，制定本准则。

第二条 财务报表是对企业财务状况、经营成果和现金流量的结构性表述。财务报表至少应当包括下列组成部分：

（一）资产负债表；

（二）利润表；

（三）现金流量表；

（四）所有者权益（或股东权益，下同）变动表；

（五）附注。

财务报表上述组成部分具有同等的重要程度。

第三条 本准则适用于个别财务报表和合并财务报表，以及年度财务报表和中期财务报表，《企业会计准则第32号——中期财务报告》另有规定的除外。合并财务报表的编制和列报，还应遵循《企业会计准则第33号——合并财务报表》；现金流量表的编制和列报，还应遵循《企业会计准则第31号——现金流量表》；其他会计准则的特殊列报要求，适用其他相关会计准则。

第二章　基本要求

第四条　企业应当以持续经营为基础，根据实际发生的交易和事项，按照《企业会计准则——基本准则》和其他各项会计准则的规定进行确认和计量，在此基础上编制财务报表。企业不应以附注披露代替确认和计量，不恰当的确认和计量也不能通过充分披露相关会计政策而纠正。

如果按照各项会计准则规定披露的信息不足以让报表使用者了解特定交易或事项对企业财务状况和经营成果的影响时，企业还应当披露其他的必要信息。

第五条　在编制财务报表的过程中，企业管理层应当利用所有可获得信息来评价企业自报告期末起至少12个月的持续经营能力。

评价时需要考虑宏观政策风险、市场经营风险、企业目前或长期的盈利能力、偿债能力、财务弹性以及企业管理层改变经营政策的意向等因素。

评价结果表明对持续经营能力产生重大怀疑的，企业应当在附注中披露导致对持续经营能力产生重大怀疑的因素以及企业拟采取的改善措施。

第六条　企业如有近期获利经营的历史且有财务资源支持，则通常表明以持续经营为基础编制财务报表是合理的。

企业正式决定或被迫在当期或将在下一个会计期间进行清算或停止营业的，则表明以持续经营为基础编制财务报表不再合理。在这种情况下，企业应当采用其他基础编制财务报表，并在附注中声明财务报表未以持续经营为基础编制的事实、披露未以持续经营为基础编制的原因和财务报表的编制基础。

第七条　除现金流量表按照收付实现制原则编制外，企业应当按照权责发生制原则编制财务报表。

第八条　财务报表项目的列报应当在各个会计期间保持一致，不得随意变更，但下列情况除外：

(一) 会计准则要求改变财务报表项目的列报。

(二) 企业经营业务的性质发生重大变化或对企业经营影响较大的交易或事项发生后，变更财务报表项目的列报能够提供更可靠、更相关的会计信息。

第九条　性质或功能不同的项目，应当在财务报表中单独列报，但不具有重要性的项目除外。

性质或功能类似的项目，其所属类别具有重要性的，应当按其类别在财务报表中单独列报。

某些项目的重要性程度不足以在资产负债表、利润表、现金流量表或所有者权益变动表中单独列示，但对附注却具有重要性，则应当在附注中单独披露。

第十条 重要性，是指在合理预期下，财务报表某项目的省略或错报会影响使用者据此作出经济决策的，该项目具有重要性。

重要性应当根据企业所处的具体环境，从项目的性质和金额两方面予以判断，且对各项目重要性的判断标准一经确定，不得随意变更。判断项目性质的重要性，应当考虑该项目在性质上是否属于企业日常活动、是否显著影响企业的财务状况、经营成果和现金流量等因素；判断项目金额大小的重要性，应当考虑该项目金额占资产总额、负债总额、所有者权益总额、营业收入总额、营业成本总额、净利润、综合收益总额等直接相关项目金额的比重或所属报表单列项目金额的比重。

第十一条 财务报表中的资产项目和负债项目的金额、收入项目和费用项目的金额、直接计入当期利润的利得项目和损失项目的金额不得相互抵销，但其他会计准则另有规定的除外。

一组类似交易形成的利得和损失应当以净额列示，但具有重要性的除外。

资产或负债项目按扣除备抵项目后的净额列示，不属于抵销。

非日常活动产生的利得和损失，以同一交易形成的收益扣减相关费用后的净额列示更能反映交易实质的，不属于抵销。

第十二条 当期财务报表的列报，至少应当提供所有列报项目上一个可比会计期间的比较数据，以及与理解当期财务报表相关的说明，但其他会计准则另有规定的除外。

根据本准则第八条的规定，财务报表的列报项目发生变更的，应当至少对可比期间的数据按照当期的列报要求进行调整，并在附注中披露调整的原因和性质，以及调整的各项目金额。对可比数据进行调整不切实可行的，应当在附注中披露不能调整的原因。

不切实可行，是指企业在作出所有合理努力后仍然无法采用某项会计准则规定。

第十三条 企业应当在财务报表的显著位置至少披露下列各项：

（一）编报企业的名称。

（二）资产负债表日或财务报表涵盖的会计期间。

（三）人民币金额单位。

（四）财务报表是合并财务报表的，应当予以标明。

第十四条 企业至少应当按年编制财务报表。年度财务报表涵盖的期间短于一年的，应当披露年度财务报表的涵盖期间、短于一年的原因以及报表数据不具可比性的事实。

第十五条 本准则规定在财务报表中单独列报的项目，应当单独列报。其他会计准则规定单独列报的项目，应当增加单独列报项目。

第三章 资产负债表

第十六条 资产和负债应当分别流动资产和非流动资产、流动负债和非流动负债列示。

金融企业等销售产品或提供服务不具有明显可识别营业周期的企业，其各项资产或负债按照流动性列示能够提供可靠且更相关信息的，可以按照其流动性顺序列示。从事多种经营的企业，其部分资产或负债按照流动和非流动列报、其他部分资产或负债按照流动性列示能够提供可靠且更相关信息的，可以采用混合的列报方式。

对于同时包含资产负债表日后一年内（含一年，下同）和一年之后预期将收回或清偿金额的资产和负债单列项目，企业应当披露超过一年后预期收回或清偿的金额。

第十七条 资产满足下列条件之一的，应当归类为流动资产：

（一）预计在一个正常营业周期中变现、出售或耗用。

（二）主要为交易目的而持有。

（三）预计在资产负债表日起一年内变现。

（四）自资产负债表日起一年内，交换其他资产或清偿负债的能力不受限制的现金或现金等价物。

正常营业周期，是指企业从购买用于加工的资产起至实现现金或现金等价物的期间。正常营业周期通常短于一年。因生产周期较长等导致正常营业周期长于一年的，尽管相关资产往往超过一年才变现、出售或耗用，仍应当划分为流动资产。正常营业周期不能确定的，应当以一年（12 个月）作为正常营业周期。

第十八条 流动资产以外的资产应当归类为非流动资产，并应按其性质分类列示。被划分为持有待售的非流动资产应当归类为流动资产。

第十九条 负债满足下列条件之一的，应当归类为流动负债：

（一）预计在一个正常营业周期中清偿。

（二）主要为交易目的而持有。

（三）自资产负债表日起一年内到期应予以清偿。

（四）企业无权自主地将清偿推迟至资产负债表日后一年以上。负债在其对手方选择的情况下可通过发行权益进行清偿的条款与负债的流动性划分无关。

企业对资产和负债进行流动性分类时，应当采用相同的正常营业周期。企业正常营业周期中的经营性负债项目即使在资产负债表日后超过一年才予清偿的，仍应当划分为流动负债。经营性负债项目包括应付账款、应付职工薪酬等，这些项目属于企业正常营业周期中使用的营运资金的一部分。

第二十条 流动负债以外的负债应当归类为非流动负债，并应当按其性质分类列示。被划分为持有待售的非流动负债应当归类为流动负债。

第二十一条 对于在资产负债表日起一年内到期的负债，企业有意图且有能力自主地将清偿义务展期至资产负债表日后一年以上的，应当归类为非流动负债；不能自主地将清偿义务展期的，即使在资产负债表日后、财务报告批准报出日前签订了重新安排清偿计划协议，该项负债仍应当归类为流动负债。

第二十二条 企业在资产负债表日或之前违反了长期借款协议，导致贷款人可随时要求清偿的负债，应当归类为流动负债。

贷款人在资产负债表日或之前同意提供在资产负债表日后一年以上的宽限期，在此期限内企业能够改正违约行为，且贷款人不能要求随时清偿的，该项负债应当归类为非流动负债。

其他长期负债存在类似情况的，比照上述第一款和第二款处理。

第二十三条 资产负债表中的资产类至少应当单独列示反映下列信息的项目：

（一）货币资金；

（二）以公允价值计量且其变动计入当期损益的金融资产；

（三）应收款项；

（四）预付款项；

（五）存货；

（六）被划分为持有待售的非流动资产及被划分为持有待售的处置组中的资产；

（七）可供出售金融资产；

（八）持有至到期投资；

（九）长期股权投资；

（十）投资性房地产；

（十一）固定资产；

（十二）生物资产；

（十三）无形资产；

（十四）递延所得税资产。

第二十四条 资产负债表中的资产类至少应当包括流动资产和非流动资产的合计项目，按照企业的经营性质不切实可行的除外。

第二十五条 资产负债表中的负债类至少应当单独列示反映下列信息的项目：

（一）短期借款；

（二）以公允价值计量且其变动计入当期损益的金融负债；

（三）应付款项；

（四）预收款项；

（五）应付职工薪酬；

（六）应交税费；

（七）被划分为持有待售的处置组中的负债；

（八）长期借款；

（九）应付债券；

（十）长期应付款；

（十一）预计负债；

（十二）递延所得税负债。

第二十六条 资产负债表中的负债类至少应当包括流动负债、非流动负债和负债的合计项目，按照企业的经营性质不切实可行的除外。

第二十七条 资产负债表中的所有者权益类至少应当单独列示反映下列信息的项目：

（一）实收资本（或股本，下同）；

（二）资本公积；

（三）盈余公积；

（四）未分配利润。

在合并资产负债表中，应当在所有者权益类单独列示少数股东权益。

第二十八条 资产负债表中的所有者权益类应当包括所有者权益的合计项目。

第二十九条 资产负债表应当列示资产总计项目，负债和所有者权益总计项目。

第四章 利 润 表

第三十条 企业在利润表中应当对费用按照功能分类，分为从事经营业务发生的成本、管理费用、销售费用和财务费用等。

第三十一条 利润表至少应当单独列示反映下列信息的项目，但其他会计准则另有规定的除外：

（一）营业收入；

（二）营业成本；

（三）营业税金及附加；

（四）管理费用；

（五）销售费用；

（六）财务费用；

（七）投资收益；

（八）公允价值变动损益；

（九）资产减值损失；

（十）非流动资产处置损益；

（十一）所得税费用；

（十二）净利润；

（十三）其他综合收益各项目分别扣除所得税影响后的净额；

（十四）综合收益总额。

金融企业可以根据其特殊性列示利润表项目。

第三十二条 综合收益，是指企业在某一期间除与所有者以其所有者身份进行的交易之外的其他交易或事项所引起的所有者权益变动。综合收益总额项目反映净利润和其他综合收益扣除所得税影响后的净额相加后的合计金额。

第三十三条 其他综合收益，是指企业根据其他会计准则规定未在当期损益中确认的各项利得和损失。

其他综合收益项目应当根据其他相关会计准则的规定分为下列两类列报：

（一）以后会计期间不能重分类进损益的其他综合收益项目，主要包括重新计量设定受益计划净负债或净资产导致的变动、按照权益法核算的在被投资单位以后会计期间不能重分类进损益的其他综合收益中所享有的份额等；

（二）以后会计期间在满足规定条件时将重分类进损益的其他综合收益项目，主要包括按照权益法核算的在被投资单位以后会计期间在满足规定条件时将重分类进损益的其他综合收益中所享有的份额、可供出售金融资产公允价值变动形成的利得或损失、持有至到期投资重分类为可供出售金融资产形成的利得或损失、现金流量套期工具产生的利得或损失中属于有效套期的部分、外币财务报表折算差额等。

第三十四条 在合并利润表中，企业应当在净利润项目之下单独列示归属于母公司所有者的损益和归属于少数股东的损益，在综合收益总额项目之下单独列示归属于母公司所有者的综合收益总额和归属于少数股东的综合收益总额。

第五章 所有者权益变动表

第三十五条 所有者权益变动表应当反映构成所有者权益的各组成部分当期的增减变动情况。综合收益和与所有者（或股东，下同）的资本交易导致的所有者权益的变动，应当分别列示。

与所有者的资本交易，是指企业与所有者以其所有者身份进行的、导致企业所有者权益变动的交易。

第三十六条 所有者权益变动表至少应当单独列示反映下列信息的项目：

（一）综合收益总额，在合并所有者权益变动表中还应单独列示归属于母公司所有者的综合收益总额和归属于少数股东的综合收益总额；

（二）会计政策变更和前期差错更正的累积影响金额；

（三）所有者投入资本和向所有者分配利润等；

（四）按照规定提取的盈余公积；

（五）所有者权益各组成部分的期初和期末余额及其调节情况。

第六章 附 注

第三十七条 附注是对在资产负债表、利润表、现金流量表和所有者权益变动表等报表中列示项目的文字描述或明细资料，以及对未能在这些报表中列示项目的说明等。

第三十八条 附注应当披露财务报表的编制基础，相关信息应当与资产负债表、利润表、现金流量表和所有者权益变动表等报表中列示的项目相互参照。

第三十九条 附注一般应当按照下列顺序至少披露：

（一）企业的基本情况。

1. 企业注册地、组织形式和总部地址。

2. 企业的业务性质和主要经营活动。

3. 母公司以及集团最终母公司的名称。

4. 财务报告的批准报出者和财务报告批准报出日，或者以签字人及其签字日期为准。

5. 营业期限有限的企业，还应当披露有关其营业期限的信息。

（二）财务报表的编制基础。

（三）遵循企业会计准则的声明。

企业应当声明编制的财务报表符合企业会计准则的要求，真实、完整地反映了企业的财务状况、经营成果和现金流量等有关信息。

（四）重要会计政策和会计估计。

重要会计政策的说明，包括财务报表项目的计量基础和在运用会计政策过程中所做的重要判断等。重要会计估计的说明，包括可能导致下一个会计期间内资产、负债账面价值重大调整的会计估计的确定依据等。

企业应当披露采用的重要会计政策和会计估计，并结合企业的具体实际披露其重要会计政策的确定依据和财务报表项目的计量基础，及其会计估计所采用的关键假设和不确定因素。

（五）会计政策和会计估计变更以及差错更正的说明。

企业应当按照《企业会计准则第 28 号——会计政策、会计估计变更和差错更正》的规定，披露会计政策和会计估计变更以及差错更正的情况。

（六）报表重要项目的说明。

企业应当按照资产负债表、利润表、现金流量表、所有者权益变动表及其项目列示的顺序，对报表重要项目的说明采用文字和数字描述相结合的方式进行披露。报表重要项目的明细金额合计，应当与报表项目金额相衔接。

企业应当在附注中披露费用按照性质分类的利润表补充资料，可将费用分为耗用的原材料、职工薪酬费用、折旧费用、摊销费用等。

（七）或有和承诺事项、资产负债表日后非调整事项、关联方关系及其交易等需要说明的事项。

（八）有助于财务报表使用者评价企业管理资本的目标、政策及程序的信息。

第四十条 企业应当在附注中披露下列关于其他综合收益各项目的信息：

（一）其他综合收益各项目及其所得税影响；

（二）其他综合收益各项目原计入其他综合收益、当期转出计入当期损益的金额；

（三）其他综合收益各项目的期初和期末余额及其调节情况。

第四十一条 企业应当在附注中披露终止经营的收入、费用、利润总额、所得税费用和净利润，以及归属于母公司所有者的终止经营利润。

第四十二条 终止经营，是指满足下列条件之一的已被企业处置或被企业划归为持有待售的、在经营和编制财务报表时能够单独区分的组成部分：

（一）该组成部分代表一项独立的主要业务或一个主要经营地区。

（二）该组成部分是拟对一项独立的主要业务或一个主要经营地区进行处置计划的一

部分。

（三）该组成部分是仅仅为了再出售而取得的子公司。

同时满足下列条件的企业组成部分（或非流动资产，下同）应当确认为持有待售：该组成部分必须在其当前状况下仅根据出售此类组成部分的惯常条款即可立即出售；企业已经就处置该组成部分作出决议，如按规定需得到股东批准的，应当已经取得股东大会或相应权力机构的批准；企业已经与受让方签订了不可撤销的转让协议；该项转让将在一年内完成。

第四十三条 企业应当在附注中披露在资产负债表日后、财务报告批准报出日前提议或宣布发放的股利总额和每股股利金额（或向投资者分配的利润总额）。

第七章 衔接规定

第四十四条 在本准则施行日之前已经执行企业会计准则的企业，应当按照本准则调整财务报表的列报项目；涉及有关报表和附注比较数据的，也应当做相应调整，调整不切实可行的除外。

第八章 附 则

第四十五条 本准则自 2014 年 7 月 1 日起施行。

企业会计准则第 33 号——合并财务报表

第一章 总 则

第一条 为了规范合并财务报表的编制和列报，根据《企业会计准则——基本准则》，制定本准则。

第二条 合并财务报表，是指反映母公司和其全部子公司形成的企业集团整体财务状况、经营成果和现金流量的财务报表。

母公司，是指控制一个或一个以上主体（含企业、被投资单位中可分割的部分，以及企业所控制的结构化主体等，下同）的主体。

子公司，是指被母公司控制的主体。

第三条 合并财务报表至少应当包括下列组成部分：

（一）合并资产负债表；

（二）合并利润表；

（三）合并现金流量表；

（四）合并所有者权益（或股东权益，下同）变动表；

（五）附注。

企业集团中期期末编制合并财务报表的，至少应当包括合并资产负债表、合并利润表、合并现金流量表和附注。

第四条 母公司应当编制合并财务报表。

如果母公司是投资性主体，且不存在为其投资活动提供相关服务的子公司，则不应当编制合并财务报表，该母公司按照本准则第二十一条规定以公允价值计量其对所有子公司的投资，且公允价值变动计入当期损益。

第五条 外币财务报表折算，适用《企业会计准则第 19 号——外币折算》和《企业会计准则第 31 号——现金流量表》。

第六条 关于在子公司权益的披露，适用《企业会计准则第 41 号——在其他主体中权益的披露》。

第二章 合并范围

第七条 合并财务报表的合并范围应当以控制为基础予以确定。

控制，是指投资方拥有对被投资方的权力，通过参与被投资方的相关活动而享有可变回报，并且有能力运用对被投资方的权力影响其回报金额。

本准则所称相关活动，是指对被投资方的回报产生重大影响的活动。被投资方的相关活动应当根据具体情况进行判断，通常包括商品或劳务的销售和购买、金融资产的管理、资产的购买和处置、研究与开发活动以及融资活动等。

第八条 投资方应当在综合考虑所有相关事实和情况的基础上对是否控制被投资方进行判断。一旦相关事实和情况的变化导致对控制定义所涉及的相关要素发生变化的，投资方应当进行重新评估。相关事实和情况主要包括：

（一）被投资方的设立目的。

（二）被投资方的相关活动以及如何对相关活动作出决策。

（三）投资方享有的权利是否使其目前有能力主导被投资方的相关活动。

（四）投资方是否通过参与被投资方的相关活动而享有可变回报。

（五）投资方是否有能力运用对被投资方的权力影响其回报金额。

（六）投资方与其他方的关系。

第九条 投资方享有现时权利使其目前有能力主导被投资方的相关活动，而不论其是否实际行使该权利，视为投资方拥有对被投资方的权力。

第十条 两个或两个以上投资方分别享有能够单方面主导被投资方不同相关活动的现时权利的，能够主导对被投资方回报产生最重大影响的活动的一方拥有对被投资方的权力。

第十一条 投资方在判断是否拥有对被投资方的权力时，应当仅考虑与被投资方相关的实质性权利，包括自身所享有的实质性权利以及其他方所享有的实质性权利。

实质性权利，是指持有人在对相关活动进行决策时有实际能力行使的可执行权利。

判断一项权利是否为实质性权利，应当综合考虑所有相关因素，包括权利持有人行使该项权利是否存在财务、价格、条款、机制、信息、运营、法律法规等方面的障碍；当权利由多方持有或者行权需要多方同意时，是否存在实际可行的机制使得这些权利持有人在其愿意的情况下能够一致行权；权利持有人能否从行权中获利等。

某些情况下，其他方享有的实质性权利有可能会阻止投资方对被投资方的控制。这种实质性权利既包括提出议案以供决策的主动性权利，也包括对已提出议案作出决策的被动性权利。

第十二条 仅享有保护性权利的投资方不拥有对被投资方的权力。

保护性权利，是指仅为了保护权利持有人利益却没有赋予持有人对相关活动决策权的一项权利。保护性权利通常只能在被投资方发生根本性改变或某些例外情况发生时才能够行使，它既没有赋予其持有人对被投资方拥有权力，也不能阻止其他方对被投资方拥有权力。

第十三条 除非有确凿证据表明其不能主导被投资方相关活动，下列情况，表明投资方对被投资方拥有权力：

（一）投资方持有被投资方半数以上的表决权的。

（二）投资方持有被投资方半数或以下的表决权，但通过与其他表决权持有人之间的协议能够控制半数以上表决权的。

第十四条 投资方持有被投资方半数或以下的表决权，但综合考虑下列事实和情况后，判断投资方持有的表决权足以使其目前有能力主导被投资方相关活动的，视为投资方对被投资方拥有权力：

（一）投资方持有的表决权相对于其他投资方持有的表决权份额的大小，以及其他投资方持有表决权的分散程度。

（二）投资方和其他投资方持有的被投资方的潜在表决权，如可转换公司债券、可执行认股权证等。

（三）其他合同安排产生的权利。

（四）被投资方以往的表决权行使情况等其他相关事实和情况。

第十五条 当表决权不能对被投资方的回报产生重大影响时，如仅与被投资方的日常行政管理活动有关，并且被投资方的相关活动由合同安排所决定，投资方需要评估这些合同安排，以评价其享有的权利是否足够使其拥有对被投资方的权力。

第十六条 某些情况下，投资方可能难以判断其享有的权利是否足以使其拥有对被投资方的权力。在这种情况下，投资方应当考虑其具有实际能力以单方面主导被投资方相关活动的证据，从而判断其是否拥有对被投资方的权力。投资方应考虑的因素包括但不限于下列事项：

（一）投资方能否任命或批准被投资方的关键管理人员。

（二）投资方能否出于其自身利益决定或否决被投资方的重大交易。

（三）投资方能否掌控被投资方董事会等类似权力机构成员的任命程序，或者从其他表决权持有人手中获得代理权。

（四）投资方与被投资方的关键管理人员或董事会等类似权力机构中的多数成员是否存在关联方关系。投资方与被投资方之间存在某种特殊关系的，在评价投资方是否拥有对被投资方的权力时，应当适当考虑这种特殊关系的影响。特殊关系通常包括：被投资方的关键管理人员是投资方的现任或前任职工、被投资方的经营依赖于投资方、被投资方活动的重大部分有投资方参与其中或者是以投资方的名义进行、投资方自被投资方承担可变回报的风险或享有可变回报的收益远超过其持有的表决权或其他类似权利的比例等。

第十七条 投资方自被投资方取得的回报可能会随着被投资方业绩而变动的，视为享有可变回报。投资方应当基于合同安排的实质而非回报的法律形式对回报的可变性进行评价。

第十八条 投资方在判断是否控制被投资方时，应当确定其自身是以主要责任人还是代理人的身份行使决策权，在其他方拥有决策权的情况下，还需要确定其他方是否以其代理人的身份代为行使决策权。

代理人仅代表主要责任人行使决策权，不控制被投资方。投资方将被投资方相关活动的决策权委托给代理人的，应当将该决策权视为自身直接持有。

第十九条 在确定决策者是否为代理人时，应当综合考虑该决策者与被投资方以及其他投资方之间的关系。

（一）存在单独一方拥有实质性权利可以无条件罢免决策者的，该决策者为代理人。

（二）除（一）以外的情况下，应当综合考虑决策者对被投资方的决策权范围、其他方享有的实质性权利、决策者的薪酬水平、决策者因持有被投资方中的其他权益所承担可变回报的风险等相关因素进行判断。

第二十条 投资方通常应当对是否控制被投资方整体进行判断。但极个别情况下，有确凿证据表明同时满足下列条件并且符合相关法律法规规定的，投资方应当将被投资方的一部分（以下简称“该部分”）视为被投资方可分割的部分（单独主体），进而判断是否控制该部分（单独主体）。

（一）该部分的资产是偿付该部分负债或该部分其他权益的唯一来源，不能用于偿还该部分以外的被投资方的其他负债；

（二）除与该部分相关的各方外，其他方不享有与该部分资产相关的权利，也不享有与该部分资产剩余现金流量相关的权利。

第二十一条 母公司应当将其全部子公司（包括母公司所控制的单独主体）纳入合并财务报表的合并范围。

如果母公司是投资性主体，则母公司应当仅将为其投资活动提供相关服务的子公司（如有）纳入合并范围并编制合并财务报表；其他子公司不应当予以合并，母公司对其他子公司的投资应当按照公允价值计量且其变动计入当期损益。

第二十二条 当母公司同时满足下列条件时，该母公司属于投资性主体：

（一）该公司是以向投资者提供投资管理服务为目的，从一个或多个投资者处获取资金；

（二）该公司的唯一经营目的，是通过资本增值、投资收益或两者兼有而让投资者获得回报；

（三）该公司按照公允价值对几乎所有投资的业绩进行考量和评价。

第二十三条 母公司属于投资性主体的，通常情况下应当符合下列所有特征：

（一）拥有一个以上投资；

（二）拥有一个以上投资者；

（三）投资者不是该主体的关联方；

（四）其所有者权益以股权或类似权益方式存在。

第二十四条 投资性主体的母公司本身不是投资性主体，则应当将其控制的全部主体，包括那些通过投资性主体所间接控制的主体，纳入合并财务报表范围。

第二十五条 当母公司由非投资性主体转变为投资性主体时，除仅将为其投资活动提供相关服务的子公司纳入合并财务报表范围编制合并财务报表外，企业自转变日起对其他子公司不再予以合并，并参照本准则第四十九条的规定，按照视同在转变日处置子公司但保留剩余股权的原则进行会计处理。

当母公司由投资性主体转变为非投资性主体时，应将原未纳入合并财务报表范围的子公司于转变日纳入合并财务报表范围，原未纳入合并财务报表范围的子公司在转变日的公允价值视同为购买的交易对价。

第三章 合并程序

第二十六条 母公司应当以自身和其子公司的财务报表为基础，根据其他有关资料，编制合并财务报表。

母公司编制合并财务报表，应当将整个企业集团视为一个会计主体，依据相关企业会计准则的确认、计量和列报要求，按照统一的会计政策，反映企业集团整体财务状况、经营成果和现金流量。

（一）合并母公司与子公司的资产、负债、所有者权益、收入、费用和现金流等项目。

（二）抵销母公司对子公司的长期股权投资与母公司在子公司所有者权益中所享有的份额。

（三）抵销母公司与子公司、子公司相互之间发生的内部交易的影响。内部交易表明相关资产发生减值损失的，应当全额确认该部分损失。

（四）站在企业集团角度对特殊交易事项予以调整。

第二十七条 母公司应当统一子公司所采用的会计政策，使子公司采用的会计政策与母公司保持一致。

子公司所采用的会计政策与母公司不一致的，应当按照母公司的会计政策对子公司财务报表进行必要的调整；或者要求子公司按照母公司的会计政策另行编报财务报表。

第二十八条 母公司应当统一子公司的会计期间，使子公司的会计期间与母公司保持一致。

子公司的会计期间与母公司不一致的，应当按照母公司的会计期间对子公司财务报表进行调整；或者要求子公司按照母公司的会计期间另行编报财务报表。

第二十九条 在编制合并财务报表时，子公司除了应当向母公司提供财务报表外，还应当向母公司提供下列有关资料：

（一）采用的与母公司不一致的会计政策及其影响金额；

（二）与母公司不一致的会计期间的说明；

（三）与母公司、其他子公司之间发生的所有内部交易的相关资料；

（四）所有者权益变动的有关资料；

（五）编制合并财务报表所需要的其他资料。

第一节 合并资产负债表

第三十条 合并资产负债表应当以母公司和子公司的资产负债表为基础，在抵销母公司与子公司、子公司相互之间发生的内部交易对合并资产负债表的影响后，由母公司合并编制。

（一）母公司对子公司的长期股权投资与母公司在子公司所有者权益中所享有的份额应当相互抵销，同时抵销相应的长期股权投资减值准备。

子公司持有母公司的长期股权投资，应当视为企业集团的库存股，作为所有者权益的减项，在合并资产负债表中所有者权益项目下以“减：库存股”项目列示。

子公司相互之间持有的长期股权投资，应当比照母公司对子公司的股权投资的抵销方法，将长期股权投资与其对应的子公司所有者权益中所享有的份额相互抵销。

（二）母公司与子公司、子公司相互之间的债权与债务项目应当相互抵销，同时抵销相应的减值准备。

（三）母公司与子公司、子公司相互之间销售商品（或提供劳务，下同）或其他方式形成的存货、固定资产、工程物资、在建工程、无形资产等所包含的未实现内部销售损益应当抵销。

对存货、固定资产、工程物资、在建工程和无形资产等计提的跌价准备或减值准备与未实现内部销售损益相关的部分应当抵销。

（四）母公司与子公司、子公司相互之间发生的其他内部交易对合并资产负债表的影响应当抵销。

（五）因抵销未实现内部销售损益导致合并资产负债表中资产、负债的账面价值与其在所属纳税主体的计税基础之间产生暂时性差异的，在合并资产负债表中应当确认递延所得税资产或递延所得税负债，同时调整合并利润表中的所得税费用，但与直接计入所有者权益的交易或事项及企业合并相关的递延所得税除外。

第三十一条 子公司所有者权益中不属于母公司的份额，应当作为少数股东权益，在合并资产负债表中所有者权益项目下以“少数股东权益”项目列示。

第三十二条 母公司在报告期内因同一控制下企业合并增加的子公司以及业务，编制合并资产负债表时，应当调整合并资产负债表的期初数，同时应当对比较报表的相关项目进行调整，视同合并后的报告主体自最终控制方开始控制时点起一直存在。

因非同一控制下企业合并或其他方式增加的子公司以及业务，编制合并资产负债表时，不应当调整合并资产负债表的期初数。

第三十三条 母公司在报告期内处置子公司以及业务，编制合并资产负债表时，不应当调整合并资产负债表的期初数。

第二节 合并利润表

第三十四条 合并利润表应当以母公司和子公司的利润表为基础，在抵销母公司与子公司、子公司相互之间发生的内部交易对合并利润表的影响后，由母公司合并编制。

（一）母公司与子公司、子公司相互之间销售商品所产生的营业收入和营业成本应当抵销。

母公司与子公司、子公司相互之间销售商品，期末全部实现对外销售的，应当将购买方的营业成本与销售方的营业收入相互抵销。

母公司与子公司、子公司相互之间销售商品，期末未实现对外销售而形成存货、固定资产、工程物资、在建工程、无形资产等资产的，在抵销销售商品的营业成本和营业收入的同时，应当将各项资产所包含的未实现内部销售损益予以抵销。

（二）在对母公司与子公司、子公司相互之间销售商品形成的固定资产或无形资产所包含的未实现内部销售损益进行抵销的同时，也应当对固定资产的折旧额或无形资产的摊销额与未实现内部销售损益相关的部分进行抵销。

（三）母公司与子公司、子公司相互之间持有对方债券所产生的投资收益、利息收入及其他综合收益等，应当与其相对应的发行方利息费用相互抵销。

（四）母公司对子公司、子公司相互之间持有对方长期股权投资的投资收益应当抵销。

（五）母公司与子公司、子公司相互之间发生的其他内部交易对合并利润表的影响应当抵销。

第三十五条 子公司当期净损益中属于少数股东权益的份额，应当在合并利润表中净利润项目下以“少数股东损益”项目列示。

子公司当期综合收益中属于少数股东权益的份额，应当在合并利润表中综合收益总额项目下以“归属于少数股东的综合收益总额”项目列示。

第三十六条 母公司向子公司出售资产所发生的未实现内部交易损益，应当全额抵销“归属于母公司所有者的净利润”。

子公司向母公司出售资产所发生的未实现内部交易损益，应当按照母公司对该子公司的分配比例在“归属于母公司所有者的净利润”和“少数股东损益”之间分配抵销。

子公司之间出售资产所发生的未实现内部交易损益，应当按照母公司对出售方子公司的分配比例在“归属于母公司所有者的净利润”和“少数股东损益”之间分配抵销。

第三十七条 子公司少数股东分担的当期亏损超过了少数股东在该子公司期初所有

者权益中所享有的份额的，其余额仍应当冲减少数股东权益。

第三十八条 母公司在报告期内因同一控制下企业合并增加的子公司以及业务，应当将该子公司以及业务合并当期期初至报告期末的收入、费用、利润纳入合并利润表，同时应当对比较报表的相关项目进行调整，视同合并后的报告主体自最终控制方开始控制时点起一直存在。

因非同一控制下企业合并或其他方式增加的子公司以及业务，应当将该子公司以及业务购买日至报告期末的收入、费用、利润纳入合并利润表。

第三十九条 母公司在报告期内处置子公司以及业务，应当将该子公司以及业务期初至处置日的收入、费用、利润纳入合并利润表。

第三节 合并现金流量表

第四十条 合并现金流量表应当以母公司和子公司的现金流量表为基础，在抵销母公司与子公司、子公司相互之间发生的内部交易对合并现金流量表的影响后，由母公司合并编制。

本准则提及现金时，除非同时提及现金等价物，均包括现金和现金等价物。

第四十一条 编制合并现金流量表应当符合下列要求：

（一）母公司与子公司、子公司相互之间当期以现金投资或收购股权增加的投资所产生的现金流量应当抵销。

（二）母公司与子公司、子公司相互之间当期取得投资收益、利息收入收到的现金，应当与分配股利、利润或偿付利息支付的现金相互抵销。

（三）母公司与子公司、子公司相互之间以现金结算债权与债务所产生的现金流量应当抵销。

（四）母公司与子公司、子公司相互之间当期销售商品所产生的现金流量应当抵销。

（五）母公司与子公司、子公司相互之间处置固定资产、无形资产和其他长期资产收回的现金净额，应当与购建固定资产、无形资产和其他长期资产支付的现金相互抵销。

（六）母公司与子公司、子公司相互之间当期发生的其他内部交易所产生的现金流量应当抵销。

第四十二条 合并现金流量表及其补充资料也可以根据合并资产负债表和合并利润表进行编制。

第四十三条 母公司在报告期内因同一控制下企业合并增加的子公司以及业务，应当将该子公司以及业务合并当期期初至报告期末的现金流量纳入合并现金流量表，同时应当对比较报表的相关项目进行调整，视同合并后的报告主体自最终控制方开始控制时点起一直存在。

因非同一控制下企业合并增加的子公司以及业务，应当将该子公司购买日至报告期末的现金流量纳入合并现金流量表。

第四十四条 母公司在报告期内处置子公司以及业务，应当将该子公司以及业务期初至处置日的现金流量纳入合并现金流量表。

第四节　合并所有者权益变动表

第四十五条　合并所有者权益变动表应当以母公司和子公司的所有者权益变动表为基础，在抵销母公司与子公司、子公司相互之间发生的内部交易对合并所有者权益变动表的影响后，由母公司合并编制。

（一）母公司对子公司的长期股权投资应当与母公司在子公司所有者权益中所享有的份额相互抵销。

子公司持有母公司的长期股权投资以及子公司相互之间持有的长期股权投资，应当按照本准则第三十条规定处理。

（二）母公司对子公司、子公司相互之间持有对方长期股权投资的投资收益应当抵销。

（三）母公司与子公司、子公司相互之间发生的其他内部交易对所有者权益变动的影响应当抵销。

合并所有者权益变动表也可以根据合并资产负债表和合并利润表进行编制。

第四十六条　有少数股东的，应当在合并所有者权益变动表中增加“少数股东权益”栏目，反映少数股东权益变动的情况。

第四章　特殊交易的会计处理

第四十七条　母公司购买子公司少数股东拥有的子公司股权，在合并财务报表中，因购买少数股权新取得的长期股权投资与按照新增持股比例计算应享有子公司自购买日或合并日开始持续计算的净资产份额之间的差额，应当调整资本公积（资本溢价或股本溢价），资本公积不足冲减的，调整留存收益。

第四十八条　企业因追加投资等原因能够对非同一控制下的被投资方实施控制的，在合并财务报表中，对于购买日之前持有的被购买方的股权，应当按照该股权在购买日的公允价值进行重新计量，公允价值与其账面价值的差额计入当期投资收益；购买日之前持有的被购买方的股权涉及权益法核算下的其他综合收益等的，与其相关的其他综合收益等应当转为购买日所属当期收益。购买方应当在附注中披露其在购买日之前持有的被购买方的股权在购买日的公允价值、按照公允价值重新计量产生的相关利得或损失的金额。

第四十九条　母公司在不丧失控制权的情况下部分处置对子公司的长期股权投资，在合并财务报表中，处置价款与处置长期股权投资相对应享有子公司自购买日或合并日开始持续计算的净资产份额之间的差额，应当调整资本公积（资本溢价或股本溢价），资本公积不足冲减的，调整留存收益。

第五十条　企业因处置部分股权投资等原因丧失了对被投资方的控制权的，在编制合并财务报表时，对于剩余股权，应当按照其在丧失控制权日的公允价值进行重新计量。处置股权取得的对价与剩余股权公允价值之和，减去按原持股比例计算应享有原有子公司自购买日或合并日开始持续计算的净资产的份额之间的差额，计入丧失控制权当期的投资收益，同时冲减商誉。与原有子公司股权投资相关的其他综合收益等，应当在丧失控制权时转为当期投资收益。

第五十一条 企业通过多次交易分步处置对子公司股权投资直至丧失控制权的，如果处置对子公司股权投资直至丧失控制权的各项交易属于一揽子交易的，应当将各项交易作为一项处置子公司并丧失控制权的交易进行会计处理；但是，在丧失控制权之前每一次处置价款与处置投资对应的享有该子公司净资产份额的差额，在合并财务报表中应当确认为其他综合收益，在丧失控制权时一并转入丧失控制权当期的损益。

处置对子公司股权投资的各项交易的条款、条件以及经济影响符合下列一种或多种情况，通常表明应将多次交易事项作为一揽子交易进行会计处理：

（一）这些交易是同时或者在考虑了彼此影响的情况下订立的。

（二）这些交易整体才能达成一项完整的商业结果。

（三）一项交易的发生取决于其他至少一项交易的发生。

（四）一项交易单独考虑时是不经济的，但是和其他交易一并考虑时是经济的。

第五十二条 对于本章未列举的交易或者事项，如果站在企业集团合并财务报表角度的确认和计量结果与其所属的母公司或子公司的个别财务报表层面的确认和计量结果不一致的，则在编制合并财务报表时，也应当按照本准则第二十六条第二款第（四）项的规定，对其确认和计量结果予以相应调整。

第五章 衔接规定

第五十三条 首次采用本准则的企业应当根据本准则的规定对被投资方进行重新评估，确定其是否应纳入合并财务报表范围。因首次采用本准则导致合并范围发生变化的，应当进行追溯调整，追溯调整不切实可行的除外。比较期间已丧失控制权的原子公司，不再追溯调整。

第六章 附 则

第五十四条 本准则自 2014 年 7 月 1 日起施行。